集人文社科之思 刊专业学术之声

集 刊 名：太平天国及晚清社会研究
主办单位：中国太平天国史研究会

## Study on Taiping Rebellion and Late Qing Dynasty

编辑委员会（以姓氏笔画为序）

　　王国平　王继平　方之光　朱庆葆
　　华　强　宋德华　张铁宝　陈立生
　　茅家琦　林志杰　周新国　姜　涛
　　夏春涛　翁　飞　曹志君　崔之清

主　　编　朱庆葆
执行主编　张铁宝　魏　星

**太平天国及晚清社会研究2021年第2辑（总第7辑）**

集刊序列号：PIJ-2019-393
中国集刊网：www.jikan.com.cn
集刊投约稿平台：www.iedol.cn

# 太平天国及晚清社会研究

Study on Taiping Rebellion and Late Qing Dynasty

朱庆葆 —— 主编

2021年第2辑（总第7辑）

社会科学文献出版社
SOCIAL SCIENCES ACADEMIC PRESS (CHINA)

# 太平天国及晚清社会研究
Study on Taiping Rebellion and Late Qing Dynasty

2021 年第 2 辑
（总第 7 辑）

# 目 录

## 太平天国及晚清史研究

003　太平天国政区设置与规划／华　强
018　太平天国金田起义前后清政府的应对
　　　——以李星沅钦差粤西为中心／王继平
040　木刻的艺术形式美探讨
　　　——以太平天国木印为例／公　雪
048　庆军在朝鲜的文墨情缘／夏冬波
058　淮军名将李长乐传／吴善中
068　从薛时雨《诗钞》的经典化看同治中兴文人的追求及其幻灭／戴彤彤

## 档案整理及考证

081　威廉·桑德斯 1863 年苏州战地照片考释／刘　煊　王密林
094　《徽州合同文书汇编（点校本）》太平天国相关史料辑录／肖承清
106　晚清《申报》社评辑评（一）／李　玉
191　张守常未刊稿选辑／张燕赶 整理

## 纪念太平天国起义 170 周年

205　念兹在兹　如是我闻
　　　——亲历"太史"研究二三事／曹志君　陆　嘉

## 综述及书评

223 晚清书院研究综述 / 杨　杰

234 变迁中的变革

　　　——评《近代湖南乡村社会研究（1840~1949）》/ 曾　蓓

241 秩序的再造

　　　——评《重建、纪念与叙事：太平天国战争后的南京地区》/ 俞泽玮


249 稿　约

太平天国及晚清史研究

# 太平天国政区设置与规划

华　强[*]

**摘　要**　太平天国是军事政权，起义后定都南京，其兵锋触及全国十八省，但政区局限于江苏、浙江、安徽、湖北、江西五省的一部分地区。太平天国定都后对省级行政区的设置做了若干调整，新建省级行政区二：天浦省、苏福省；变更省级行政区三：改江苏省为江南省，浙江省为浙江天省，直隶省为罪隶省。洪仁玕到达天京主持朝政后，曾经提出太平天国政区规划设想，计划将太平天国分为二十一个省。由此可见，太平天国始终将夺取全国政权作为战略目标。

**关键词**　太平天国　天浦省　苏福省　江南省


太平天国出金田后攻城略地，然一直采取游击战术，随攻随占，随占随失。作为一个军事政权，太平天国兵锋虽然触及全国十八省，但一直没有占领全国，其政区局限于江南一隅。

## 一　太平天国省级行政区设置和变更

太平天国疆土，北食淮河鱼，南饮赣江水，东濒南大洋，西连大巴山，历代农民政权未之有也。太平天国划土分疆，多沿清制。增删更改，前后有异。省级政权名称、地域多沿袭清制，一部分为太平天国重新命名、更名或

---

[*] 华强，国防大学教授。

重新组建、划分。

清政府定鼎燕都，基本沿用明制，初分全国为十五个省，仅改其中北直隶为直隶省，南直隶为江南省，其余皆袭明制。康熙初年，清政府分陕西为陕西、甘肃两省，湖广为湖北、湖南两省，江南为江苏、安徽两省。三省分析后，全国由十五省变成十八省。清代道光年间十八省分别为：直隶、河南、湖北、湖南、山东、山西、江西、江苏、安徽、广东、广西、云南、贵州、甘肃、陕西、四川、浙江、福建。

清代边疆不设省，设将军辖区五，曰盛京、吉林、黑龙江、伊犁、乌里雅苏台；另设办事大臣辖区二，曰西藏、西宁。以上将军辖区和办事大臣辖区由清政府任命的将军、都统、参赞大臣、办事大臣、驻藏大臣分别统辖。全国府、厅、州、县凡一千七百有奇。[①] 清政府视东三省为发祥地，在习惯上一直沿称原十八省为内地十八省。

清朝实行省、道、府、县四级地方政权，[②] 省级行政区来源于元朝，明朝沿袭，清朝继承。省设布、按两司，道设道员，府设知府，县设知县。

1853年，太平天国定都天京（南京），定都后的政区实际控制范围为江苏、浙江、安徽、湖北、江西五省的一部分地区。从太平天国文献看，太平天国定都后对省级行政区的设置做了若干调整，新建省级行政区二：天浦省、苏福省；变更省级行政区三：改江苏省为江南省，浙江省为浙江天省，直隶省为罪隶省。

太平天国按照避讳制度更山东省为珊东省、贵州省为桂州省、山西省为珊西省、云南省为芸南省、福建省为福建省、奉天省为奉添省、黑龙江省为乌隆江省。另称西北地区为伊犁省。太平天国先后在江南、天浦、安徽、湖北、江西、浙江、苏福七省建立政权，辖郡县三百有余。

---

① 太平天国运动失败后，清政府于同治年间将台湾、新疆先后改列行省。光绪嗣位，复将奉天、吉林、黑龙江改为东三省。

② 一说实行省、道、府、州、县五级地方政权。州有直隶州和散州的区别。直隶州直接归省，与府平行；散州属于府，与县平级。

## 二　太平天国新建省级行政区天浦省、苏福省

### （一）天浦省

天浦省是太平天国定都后新建的一个省。

太平天国癸好三年二月七日（1853年3月12日，咸丰三年二月三日），太平军攻克金陵前七天占领浦口。次日，进占江浦。江浦本为六合县地。明洪武九年（1376），分六合县及滁、和二州地置江浦县于浦子口。浦子口，省称浦口，与江宁下关隔江相望。清代，江浦县隶江宁府，县治由浦口移江浦。

太平天国建都金陵，以江浦、浦口为近处掎角，以扬州、镇江为远处掎角。江浦县成为天京通往安徽、江西、湖北诸省的咽喉要地和输饷孔道。太平天国以浦口为屏藩，兵源及粮饷多由此进出，因此，浦口之安危于天京利害极大。太平天国癸好三年，太平天国改江浦县为天浦县。①

太平天国戊午八年九月至己未九年正月间，天王洪秀全颁亲笔手诏，命建天浦省。天浦省即天浦县改名，其范围即江浦一县之地。天浦省省垣设于天浦县（原江浦县城）。天王洪秀全颁亲笔手诏给薛之元：

> 朕诏答天豫薛之元弟知之：万有爷哥朕主张，残妖任变总灭亡，诏弟统兵镇天浦，兼顾浦口拓省疆。朕昨令弟排拨官兵五千，亲自统带，星速赶赴六合镇宁。今联复思，天浦省乃天京门户，弟有胆识，战守有方，足胜镇守之任。特诏弟统齐兵士，赶赴天浦省垣，协同将帅黄连生弟等实力镇守，安抚黎庶，造册举官；团练乡兵，以资防堵；征办粮饷，源源解京；鼓励将兵，严密堵剿；毋些疏虞。②

---

① 《护殿前壹队理天义陈阁内牌尾清册》载："蔡功成年贰拾六岁，安徽省天浦县人氏。癸好三年在天浦入营。"按，江浦县隶江苏省江宁府而非安徽省，此系误记。
② 《天王洪秀全谕答天豫薛之元镇守天浦省诏》，郭毅生、史式主编《太平天国大辞典》，中国社会科学出版社，1995，第839页。

关于天浦省范围，简又文在《太平天国典制通考》中指出，天浦省为南京北岸浦口、瓜洲、扬州、六合等一带郡邑也。简又文此说遗漏了天浦省最重要的地方——江浦。1858年以后瓜洲已不守。1858年10月21日以后，太平军再未占领过扬州。六合，《兵册》记"江宁郡六合县"，其后是否隶于天浦省，无史料可证。《天王手诏》令"兼顾浦口拓省疆"，表明洪秀全有开拓天浦省疆界的意图，但疆界尚未开拓，天浦省已沦陷。从现有资料看，天浦省范围即江浦一县之地。

以一个县命名为省，历史罕见。江浦是太平天国咽喉和命脉，地位极其重要。太平天国历史表明，浦口于1863年6月25日最后失守，安徽往天京的粮食通道堵塞，天京苦苦支撑了一年多以后失陷。太平天国实行省、郡、县三级地方政权，将江浦县越过郡直接提升为省，无非表示对天浦省的高度重视。但如此操作，反映出太平天国政权对行政区的设置随心所欲，没有章法。

太平天国己未九年正月二十二日（1859年3月1日，咸丰九年正月二十七日），薛之元举天浦县城降清，天浦省失陷。庚申十年四月（1860年5月，咸丰十年四月），太平天国再占天浦、浦口，重建天浦省。天王洪秀全命洪仁政、赖文光、单玉功、李长春等主持天浦省军民事务。

光绪《江浦埤乘》卷14记："贼据县城，以为伪天浦省。伪王宗壹天将洪仁政及贼酋赖文光等据城。"[1] 光绪《续纂江宁府志》卷13记：咸丰十年四月"伪王宗壹天将洪仁政及贼酋赖文光、李长春、陈士承复据县城，以县城为伪天浦省"。[2]《金陵通纪》记：十年"夏四月，贼渠洪仁政、赖文光入据江浦，号为天浦省"。[3] 以上三件史料记载了太平天国重建天浦省时所任命的主要职官，亦说明了天浦省省垣即天浦（江浦），天浦省范围实即江浦一县之地。

太平天国天浦省主要职官有天浦省文将帅、天浦省武将帅、天浦省正总提黄人柱、天浦省副总提刘明亮等。[4]

---

[1] 光绪《江浦埤乘》卷14，南京出版社，2013。
[2] 光绪《续纂江宁府志》卷13，南京出版社，2011。
[3] 陈作霖：《金陵通纪》，清光绪三十三年瑞华馆刻本。
[4] 庚申十年九月二十日《幼主诏旨》载："朕旨准，持诏封……黄人柱为天朝九门御林中军天浦省正总提磐天福，刘明亮为天朝九门御林中军天浦省副总提煜天福。"

太平天国曾八次攻占浦口，直至1863年6月25日浦口失陷，太平天国天浦省不存。

## （二）苏福省

苏福省是太平天国新建的一个省。

太平天国庚申十年四月二十三日（1860年6月2日，咸丰十年四月十三日），忠王李秀成攻克苏州，以苏州为中心建立苏福省。太平军攻克苏州以前，太平天国湖北省、江西省相继失陷，安徽省残破不全，江南省唯余江宁一郡，天京之门户天浦省在沦陷后刚刚重建。因此，苏福省之开辟，意义巨大。

太平天国认为"福"是一个吉祥的字。"福自天来，乃至宝至荣之极。"[①] "福降自天，其贵重非金玉可比。"[②]《醒世文》载："同享天福食天禄，骨肉团聚享福深。"[③]《封干王诏》载："得到天堂享爷福，福子福孙福无穷。"[④]《洪福瑱自述》："自少名洪天贵，数年前老天王叫我加个福字，就名洪天贵福。"[⑤] 福字在民间亦表示吉祥，"吴俗遇吉事，必以太平、福字二钱用之，以取吉利"。[⑥]

"福"是太平天国避讳字。天王洪秀全下诏："幼主名洪天贵福，见福加点锦添花。"[⑦]《钦定敬避字样》规定："福代用衣旁，或用复、複、馥等字，或意近似者代以恩宠等好字义。"[⑧] 据此，苏福省应写作苏福省，或苏复省、苏複省、苏馥省。苏福省亦称桂福省，简称苏省、福省。从现存太平天国文件来看，仅有少数写为苏馥省，多数临文不讳。苏福省省会在苏州。

关于苏福省的建省时间，1860年8月11日《北华捷报》第524号刊登

---

① 《开朝精忠军师干王洪宝制》，《太平天国印书》下册，江苏人民出版社，1979，第705页。
② 《钦定军次实录》，《太平天国印书》下册，第790页。
③ 《醒世文》，《太平天国印书》下册，第666页。
④ 《封干王诏》，《太平天国文书汇编》，中华书局，1979，第45页。
⑤ 《洪福瑱自述》，《太平天国》第2册，神州国光社，1953，第855页。
⑥ 《虎窟纪略》，《太平天国史料专辑》，上海古籍出版社，1979，第26页。
⑦ 《万国来朝及敬避字样诏》，《太平天国文书汇编》，第51页。
⑧ 《钦定敬避字样》，《太平天国印书》下册，第803页。

了干王洪仁玕与外国传教士的谈话。洪仁玕说："忠王由于征服江苏省的成功，最近获得巨大势力（将来要改称为苏福省）。"① 洪仁玕会晤外国传教士是在1860年8月3日。据现存的太平天国文献资料，在8月3日前，太平天国已经将以苏州为中心的这一片新辟根据地命名为苏福省了。在太平天国文书中，目前见到最早提及"苏福省"的资料为太平天国庚申十年六月十九日（1860年7月29日）幼主颁发的《谕忠王李秀成诏》，诏书附递文路程单，其中载有"飞递苏省""七月初六日午时苏福省汛接到诏旨"。《幼主诏旨》称："爷生秀叔扶朕躬，开疆裕国建奇功。……富庶之区首苏福，陪辅京都军用丰。"② 可见苏福省至迟在1860年7月29日前已经建立。

再考建省的具体时间，咸丰十年四月十二日（1860年6月1日，太平天国庚申十年四月二十二日）龚又村《自怡日记》记："岂料是日辰刻，潮勇逃兵引长发贼抵城……贼据城后，遍构城廓，改苏郡为苏福省，伪忠王守之。"③ 据《庚申纪实》《章练咸同间兵事》《庚申题梦记》载，太平天国入苏州的时间应为咸丰十年四月十三日（1860年6月2日），《自怡日记》误记一天。据此，太平天国可能在占领苏州的当天，即1860年6月2日便宣布建立了苏福省。

关于苏福省的管辖范围，据《兵册》载有常州郡、武进县、阳湖县（今属武进县）、镇江郡、丹阳县、溧阳县、长洲县、吴县、无锡县、元和县、新阳县（今属昆山市）、照（昭）文县（今常熟县）。

据《求天义陈坤书等发给金匮县荡口镇黄兴和头绳花布店商凭》，苏福省应包括金匮县。《太平天国"苏福省"的疆界问题》一文考，苏福省尚含镇洋县、常熟县、青浦县。④《太平天国在苏州》考，苏福省含太仓州、苏州郡、松江郡、东山县、宜兴县、荆溪县、江阴县、昆山县、吴江县。⑤ 以

---

① 转引自顾长声《传教士与近代中国》，上海人民出版社，1981，第88页。
② 《谕忠王李秀成诏》，《太平天国文书汇编》，第63页。
③ 龚又村：《自怡日记》，《太平天国史料丛编简辑》第4册，中华书局，1963，第347页。
④ 郭存孝：《太平天国"苏福省"的疆界问题》，《江海学刊》1958年第6期。
⑤ 董蔡时：《太平天国在苏州》，江苏人民出版社，1981，第54、55页。

上计25个郡县。

从上述郡县的范围大致可以看出，苏福省基本上包括了镇江以东的苏南地区，比清原江苏布政使司辖区略小。但是将镇江郡列入苏福省是错误的。镇江郡在1857年12月21日以后为清军占领，直至太平天国运动失败，因此，实际上不存在镇江郡隶属苏福省的问题。《兵册》中有人填报"苏福省镇江郡"，这是因为镇江以及丹阳、溧阳原隶清江苏布政使司。江苏布政使驻苏州，太平天国以苏州为苏福省省会，导致当时发生混淆。

董蔡时指出，"根据太平天国基本上沿袭清朝府、县的行政区划看，苏福省还应包括太仓州属的嘉定、宝山、崇明等县；苏州府属的震泽县；松江府属的娄县、华亭、上海、南汇、川沙、奉贤、金山等县"。① 考太仓州属之嘉定，太平军自1860年6月起三进三出，太平军镇守嘉定县的佐将及监军皆有姓名可考，则嘉定县应属太仓郡。原太仓州属之宝山、崇明为清占地。苏州府属之震泽县与吴江县同城而治，合称江震。吴江属苏州郡，则震泽亦属苏州郡。松江府属之娄县、华亭同治松江府，松江府隶苏福省，则娄县、华亭应属苏福省。

苏福省是否含上海？简又文认为苏福省应当包括"上海各郡邑"。②《中国近代史词典》"苏福省"条指出："上海及附近的金山、奉贤、南汇、川沙、宝山、嘉定等地也可能包括在内。"③ 李秀成曾三次进攻上海。太平天国庚申十年七月（1860年8月），《忠王李秀成致英美葡三国领事书》载："此后全国江山，皆我真圣主之一统天下，各地将归我天朝版图，而我天朝之成功，岂独赖上海一弹丸之地乎？"④

为了进攻上海，太平军在青浦设立了总部，集中了大量军粮。在太平军的强大攻势下，1861年，"除了太平军与何伯提督约定在'本年内'作为中

---

① 董蔡时：《太平天国在苏州》，第54、55页。
② 简又文：《太平天国典制通考》，香港，简氏猛进书屋，1958，第114页。
③ 《中国近代史词典》，上海辞书出版社，1982，第296页，
④ 上海社会科学院历史研究所编译《太平军在上海——〈北华捷报〉选译》，上海人民出版社，1983，第10页。

立区的上海之外，自太湖南岸至杭州城下以及自扬子江沿岸及上海海边所有的富饶土地，尽皆落入太平军之手"。① 据何伯提督的侦察，"上海县城和租界已在敌人包围之中。上海周围每一个地点，只要是一个市镇或是一个县城，无往而不为太平军所盘踞，而在包围我们的一带地方，他们已筑起堡垒与据点"。②

《太平天国革命亲历记》载："上海一带地区被革命军收复后，人民逐渐在新的气象中安定下来，逃难的人们迅速地重返家园，对新的政权表示了忠顺。"③ 何伯提督的侦察有点草木皆兵，而《太平天国革命亲历记》作者的描述则显夸张。事实上，太平军虽三次进攻上海，但一直未占领上海。太平军也未占领上海周围的全部地区，而是大部分地区，如宝山、崇明一直为清占。南汇、川沙、奉贤三县，分别于1862年1月17日、18日、16日被太平军占领。《两㮮轩尺牍》载："川沙、奉、南俱为贼陷。"④ 太平军占领并镇守金山的将领亦有姓名可考。

李秀成攻占苏州后，于庚申十年五月七日（1860年6月16日，咸丰十年四月二十七日）布告苏州人民举官造册，宣布逢天安刘肇均、左同检熊万荃镇抚苏州。⑤ 忠王李秀成一度担任苏福省最高长官，然忠王南征北战，少有闲暇，军民事务概交由各将处理。⑥

太平天国庚申十年秋，李秀成往江西、湖北招兵，将苏福省军务、民务统交后军主将陈坤书。天王因忠王久驻苏州而生疑忌，壬戌十二年（1862）命忠王回京，由慕王谭绍光代忠王之任。苏福省后期与其他诸省一样，军权高于一切，军政事务统由军事将领处理。除慕王谭绍光以

---

① 〔英〕呤唎：《太平天国革命亲历记》上册，王维周译，上海古籍出版社，1985，第274页。
② 《太平军在上海——〈北华捷报〉选译》，第369页。
③ 〔英〕呤唎：《太平天国革命亲历记》下册，第432页。
④ 吴云：《两㮮轩尺牍》，《太平天国史料丛编简辑》第6册，中华书局，1963，第138页。
⑤ 《忠王李秀成命苏郡四乡百姓举官造册谆谕》："业已委令逢天安、左同检在此镇抚，已经谆谕在案。"见《太平天国文书汇编》，第122页。
⑥ 《李秀成自述》："苏杭之事，概交各将任，我少管理。"《太平天国文书汇编》，第525页。

外，苏福省另有诸王数人各自统军万人驻苏州，亦担负行政责任。除慕王谭绍光外，另有纳王郜永宽、比王伍贵文、康王汪安均、宁王周文嘉等统军驻苏州。时苏州守军精壮老弱10余万，其中半数归纳王节制。

苏福省设立后，原江苏省出现了五个省级政权并存的奇观。清江宁布政使司和江苏布政使司依然存在，只是辖地范围严重缩水。太平天国在江苏省境内先后设置江南省、天浦省和苏福省，苏福省的建立，再一次显示太平天国在设置省级政权上的随心所欲、无章无法。

太平天国苏福省主要职官如下。

苏福省天军主将汪宏建。1862年11月，汪宏建升任苏福省天军主将，其头衔为"殿前顶天靖东苏福省天军主将勋天义"，总理苏福省民务。

总理苏福省民务刘肇均。据辛酉十一年十二月二十三日《苏福省儒士黄畹上逢天义刘肇均禀》，刘肇均头衔是"九门御林开朝王宗总理苏福省民务逢天义"。

苏福省文将帅李文炳。太平天国最初任命原江苏候补道李文炳为苏福省文将帅。李文炳领衔文将帅，却只管昆山县事，并不管理全省事务。李文炳受职一年后，因谋降事泄被杀，太平天国续任命汪宏建为苏福省文将帅。据汪宏建壬戌十二年五月十七日（1862年6月30日）所发公文，汪宏建的头衔为"九门御林开朝勋臣勋天义兼苏福省文将帅总理民务"。

苏福省水师天军主将程某。苏福省江、震两邑素有"泽国"之称。据1863年《水师天军主将冀天义程发给江苏吴江潘叙奎荡凭》，冀天义程某为苏福省水师天军主将。

钦命苏福全省大主考官。钦差苏福全省提督学院礼部尚书。太平天国后期，若干职官因事而设，事毕即撤，苏福省也有这种情况。

海塘主将徐佩瑗。太平天国为修筑关系苏、杭七郡安危的海塘工程，一度任徐佩瑗为海塘绅董，不久升徐为海塘主将。

太平天国癸开十三年十月二十二日（1863年12月4日，同治二年十月二十四日），苏福省省会失陷，苏福省瓦解。

## 三 太平天国变更省级行政区江南省、浙江天省、罪隶省

### （一）江南省

太平天国定都天京后改江苏省为江南省，实际上是恢复了江苏省的本名。康熙六年，清政府分江南为江苏、安徽两省，此后改称江苏而不名江南。江苏设布政使司二：江宁布政使司、江苏布政使司。江宁布政使司统四府，江宁、扬州、徐州、淮安；二州，海州直隶州、通州直隶州；一厅，海门直隶厅；县三十三。江苏布政使司统四府，苏州、常州、松江、镇江；一州，太仓直隶州；县三十四。

太平天国以天京为江南省省会，江南省又称天京省。"天京省"实是"天京省城"之简称。称省城为省，这是时人习惯，太平天国文献中不乏此例。

太平天国改府为郡，取消直隶州、厅，并改州、厅为郡。太平天国更江苏省为江南省后，地域基本沿用清制。太平天国制度，"江南省十二郡"，[①]余省十一郡。太平天国江南省实际辖区含江宁郡、常州郡、镇江郡和扬州郡之一部，远不及清江宁布政使司辖区。

太平天国江南省主要职官有江南省文将帅、江南省武将帅、江南省水师主将、江南省提考等。

### （二）浙江天省

太平天国改浙江省为浙江天省，简称浙省。

太平天国在浙江省中加一"天"字，表示其为太平天国的一省。称省为"天省"，除浙江天省外，尚有天浦省，但天浦省中"天"字冠于名头，与浙江天省之称稍有区别。从已发现的太平天国文物看，浙江天省是太平天国对浙江省的重新命名。

---

[①] 《钦定士阶条例》，《太平天国印书》下册，第748页。

简又文在南京图书馆所藏《周礼疑义》卷三十四之一页上见有天朝官印钤本一，印文为"天父天兄天王开朝勋臣唩天义任浙江天省水司主将林芸桂"。① "浙江天省"冠于官衔之上。《浙江太平天国革命文物图录选编》载，一青年农民从余杭安溪河底打捞出铜炮一门，铜炮上有铭文四行："浙江天省　葆天义徐　天父天兄天王太平天国癸开拾叁年　塘栖镇匠人沈明兰铸造。"② 又，1979年2月常熟发现铜炮一门，"炮下段阳刻正书四行：浙江天省忠应朝将汪，天父天兄天王太平天国癸开十三年，下刻塘栖镇匠人沈明兰铸造"。③ 三件太平天国文物将"浙江天省"镌于印、铸于炮，可见"浙江天省"是太平天国对浙江省的正式命名。

关于浙江天省政区范围，《太平天国革命亲历记》载："杭州守军食尽，忠王率军攻城，于是浙江全省入于太平天国版图。"④ 呤唎所记夸大了事实，实际上太平天国始终未能占领浙江全省。《浙江发匪纪略》载："省城再陷后，全浙仅存者惟衢、温两郡城及定海、石浦、龙泉、庆元、泰顺而已。"⑤ 所记与事实相近。王兴福在《太平军在浙江》一书中考证，"除了温州、衢州两府城，龙泉、泰顺、庆元、瑞安、定海五县城未克外，浙江十一府中的九府七十州县均为太平军占有"。⑥ 温州府治所在永嘉，衢州府治所在西安，因此，严格说来，浙江天省未克之府县应为二府七县。除二府七县外，太平军在景宁二进二出，前后占领共13天。占领平阳28天，占领玉环1天。景宁、平阳、玉环三县为太平天国与清方拉锯地区。

浙江天省省会设于杭州，清浙江省府官员退据衢州以为省城。⑦ 太平天国癸好三年，太平军攻占安庆，清政府移安徽省治于庐州，再移淮上。浙江

---

① 简又文：《太平天国典制通考》上册，第197页。
② 《浙江太平天国革命文物图录选编》，浙江人民出版社，1984，第5页。
③ 黄步青、廖志豪：《常熟县发现的太平天国文物考释》，《苏州文物资料选编》，苏州博物馆，1980，第200页。
④ 〔英〕呤唎：《太平天国革命亲历记》上册，第275页。
⑤ 南京大学历史系太平天国史研究室编《江浙豫皖太平天国史料选编》，江苏人民出版社，1983，第208页。
⑥ 王兴福：《太平军在浙江》，浙江人民出版社，1982，第58页。
⑦ 赵烈文《能静居士日记》载："即以衢州为省城。"见《太平天国史料丛编简辑》第3册，中华书局，1963，第227页。

巡抚、安徽巡抚、兵部右侍郎议请暂割皖南徽州、宁国、池州、太平、广德五府归浙江，复议改徽州隶浙江。太平军占领浙江后，辖境沿袭清原制，皖南五府之地仍隶安徽。清浙江巡抚曾奏请将清江苏省太湖厅所属之东山、西山划归浙江，以作为浙江省之屏障。太平军迅速攻取杭州并占领东山，改隶之请未能实现。太平军占嘉兴后，嘉兴守军占领苏福省吴江县盛泽镇。因盛泽镇与浙江南浔镇毗连，太平天国旋划盛泽镇隶浙江秀水县。

清浙江省辖府十一、州县七十七。太平天国浙江天省辖郡九、州县七十。

浙江天省事实上由当地统军将领主持政务。侍王李世贤、听王陈炳文①及邓光明等先后任浙江天省的高级长官。浙江天省行政长官多由统军诸王指派并受其节制。

浙江天省主要职官：浙省天军主将邓光明，② 浙江天省文将帅何信义，③ 总理全省民务陈炳文、邓光明，④ 浙江天省水师主将林芸桂，⑤ 浙江天省正、副提考⑥等。

## （三）罪隶省

天王洪秀全颁诏，改直隶省为罪隶省，灭妖以后更名为迁善省。罪隶省范围包括北方一大片地区。明代直隶于京师的地区称为直隶，明永乐年间迁

---

① 《李秀成自述》载："浙江斯城是听王陈炳文为帅。"见《太平天国文书汇编》，第529页。
② 邓光明头衔为"殿前又副掌率任浙省天军主将"。见《浙江太平天国革命文物图录选编》，第65页。
③ 浙江天省文将帅一职由莱天福何信义兼任。据辛酉十一年十月《莱天福兼浙省文将帅致英国总兵照会》，何信义头衔为"天朝九门御林开朝勋臣莱天福兼浙省文将帅"。何信义即何培英，又名何培章，奉命驻守浙江乌镇，虽兼文将帅之职，但实际未行文将帅之权。癸开十三年调守桐乡，次年正月降清。
④ 浙江天省行政长官"总理全省民务"，先后担任此职的有陈炳文和邓光明。参见湖南省文物工作委员会《太平天国"伪"官执照及"伪"印清册》，《湖南历史资料》1958年第1期。
⑤ 浙江天省水师主将为喂天义林芸桂。
⑥ 关于浙江天省正、副提考，《越难志》记："是月伪天王以文状元口天安充正提考官，伪文传胪书天燕充副提考官，来浙江开科。两贼俱姓陈，驻省垣。"见邹身城《太平天国史事拾零》，杭州师范学院学报编辑室，1981。

都北京，称直隶北京的地区为北直隶，直隶南京的地区为南直隶。北直隶包括今北京、天津两市，河北省大部及河南、山东小部地区。清初以北直隶为直隶省，辖境沿明制，以后直隶的范围逐渐向北扩展。

太平天国定都天京以后，天王洪秀全命群臣撰写《贬妖穴为罪隶论》，收论文32篇，首列《天王诏旨》，说明改隶原因。《天王诏旨》称："今朕既贬北燕地为妖穴，是因妖现秽其地，妖有罪地亦因之有罪，故并贬直隶省为罪隶省。"为了扩大这次改名的政治影响，《天王诏旨》还说："特诏清胞速行告谕守城出军所有兵将，共知朕现贬北燕为妖穴，俟灭妖后方复其名为北燕。并知朕现贬直隶省为罪隶省，俟此省知悔罪，敬拜天父上帝，然后更罪隶之名为迁善省。"①

《天王诏旨》分析，天王诏令改名有二：一是改北燕（即北京，又称燕京）为妖穴；二是改直隶省为罪隶省，灭妖以后更名为迁善省。考"直""善"等字表示端正、良好之美德，含有吉祥之意。《天父诗》曰："天父天兄最惜正、最惜直、最惜善、最惜真。人炼得正正、人炼得直直、人炼得善善、人炼得真真，就转得天也"，"正直善真得上天，正直善真福万千"。②

以太平天国的道德标准衡量，直隶省名实不副。《贬妖穴为罪隶论》斥曰："尔所居之地，犹称直隶，有罪之人，何直之有哉"，"不名直而名罪，是举天下之为妖害累者，皆莫逃其罪也"。又说："尝谓罪与功相反者也，即与直相反者也"，"今直隶为罪人所居之地，则贬为罪隶省，固其宜也"。③根据太平天国的道德观念，俟灭妖以后，人人去邪归正，有功无罪，人炼得善善，到此时则可更为新名迁善省。

## 四 太平天国政区规划

清朝实行省、道、府、县四级地方政权，太平天国实行省、郡、县三级

---

① 《贬妖穴为罪隶论》，《太平天国印书》下册，第439、449页。
② 《太平天国印书》下册，第574、644、441、450、446页。
③ 《贬妖穴为罪隶论》，《太平天国印书》下册，第437页。

地方政权。与清朝四级地方政权相比，太平天国废除叠床架屋的清代道级政权，仿行秦汉郡县制，规定"府将改称为郡"。①《钦定敬避字样》载："府、王府之称，至地名皆以郡字代。"② 因此太平天国地方政权为省、郡、县三级。省设文将帅、武将帅，郡设总制，县设监军。清代于府以下设散厅与散州。散厅、散州隶府，但直隶厅、直隶州规制如府，与府同级。太平天国废除了直隶厅、州，改直隶厅、州为郡。如太仓直隶州改为太玱（仓）郡。有的州不称郡，但与郡同级，如六安直隶州，仍称六安州。对原有的州名大多不改，如无为州、海宁州。州设总制。

太平天国癸好三年以后的告示、公文中时有称府而不称郡的，这是改而未尽。如乙荣五年《前玖圣粮刘晓谕粮户早完国课布告》称："所有各府州县无不闻风向化。"③ 又如壬戌十二年谨天义熊万荃所发"卡票"："兹有府　县商民……"④ 太平天国郡级政权设总制，职比知府；县设监军，职比知县。总制与监军为太平天国守土官。初期，总制、监军由中央简派。至后期，太平天国派出若干军事将领镇守各地，总制、监军往往由主持当地军政事务之长官委任。太平天国建立始终，战事频仍。百姓迁徙不断，人丁死亡无算，编户人口无可考。⑤

太平天国庚申十年（1860），干王洪仁玕曾明确向外国传教士宣布："全国将重新划分为二十一个省。"⑥ 洪仁玕在其著作中也曾经多次提及"二十一省"。《资政新篇》载："先于二十一省通二十一条大路，以为全国之脉络，通则国家无病焉。"⑦《钦定士阶条例》载："拟京都圣地抽出二十一段

---

① 《北华捷报》第 524 号，1860 年 8 月 11 日，转引自顾长声《传教士与近代中国》，第 88 页。
② 《钦定敬避字样》，《太平天国印书》下册，第 804 页。
③ 《太平天国文书汇编》，第 118 页。
④ 《浙江太平天国革命文物图录选编》，第 131 页。
⑤ 吟唎在《太平天国革命亲历记》第八章中记："此时，太平天国领土不下七万平方英里，人口约二千五百万。"此说不确。太平天国逢立的政权遍及七省，领土面积远不止于此。事实上，太平天国占领的若干郡县，长期处于与清方拉锯状态，兵员与百姓的流动远远异于常时，确切的领土面积和编户人口无法考订。
⑥ 《北华捷报》第 524 号，1860 年 8 月 11 日，转引自顾长声《传教士与近代中国》，第 88 页。
⑦ 《资政新篇》，《太平天国印书》下册，第 686 页。

空间大地，以便二十一省士子进京考试栖身之院。"①

洪仁玕所说"二十一省"当合指清十八省及奉天、吉林、黑龙江三省，而非指太平天国新建之省。考《资政新篇》作于太平天国己未九年。是年正月，薛之元举江浦降，天浦省失陷，而苏福省尚未建立。《钦定士阶条例》作于太平天国辛酉十一年，此时虽已重建天浦省、新建苏福省，但两书同出于洪仁玕之手，"二十一省"必有所指，前后当无大异。

太平天国欲分天下为二十一省仅是一种设想。这个设想非但不成熟，而且严重错误。对于清代边疆省份，太平天国注意到盛京、吉林、黑龙江、伊犁、乌里雅苏台，但是忽略了西藏、西宁、台湾、内蒙古盟旗等。从客观上说，清政府当时行文中在习惯上沿称原十八省为内地十八省，一般不提及边疆。太平天国政权受到清政府影响，关注内地省份而忽略边疆省份。太平天国既然要以夺取全中国作为战略目标，如何能够忽略边疆？关于伊犁、西藏、西宁、台湾、内蒙古盟旗等边疆地区如何建置，不见太平天国文献记载。

以农民为主体的太平天国政权虽然一直以夺取全中国为既定方针和战略目标，也对行政区划做了设计，但总体上随心所欲，因此显得不规不矩、无章无法。

---

① 《钦定士阶条例》，《太平天国印书》下册，第755页。

# 太平天国金田起义前后清政府的应对

## ——以李星沅钦差粤西为中心

王继平[*]

**摘　要**　太平天国金田起义前后，清政府鉴于广西局势"糜烂"，先命林则徐为钦差大臣督办广西事务，不料林则徐病死赴任途中。继派在籍养病之两江总督李星沅为钦差大臣，驰赴广西督剿。在李星沅任钦差大臣的五个月里，清政府和广西地方当局为应对太平天国，调兵遣将，筹款协饷，团练地方，但收效甚微，太平天国势力得以迅猛发展。这一局势与太平天国金田起义前后清政府和广西地方当局的互动关系甚大。清政府的急于事功，地方当局的颠顶内斗，导致清政府应对失措。

**关键词**　太平天国　金田起义　清政府　广西　李星沅

19世纪40年代末50年代初，八桂大地狼烟四起、烽火遍地，农民起义、会党起事等民众运动此起彼伏。太平天国以其缜密的拜上帝教信仰、严密的拜上帝会组织，异军突起，成为众多农民起义队伍中对清政府统治最具威胁的一支。因其严密组织性隐匿于烽烟四起的民众斗争之中，即使是金田团营也未引起地方当局和清政府的注意，金田起义之后，太平天国运动已成燎原之势。清政府于惊慌失措之中调兵遣将，企图将其扼杀于未萌之时。继钦差大臣林则徐病逝于赴任途中，清政府又命在籍养病的两江总督李星沅为钦差大臣，驰赴广西督剿。至1851年5月12日（咸丰元年四月十二日）李

---

[*] 王继平，湘潭大学历史系博士生导师、教授。

星沅病逝于军营。李星沅病逝后，清政府又命赛尚阿为钦差大臣，在赛尚阿到任之前，由广西巡抚周天爵暂署。不久，因太平军武宣突围进入象州，周天爵被革职。这一系列的举措，反映了在太平天国起义前后，清政府应对失措。本文以李星沅"使粤奏议"为中心，探讨太平天国金田起义前后清政府的应对。①

## 一 金田起义前清政府对广西局势的应对

金田起义前，以天地会为主体的民众反抗斗争已经遍布广西。据统计，从1847年至1850年，见于文献的广西会党起事与农民反抗队伍就多达二三十支，② 天地会起事波及地区已近十分之七。其一两千人、三五千人、七八千人不等，其他农民起义、流民起义、少数民族起义亦是此伏彼起，如火如荼。曾任广西巡抚的苏凤文描述说：

> 广西自道光二十七年，土匪纷起。南、太、泗、镇四府，道路阻隔者将及十年。弱肉强食，不独流贼、土贼，即团练亦贼，居民亦贼。到处裹胁，转徙无定，乘虚窜扰，击散复聚。或旋起旋灭，或附外匪大股，是为流贼。逼协村民，招纳亡命，负隅抗拒，少或数十人，多至数百人、数千人者，为土贼。始为团，终为贼；阳名为团，阴实为贼。官兵强则附，官兵弱则跋扈，不听征调，其所为有甚于贼者。③

仅以1849年、1850年两年为例，广西地区民众反抗斗争就呈此起彼伏的态势。1849年（道光二十九年）5~6月，天地会张家祥、杨捞祥等率众

---

① 李星沅"使粤奏议"共两卷（《李文恭公遗集·奏议》卷21、卷22），另有"文集""粤西军书"八卷。均载于《李星沅集》（二），王继平校点，岳麓书社，2013。
② 黎斐然、邓洁彰、朱哲芳、彭大雍：《太平天国起义前夜的广西社会》，《广西民族学院学报》1981年第1期。一说见于当时官方文书中有组织名号的天地会队伍多达百余支（其他无名号者想来更不计其数），见刘晓琳《太平天国革命时期的广西团练》，《大同高等专科学校学报》1995年第1期。
③ 苏凤文：《堂匪总录》，《秘密社会丛刊》第4辑，台北，祥生出版社，1975。

进攻南宁府属之左江、柳州府属之右江等地。10月27日，湖南新宁县李沅发起义，率700多人攻击广西兴安、灵川、永福等县。次年1月，李沅发义军活动于桂西北一带，大败湖南提督英俊，击毙守备熊钊等官兵。当时广西有数十股会党响应。是年，钟敏和等在苍梧聚众起义，控制抚河，苍梧戒严。1850年2月（道光三十年正月），博白人刘八召集数千人在粤桂边区起义，官兵闻风溃散。3月23日，李沅发义军于龙胜与清军激战，击毙参将玛隆阿等官兵。4月，陶八、韦添芬、覃石养等率众起义，攻打上林、武缘、来宾、贵县等地。7月29日，天地会陈亚贵等率3000多人攻克武宣县城，又连克修仁、荔浦，直逼桂林。9月12日，太平府潘宝源率农民起义军攻克龙州等地，击毙龙州同知王淑元。

金田所在的桂平地区会党起事和民众反抗斗争也是风起云涌，致使清政府对于酝酿之中的洪秀全拜上帝会的活动知之甚少，以为只是与其他地区一样的寻常"匪患"。因为桂平与广西其他地区一样，一直存在民众的反抗活动。早在1835年、1836年，桂平县"邑中会匪蠢动，聚且千人"；① 而1840年、1841年，在桂平的大湟江口出现"游匪外兹，土匪内通，连村标厂，横路刀枪"的局面。② 早在1844年5月下旬，洪秀全与冯云山自广东封川沿江上广西戎圩，经藤县、平南、桂平，是日到达贵县赐谷村，宣传组织拜上帝会。9月初，冯云山到桂平，后转入桂平紫荆山、金田一带，发动百姓，组织拜上帝会。至1845年，冯云山在桂平紫荆山发展了杨秀清、萧朝贵、韦昌辉、石达开加入拜上帝会，并将拜上帝会总部设于桂平紫荆山。1847年8月，洪秀全由广东到达桂平紫荆山，与冯云山会合，制定拜上帝会的各种仪式和《十款天条》。此时，冯云山在紫荆山一带已发展拜上帝会信徒2000多人。

1850年12月8日（十一月初五日），广西巡抚郑祖琛在奏报中首次提及金田村："查桂平县属之金田村、白沙、大洋，并平南县之鹏化、花洲一带及玉林州属，现据该州县禀报，均有匪徒纠众，人数众多。"③ 12月16日

---

① 黄体正：《带江园诗草》，卷首，第6页。
② 《太平天国革命在广西调查资料汇编》，广西人民出版社，1962，第259页。
③ 中国第一历史档案馆编《清政府镇压太平天国档案史料》第1册，社会科学文献出版社，1992，第97页。

(十一月十三日），郑祖琛又奏报说，金田等地"匪徒纠聚拜会，人数众多，内有老幼妇女，被其诱胁从行"。① 这种一般性奏报，也没有引起清政府的特别关注。这些情况说明，在洪秀全、冯云山进入广西活动之前，桂平地区的反抗斗争已经不断地发展起来，以致广西地方当局和清政府对金田起义前夕太平天国在金田村的活动缺乏了解，未能及时发现和重视隐匿在众多民众斗争中的拜上帝会活动。面对民众运动高涨的广西形势，清政府采取的应对措施是一个字：剿。围绕"剿"字，采取了四个方面的措施。

第一，严饬地方官捕剿。自1850年6月至1851年1月11日洪秀全宣布太平天国起义的半年之内，咸丰帝先后给两广总督徐广缙、广西巡抚郑祖琛下诏谕50余次，命其加紧剿灭广西会党起事及民众反抗斗争。仅在1850年6月15日（道光三十年五月初六日）至7月4日（五月二十五日）的短短二十天内，咸丰帝四次诏谕广西巡抚郑祖琛，责令查拿"各股会众"。

6月15日："有人奏，广西会匪猖獗……该抚郑祖琛当督率文武员弁奋力严拿，分路掩捕，不得任其裹胁勾结，坐使滋蔓难图。"②

6月28日（五月十九日）："复有人奏，广西……盗风日炽……着该抚……实力查拿，尽法惩办，并将废弛捕务各员先行参劾。责成文武员弁痛改锢习，上紧会缉，无任一名漏网，以除民害而安边境。"③

6月29日（五月二十日）："近日叠有人奏，本年劫盗又复累累。本月已两次寄谕，饬令严办。该抚……亟当激励文武员弁，将各路大伙盗匪赶紧缉拿，毋任蔓延勾结。查有懈玩之员，先行严参，不可因楚匪剿办已毕，即以全境肃清一奏了事也。"④

7月4日（五月二十五日）："着会同提督闵正凤，严饬带兵各员，会督汉土文武，分途前往，实力捕拿，务将首要匪犯悉数歼擒，不准稍留余孽。一面出示晓谕，解散胁从，以安良善而靖地方。倘剿办未能迅速，致余匪仍

---

① 《清政府镇压太平天国档案史料》第1册，第104页。
② 《清政府镇压太平天国档案史料》第1册，第1页。
③ 《清政府镇压太平天国档案史料》第1册，第2页。
④ 《清政府镇压太平天国档案史料》第1册，第3页。

前蔓延为害，惟该抚等是问。"①

与此同时，咸丰帝亦多次谕令两广总督徐广缙协调广西剿捕事宜。在9月中旬，甚至要求徐广缙驰赴广西，会同郑祖琛"合力剿办"。②林则徐自1850年10月17日（道光三十年九月十三日）被命为钦差大臣，至11月22日（十月十九日）病逝于潮州途次，不到一个月，咸丰帝连发10道诏谕，饬令各种剿办事宜。由此可见，清政府对于广西地方"糜烂"严重情况虽然了解，但尚未觉察到正在酝酿中的太平天国大革命，以为广西"骚乱"只是范围广泛的"会党""土匪"滋事，希图尽快扑灭。

第二，调兵、协饷围剿。为了尽快扑灭广西民众反抗斗争，清政府除命两广总督徐广缙及广东巡抚叶名琛、广西巡抚郑祖琛迅速派出两省兵力分头围捕之外，还从其他省份特别是邻近省份解饷、派兵协剿。7月29日（六月二十一日），调贵州、云南、湖南三省6000名兵丁前往镇压。9月3日（八月初八日），谕四川总督徐泽醇传旨令前任云南提督张必禄驰赴广西会剿。10月12日（九月初八日），命湖南调兵2000名速赴广西会剿。另命户部拨解广西饷银30万两（其中广东筹拨10万两，湖南拨银10万两，户部筹拨10万两）。③10月28日（九月二十四日），命贵州调兵2000名速赴广西会剿。10月31日（九月二十七日），清廷调云南兵2000名赴广西。11月19日（十月十六日），再谕骆秉章拨广西银5万两。④1851年4月6日（咸丰元年三月初五日），清政府再令云南、贵州、海南、安徽各选兵1000名，调赴广西。4月26日（三月二十五日），清政府继先前两次拨饷银180万两赴广西后，再令内务府拨100万两。5月，又从各地拨银73万两。但清政府调兵遣将与广西地方当局的围剿并没有达到预期的目的。9月12日（八月初七日），太平府潘宝源率农民起义军攻克龙州、果化土州等地，击毙龙州同知王淑元。12月25日（十一月二十二日），总兵周凤岐遣副将伊克坦布率清军渡江，进犯金田，洪秀全等于金田、新圩一带分三路布防，设伏迎

---

① 《清政府镇压太平天国档案史料》第1册，第5页。
② 《清政府镇压太平天国档案史料》第1册，第20页。
③ 《清政府镇压太平天国档案史料》第1册，第43页。
④ 《清政府镇压太平天国档案史料》第1册，第79页。

敌，大败清军于蔡村，击毙伊克坦布等官兵300余人。

第三，办理团练，协助官兵围剿。由于广西民众反抗斗争此起彼伏，"外匪借内匪为眼线，内匪赖外匪为声援"，"兵至则逃，兵散则返"，清军兵力匮乏，疲于奔命。① 早在1847年（道光二十七年），广西各地就相继创办了团练。先是玉林知州叶绍棠谕令各乡村创立团练，防御"艇匪"；② 同年，贵县亦在县城设团练局；③ 阳朔则有绅士容颜冠、张云锦、管雅音等创办团练，进剿起义队伍。④ 1848年（道光二十八年），广西当局下令全省举办团练，按察使劳崇光驻梧州办"贼"，亦檄各属，无论城市还是乡村，一律兴办团练；⑤ 随即有北流各里创设团练，⑥ 平南全县举办团练。⑦ 短短一两年时间，灌阳、隆安、镇安、融县、奉议、柳城、崇善、藤县、河池、浔州等十多个府县都相继办起了团练。面对金田起义前夕广西的严峻局面，1850年8月30日（道光三十年七月二十四日），两广总督徐广缙再次奏请办理团练，提出"乡村团练壮勇，实为目前要务……如果乡村均能举行团练，实力缉拿，杜外匪之勾结，自可绝内匪之声援"。⑧ 清政府于10月采纳广西地方当局的建议，诏令广西举办团练。10月6日（九月初二日），咸丰帝令徐广缙"通饬州县，即照广西省横州、博白两处团练章程认真办理，俾官民合力同心，不至互相推诿，方于捕务有裨"；⑨ 10月12日（九月初八日），咸丰帝再谕徐广缙办理团练，"……出示，剀切晓谕，激以大义，并遴派贤员，广为劝导"，"如绅士商民中有能自为团练并出资协助有裨军需者，既可自卫身家，即宜量邀甄叙，事竣着该督抚查明奏请优加奖励，以为好义急公者劝"。⑩ 11月17日（十月十四日），清廷命巡抚郑祖琛等悉心办

---

① 《清政府镇压太平天国档案史料》第1册，第12页。
② 文德馨等纂《玉林州志》卷18，纪事编，兵事。
③ 梁崇鼎纂《贵县志》卷17，前事。
④ 梁启勋纂《阳朔县志》卷2，前事。
⑤ 封祝唐、黄玉年纂《容县志》卷27，旧闻志，前事下。
⑥ 李仲郭纂《北流县志》第7编，纪事。
⑦ 周寿祺纂《平南县志》卷18，团防录。
⑧ 《清政府镇压太平天国档案史料》第1册，第12页。
⑨ 《清政府镇压太平天国档案史料》第1册，第40~41页。
⑩ 《清政府镇压太平天国档案史料》第1册，第44页。

理团练。郑祖琛即命在籍官绅朱琦、龙启瑞联络乡绅，董办桂林团练。自1850年10月谕令广西办理团练以后，清政府便接二连三地敦促。从1850年10月至1851年1月（道光三十年九月至十二月），咸丰帝几乎是数日一谕，催令广西方面加紧举办团练，但到金田起义前，广西的团练还没有成为镇压太平天国的重要力量。

第四，诏谕周边各省围堵，防止各省勾连。与广西地区风起云涌的民众反抗活动同时，广东特别是湖南南部地区会党起事十分频繁，先后爆发了雷再浩、李沅发起义，且一度进入广西，获得广西会党和民众的响应。为了避免全国各地特别是周边省份的会党与民众运动的勾连，清政府多次谕令周边省份巡抚严防围堵。1850年8月22日（七月十五日），咸丰帝谕湖南巡抚骆秉章曰：

> 湖南之永州、郴州、桂阳等府州所属，多与广东、广西连界。该匪等经粤省官兵兜捕，势必窜入楚境。……该抚务即督饬镇道管带兵勇，于毗连各要隘处所严密堵御，加意巡防，并饬各属士民互相保卫，遇有贼匪窜入，立即兜拿解究。①

1850年9月15日（八月初十日），咸丰帝谕令贵州巡防乔用迁：

> 贵州与广西地界毗连，诚恐贼匪逃窜入境，勾结蔓延，着乔用迁迅饬所属于交界处所严密防范。倘有贼匪窜入，务须扼要堵截，勿任越界肆扰，并饬边界各员，如果迎剿得手，即当不分畛域，相机跟追，合力兜捕，以期速就扑灭。②

同日，咸丰帝再次谕令湖南巡抚骆秉章，"迅饬所属，于粤楚交界处所扼要防范，毋任贼党窜入，越界肆扰。并饬边界各员，如果迎剿得手，

---

① 《清政府镇压太平天国档案史料》第1册，第8~9页。
② 《清政府镇压太平天国档案史料》第1册，第21页。

即当不分畛域，相机追捕，以期速即歼灭"。① 同时，令湖南提督向荣驰赴广西剿办。此后，道光帝不断谕令两广、两湖、贵州等地地方官，或驰援广西，或在边界堵截，试图把声势浩大的广西民众的反抗运动扑灭。

就在清政府加紧围剿，应付广西糜烂的局势之时，洪秀全的拜上帝会迅速发展起来。1850年7月拜上帝会总机关由紫荆山高坑冲迁金田村。洪秀全下总动员令，平南、贵县、武宣、陆川、博白各地上帝会开始聚集桂平金田村，编组军队，准备起义。8月，石达开召集贵县龙山上帝会众1000多人聚集于白沙圩，立辕门，开炉铸炮。后赴金田与大队会合。秦日纲也率领贵县平天山银矿矿工3000人，到达金田团营。11月下旬，天地会罗大纲、苏三娘、张钊、田芳、侯志、关巨等率众投奔上帝会。与此同时，金田团营后，拜上帝会也在金田周边进行反清斗争。12月下旬，总兵周凤岐遣副将伊克坦布率清军渡江，进犯金田，洪秀全等于金田、新圩一带分三路布防，设伏迎敌，大败清军于蔡村，击毙伊克坦布等官兵300余人。太平天国农民起义即将在广西民众反抗斗争的洪流中喷薄而出。

## 二　金田起义后清政府对太平天国的应对

1851年1月11日（道光三十年十二月初十日），洪秀全38岁寿诞，假桂平金田村举行祝寿庆典，万众齐集犀牛岭，正式宣布起义，建号太平天国，起义军称太平军，颁军令5条。1月13日（十二月十二日），太平军从金田东出大湟江口，攻占桂平江口圩。席卷14个省份、绵延15年之久的太平天国农民运动爆发了。

在洪秀全宣布起义的前十天（道光三十年十二月二日），被清政府任命为钦差大臣的前两江总督李星沅抵达广西省城桂林。此前的1850年12月15日（道光三十年十一月十二日），咸丰帝命李星沅为钦差大臣，驰赴广西，办理剿捕事务，同时，以前任漕运总督周天爵署广西巡抚，到任前，以

---

① 《清政府镇压太平天国档案史料》第1册，第22页。

布政使劳崇光署理。①

1851 年 1 月 6 日（道光三十年十二月初五日），到达桂林的李星沅恭折谢恩。这是李星沅"使粤"后发出的第一件奏折。此时洪秀全尚未宣布起义，因此李星沅虽注意到金田有会党活动，"桂平之金田另有会匪聚集，号称万余，并帖伪示诱胁"，②但只视其为广西众多农民、会党起义之一股，并未意识到它与其他起义势力的不同。不过，这是广西地方当局首次将金田有会众活动奏报朝廷。因此，李星沅决定移驻柳州，"柳州本适中之地，现值南宁、太平、庆远、思恩一带贼氛未靖，左右均可兼顾，至浔州，水路尤为切近"。③ 对于剿灭广西会众起义，李星沅提出了六条措施：

> 整军伍。客兵人众气嚣，易形庞杂，必先申明纪律，静谧无哗，俾将有谋而兵听之，兵有勇而将察之。
>
> 联兵势。贼匪无定数，官兵有定数，众寡颇不相敌，亟须相度地形，彼此列为犄角，水陆互为声援，无令困于一处。
>
> 侦贼情。地方被贼扰害已及两年，其孰长孰短，当令官兵共悉。
>
> 散贼党。股匪裹胁日众，其中岂无良懦强为附和？即偶知自悔，亦恐官绳以法。臣即剀切晓以利害，慑以声威，令其速自解散，各营生计，以冀化莠为良。
>
> 严守望。粤西山水交错，地方窎远，贼已到处蔓延，势不能全资兵力，故以兵卫民，尤宜使民自卫。有贼处利用剿，无贼处利用守。其法以保甲、团练相辅而行。
>
> 广投效。如有文武官绅情愿投营效用，无论本省他省，均拟量才收录，借资群策群力。④

由上述措施可知，李星沅下车伊始，受同僚部属的影响，还没有洞悉广

---

① 郭廷以：《太平天国史事日志》（上），上海书店出版社，1986，第 95 页。
② 《李星沅集》（二），第 669 页。
③ 《李星沅集》（二），第 673 页。
④ 《李星沅集》（二），第 669~671 页。

西乱局的关键，对影响大局的洪秀全拜上帝会并没有予以足够的重视，采取的是随起随剿、全面清剿的策略。这也可以从他同时期写给同僚的信中看出。在到桂后上第一封奏折的同日，李星沅先后致署广西巡抚劳崇光、广西提督向荣，表达了剿平金田村的乐观心态：①

> 本境零匪尚资镇定，而水路大黄江、陆路金田村两股贼匪，均与浔州切近，业经饬委成参将带兵由平南进攻，黔兵、楚兵次第赶到，向提戎由贵县追贼赴浔，计可乘胜攻击……金田村举动尤可立见其涸，得如欣然者二三人，真不足一盼也。②
> 
> 府城对岸又有金田村尚帝会另股贼匪，纠结十二村为患，号称万数。其实强暴无多，一击即散。③

然而，局势并不如李星沅所料。太平天国宣布起义的第三天（十二月十二日），太平军从金田东出大湟江口，攻占桂平江口圩，气势大涨。李星沅抵达柳州后，就近了解情况，认识到问题的严重性，"浔州府桂平县之金田村，贼首韦正、洪秀全等私结尚帝会，擅贴伪号伪示，招集游匪万余，肆行不法"，④"恃众抗拒，水陆鸱张，实为群盗之尤"。⑤ 这也是清方首次获知洪秀全、上帝会之名，且知其"擅贴伪号伪示"，与寻常会匪不同。有鉴于此，李星沅提出了新的剿捕策略。1月15日，他致信两广总督徐广缙提出："浔州桂平金田村一股，人数尤多，必须厚集兵力，大加剿办，各匪始有畏志，渐次殄除。乃闻前月杪黔军已致小挫，为之气结。即飞致提戎驰往。"⑥ 这表明李星沅已经从"转剿"策略转向集中兵力应对太平天国。1

---

① 对太平军实力估计不足是当时地方官员的普遍问题。1851年1月25日（道光三十年十二月二十四日）贵州巡抚乔用迁奏报："浔州桂平县属金田村一带有尚帝会匪，啸聚万人，皆系乌合之众。且多有老弱妇女掺杂其中。"《清政府镇压太平天国档案史料》第1册，第140页。
② 《李星沅集》（二），第1127页。
③ 《李星沅集》（二），第1129页。
④ 《李星沅集》（二），第673页。
⑤ 《李星沅集》（二），第674页。
⑥ 《李星沅集》（二），第1131页。

月21日（十二月二十日），李星沅据此密奏剿捕三策，认为目前采取的"转战"之策，即由一将领率兵辗转征剿，实为下策："今所恃以转战者惟提臣向荣一人，提臣恃以转战者，惟湖南客兵二千，滇黔兵已居其次，本省兵几不堪用。"① 因此，李星沅建议："诚得劲兵骁将，先择其最急者，厚集兵力，痛剿大伙一二股，余匪望风胆落，然后乘胜穷追，四路剿洗，本省兵壮、团练复行扼要截杀，克期荡除，此策之上者也。"② 根据调整后的策略，李星沅决定集中兵力，首先对付金田村太平军，"必先厚集兵力，乃克一鼓作气，聚而歼之"，③ "似金田村一股，宜先用全力攻之。此股一破，余皆瓦解"。④ 于是，李星沅乃函商广西提督向荣等，拟调集楚、黔、滇三省援桂兵力，会同广西兵力，发动一次对金田村的总攻。

与此同时，李星沅饬令各地大办团练，刊刻龚景瀚《坚壁清野议》分发各州县，大力倡导团练。在李星沅的大力倡导下，广西各地纷纷举办团练。据记载，到咸丰初元，广西境内总计六十三个州县中，团练已成者有四十余处。⑤ 以桂中、桂北地区为例，来宾县县属八里半一厢，"因户口之多寡，道里之远迩"而立团，计有三十六团，⑥ 宜山县办有河东团、福庆团、谭村团、永泰团、东江团、广东客团、德胜各团、北山团、上南团、思恩前团、庆安团等数十团。⑦ 此外，融县县属分为内九团、外四镇，共九十余团。⑧ 上述统计虽然包含咸丰初期的情况，但广西团练的兴起，是与李星沅的倡导分不开的。

与创办团练相反，李星沅策划的三省（滇、黔、楚）官兵围剿金田村计划就没有这么顺利了。1851年2月18日（咸丰元年正月十八日），广西提督向荣率总兵李能臣、周凤岐等，分三路进攻桂平江口墟（大湟江口）、

---

① 《清政府镇压太平天国档案史料》第1册，第136页。
② 《清政府镇压太平天国档案史料》第1册，第136页。
③ 《李星沅集》（二），第674页。
④ 《李星沅集》（二），第1129页。
⑤ 《钦定剿平粤匪方略》卷10。
⑥ 翟富文纂《来宾县志》下篇，县之建置三，历史篇三。
⑦ 覃祖烈纂《宜山县志》卷2，纪官。
⑧ 龙泰任纂《融县志》卷1，政治。

牛排岭，被洪秀全、杨秀清预设伏兵，诱使中计，被击败，死伤数百人。其中，候选卫守备王崇山、千总汤成光受伤阵亡，清军惨淡收兵。向荣畏惧再战，乃深沟高垒，意图阻止太平军东出。太平军则因长时间屯于一隅，不利粮草军火供应，乃于3月中旬自江口墟撤退转进武宣，扎营东乡，并主动向向荣发起进攻。3月19日（二月十七日），太平军进攻东岭村，击伤楚军都司邓绍良、郑魁士，阵斩管带闽勇的从九品吴贻书，围困向荣。经周天爵率张敬修指挥的广东兵勇援救，始将向荣救出。3月23日（二月二十一日），洪秀全在武宣东乡即太平天国天王位。封五军主将：杨秀清为左辅正军师，领中军主将；萧朝贵为右辅又正军师，领前军主将；冯云山为前军副军师，领后军主将；韦昌辉为后护又副军师，领右军主将；石达开为左军主将。

然而，清军的窘境并没有引起李星沅的警惕，他也没有完全意识到太平天国的严重威胁。他认为"官兵十八进剿虽未十分的得手，然水陆两路歼毙贼匪多名，即弁兵间有伤亡，尚不至于挫败，正宜加倍养锐，相机再攻"。① 李星沅一面命向荣汇集兵勇进剿太平军，一面向朝廷要求调兵遣将、济饷解粮。

3月中旬，周天爵、向荣先后到达武宣，候补知府张敬修率广东兵勇1200名、贵州总兵秦定三率黔兵2200名亦先后到达，李星沅催促向荣组织进剿。与此同时，3月下旬，清政府调广州副都统乌兰泰副桂帮办军务，又令湖北盐法道姚莹、江苏淮扬道严正基赴广西受李星沅差遣。4月初，又令云南、贵州、湖南、安徽四省各遣将带兵1000名驰赴广西。4月26日（三月二十五日），清政府继先前两次拨饷银180万两赴广西后，再令内务府拨100万两。5月，又从各地拨银73万两。

4月3日（三月初二日），经过多日准备、布置，广西巡抚周天爵、提督向荣督清军6000多人分四路进攻太平军。洪秀全、冯云山亲自督战，击退清军。此战周天爵有详细描述：

> 三月初二日复大战。于一军之后置一队杀手，斩退走者，四路出兵

---

① 《李星沅集》（二），第1165页。

有四队杀手,皆有将弁领之。一股刘守攻东陵;一股张守攻台村之伏,接应攻东陵;一股向提军攻三里圩之西;一股贵州秦镇军新至之兵,攻三里圩之北,再由此而南,抄贼之后。而向提军恐我力战太猛,"伤一巡抚,我命没矣",哭劝我不可督兵。当是时自谓胸有成算矣,孰意贼连夜调东乡大巢之贼悉师而来,仅三十里耳。而贼大元帅洪泉、冯云山皆亲身督战,南弟一股刘守所领之大头军先至东岭,而贼营寂无人声,发火箭数十支焚其房屋,贼始出数百人,两下对炮,对战方酣,忽出二千余将我兵围裹,东勇系张守敬修所带、福勇系鼎丞褚汝珩所带,共千余名,急救之,而贼又出两倍之众,统围三股。向提军欲统大军冲贼两半,不意贼又并麾军围之。而贵州兵欲攻三里圩之北者,贼伏大林距其中,一股劲贼遮其前,一股大众出其后,贵州兵击死穿红衣战裙者,孰意贼视死如归,赤身赴敌,立刻杀死黔兵二十四人,沉伤八人,黔兵始大奔矣。此战我兵用命,伤者七十余人,死者共三十余人,自午逾申真血战也。奈何我兵勇共六千余人,贼三倍之,又吃迷药,受创不知在己,死而后已,事将奈何。①

这一仗对清军打击极大。周天爵对太平军的勇猛印象深刻,乃至产生悲观情绪,认为太平军"军令死一队长,则一队全斩。……其剽忽不及闯、献,而深沉过之,综观所有大帅,无与敌者,嘻,莫非气数也夫!"② 其战术亦灵活多变,"其营皆散处,战亦散布,即败不至大创,皆狡黠滑贼之尤"。③ 周天爵为了对付太平军,"不得已创为坐战之法":"立一拒敌大营,下设炮眼两座,彼日环攻,我日环打。贼一人无所见,一炮不能伤,我兵更番迭打,一人不能走。其一人不能走者,四面皆厚墙深壕,死即同死,生则俱生,盖师淮阴背水之遗意也。"④

李星沅自向荣在3月19日太平军进攻东岭村之战几乎被擒以后,对太

---

① 太平天国历史博物馆编《太平天国史料丛编简辑》第6册,中华书局,1963,第5页。
② 《太平天国史料丛编简辑》第6册,第5页。
③ 《钦定剿平粤匪方略》卷4,第8页。
④ 《太平天国史料丛编简辑》第6册,第5页。

平军的实力有所畏惧，也意识到周天爵、向荣并不服己，而李星沅也认为周、向二人亦难当大任，故以己之力及目前广西境内之兵，实难支撑，乃于3月23日奏请特简总统将军督剿并添调河南、安徽等地精兵来广西会剿："本省兵既不足，客兵数复无多，不合则力难专攻，不分则势难兼顾。据目前贼势蚁聚蜂屯，少亦数千，多辄累万。西匪固倏远倏近，东匪亦时往时来，若非添调劲兵重臣为统领，一力分堵合围，全局殆不可问"，因而"伏乞圣谟乾断，于曾经行阵诸臣中特简总统将军，兼程来粤督剿，并调安徽、河南精兵数千名，选派得力镇将管带前来"。① 他在致两广总督徐广缙信中也说："贼氛方炽，军事多艰，必得统帅主持，非不才所能负荷。"② 4月3日之战大败后，李星沅"日夕焦思，苦无长策"，③ "筹剿无策"，④ 只能奏请各路调兵，简派总统将军来桂。加之受到朝廷斥责，焦头烂额之际，终致旧病复发，"连日忽患虚症，大汗不止，几濒于危"。⑤ 然而武宣军心不稳，李星沅只得抱病前往。5月初到达，但前方局势使他忧惧交加，终于一病不起，于5月12日（四月十二日）病逝于武宣军中。李星沅任钦差大臣五个月，在清军屡战屡败，太平军愈战愈勇之中，以病逝告终。

## 三　金田起义前后清政府与广西地方当局的互动

李星沅病逝之时，完成东乡登极的太平天国已出武宣，转战象州。5月14日（四月十四日），太平军自东乡拔营，直趋象州。5月16日，太平军突破清军包围，自武宣东乡经大林由东北进入象州庙旺。翌日，攻占象州古城，并在象州中坪墟立大本营。在象州，太平军采取主动出击战略，以逸待劳，以少击众。6月9日（五月初十日），在中坪圩、梁山村、马鞍山等地连续大破乌兰泰所部清军，以七人陷威宁镇营，清军千人溃败。太平军又壅流设伏，

---

① 《清政府镇压太平天国档案史料》第1册，第242~243页。
② 《李星沅集》（二），第1191页。
③ 《李星沅集》（二），第1197页。
④ 《李星沅集》（二），第1198页。
⑤ 《李星沅集》（二），第1209页。

诱斩参将马善宝等官兵250多人，乌兰泰羞愤自杀未遂。乌兰泰的到来并未如李星沅所期待的那样，会剿事权专一即可扭转局势。那么，金田起义前后，清政府的应对为什么没能奏效，反而使太平军在战斗中愈战愈勇，成长壮大呢？考察金田起义前后广西地方当局与清政府之间的互动，或许可以得到一些启示。

在金田起义前，广西地方官吏腐败、颟顸，对清政府采取敷衍态度，使清政府不能获得准确情报，致使广西地方糜烂不可收拾。广西巡抚周天爵在4月3日败仗之后曾致信友人，对广西官场及19世纪40年代广西地方糜烂原因进行了深刻的揭露："盖自丁未（1847）至今，无月不损兵折将，一切俱讳饰之，于是一省文武亦无不鱼烂日馁。……一言兵，则省城仅有懦劣八九百名之兵；一言饷，则藩库拨来朝不继夕之饷；一言官，则通省皆是求参不得之官；一言将，则通省皆是石郎之将；一言案牍，则无一不是被杀被焚之案牍。"① 广西地处西南边陲，山多田少，土客杂居，土客械斗频繁，"西粤土广民惰而愚，客民皆寄食其地，良少莠多，莠者结土匪，而土匪资其凶焰以害土著之良；土著之良不堪其虐且欲大逐客民之莠，而客民且利良者之家室。于是仇隙日深，结党互杀，而黠桀出于其间，啸聚成群，以千数以万数者多矣，沿劫左右江数千里之间。其始激于州县不为理其曲直，而下民怨嗟；邪教见民怨抑之状，倡为蛊惑之词；因好鬼之俗，专为鬼神之语，而此风披靡矣"。周天爵认为，此种情况的泛滥，也与广西巡抚郑祖琛关系甚大，"大吏郑祖琛又笃信佛教，酷似梁武不杀一人以为功德，于是一省鼎沸，鱼烂日馁矣"。② 周天爵之言或有官场龃龉之怨，但广西地方官员腐败、颟顸、敷衍和内斗则由来已久。广西"民贫地瘠，官斯土者，率逭于边荒僻远，困苦异常，因而相率苟安，不思振作"。③ 有研究者指出，广西虽处西南边陲，但其官员与朝廷重臣有诸多勾连，尤其是与穆彰阿、潘世恩等权贵交好，通过他们揣摩上意，选择性地奏报下情。④ 经历鸦片战争战败的道

---

① 《太平天国史料丛编简辑》第6册，第3页。
② 《太平天国史料丛编简辑》第6册，第3页。
③ 《咸丰朝东华录》卷10，第9页。
④ 张英明：《太平天国起义前夜广西局势的特点及其影响》，《江西师范大学学报》1997年第4期。

光帝，并未从中吸取教训，振作图强，反而以为条约签订，可以继续天朝的迷梦，不喜闻地方"水旱盗贼"之事。咸丰帝即位，虽有图治之心，奈何积疴深重，积重难返。穆彰阿向广西巡抚郑祖琛"风示意旨，谓水旱盗贼，不当以时入告，上烦圣虑；国家经费有常，不许以毫发细故，辄请动用"。①潘世恩亦函示："再三告诫，切勿以贼多入奏。"②"是以受戒莫敢复言。盖以某所闻皆如是也。"③且郑祖琛乃"容身固宠，视疆场若无与"之人，抱有"苟及吾身幸无事，他日自有执其咎者"的态度。④由此，广西各级官吏均不敢将地方实情奏报于上。更有甚者，对地方"匪情"予以掩盖压制。诚如广西巡抚周天爵所说：

> 至被害之民，必恃官府之威令，控告之得理，然后责以守望而与之角。广西历任督抚则不然，民控抢劫奸淫，如诉之木偶。退而衔怨，号泣之声各散诸风雨。盗贼习知官府不彼与也，益从而仇胁之。民不任其苦，知官府不可恃也，亦遂靡然而从贼。是盗贼亦无所畏而出劫杀人日频，知官府避罪而必为之讳也，百姓益无所恃而从贼日众。⑤

此种状况在金田起义前比比皆是。金田起义后，新任广西巡抚邹鸣鹤在清理积案时，发现"各属详报命盗并上控提审各案，借以人证难齐、屡催未解者，竟有五百八十余起之多"。⑥1848年，紫荆山秀才王作新因拜上帝会捣毁社坛神像，具状于桂平县衙，指控被告"阳为拜会，阴图谋叛"。知县王烈很不以为意，斥责原告"何得以争踏社坛细故，捏饰大题架控"，至

---

① 龙启瑞：《上梅伯言先生书》，郑振铎编《晚清文选》，上海书店出版社，1987，第116页。
② 茅家琦：《太平天国通史》上册，南京大学出版社，1991，第138页。
③ 龙启瑞：《上梅伯言先生书》，郑振铎编《晚清文选》，第116页。
④ 龙启瑞：《上梅伯言先生书》，郑振铎编《晚清文选》，第116页。
⑤ 《清政府镇压太平天国档案史料》第1册，第159页。
⑥ 中国社会科学院近代史研究所近代史资料编辑室编《太平天国文献史料集》，中国社会科学出版社，1982，第13页。

于"以大逆陷害人",更是"殊属昏谬"。① 时人龙启瑞太息曰:

> 金田会匪,萌芽于道光十四五年。某作秀才时,已微知之。彼时巡抚某公,方日以游山赋诗饮酒为乐。继之者犹不肯办盗。又继之者,则所谓窥时相意旨者是也。当其时,冯云山、韦振、胡以晃等,盖无人不为本地绅民指控,拘于囹圄者数月。府县以为无是事也,而故纵之。逮其起事,始以八百人聚于桂平之紫金山。绅民知必为巨患,集乡兵千余,自备口粮器械,欲往剿捕,具公揭于道府,但请委员督视,使知非私斗而杀人,得免于抵偿。盖其时粤西初有团练,而民之畏法如此。道府顾置之不问。绅民再三催促,始委一候补知县萨某应之。而夫马又不时给。委员因逡巡不去,贼聚党瞬至巨万。团练弱,且嗛官兵之莫为助,遂撒手而贼势滔天矣。盖某所闻于官中者如此。此不能不为之太息痛恨也!②

广西地方官员瞒报"匪情",严重影响了清政府的判断,从而错失机会。

广西地方官员积怨颇深,且彼此攻讦不和,甚至各自奏报朝廷,相互攻击,以致临事不能协调配合,严重影响朝廷意志的贯彻,使拜上帝会势力得以发展,以致酿成"巨祸"。两广总督徐广缙曾奏报广西巡抚郑祖琛敷衍塞责,不肯用命:"臣自上年闻广西地方每多不靖……屡以公牍信函谆致抚臣郑祖琛,严饬各属认真堵捕……乃屡接抚臣来咨,总若虚应故事,并无挽救真情。即叠次抄寄夏间会衔折稿,逐加复阅,与臣所访情形亦多不实不尽。臣遇事与之和衷而不尽由衷,随时愿其协办而不自努力。……且抚臣郑祖琛现已年近七旬,据称咳血旧病复发,精神委顿,似难再支持。"③ 又称其"专事慈柔,工于粉饰,州县亦相率弥缝,遂至酿成巨患","世故太深,周

---

① 《武宣县志》第五编,1934,第 23~24 页。
② 龙启瑞:《上梅伯言先生书》,郑振铎编《晚清文选》,第 116 页。1851 年 5 月 22 日(咸丰元年四月二十二日),广西巡抚周天爵奏请将释放冯云山之桂平县知县王烈等革职拿问。
③ 《清政府镇压太平天国档案史料》第 1 册,第 26~27 页。

旋过甚，只存市恩之心，全无急公之义，且年老多病，文武皆不知畏服"。①可见督抚并不和睦。

李星沅到桂后，也觉察到巡抚周天爵、提督向荣对其并不服膺，且周、向之间相互也不信服。"巡抚郑祖琛、提督闵正凤皆以贻误黜去，周天爵、向荣继为巡抚、提督。二人者并有重名，负意气，议辄相左，星沅调和之，仍不协，军事多牵掣。"②时周天爵年近八旬，"每战亲临前敌，惟与李星沅、向荣皆不协"。③咸丰帝评价道：周天爵"憨直朴诚，甚有血性，向荣亦勇敢过人，朕心深所嘉许，但恐过于勇往，所向无前，转不免轻进疏率之失，李星沅计虑务出万全，自属老成持重，但恐过于慎重，又不免迟误事机。行兵事势，机宜所争，间不容发，需迟固属不可，轻锐尤属非宜"。④

周天爵与向荣为武将，李星沅虽为钦差大臣，但作为文臣，于军事较之周、向二人并不擅长。周、向二人均有盛名，李星沅无全权，调兵、请饷、人事等亦多掣肘。于周、向之争，居中调停而已，实际上周、向二人各自为战，李星沅因而左右难顾、尴尬不已。周天爵奏调一大批官员赴粤会剿，但徐广缙则奏称周天爵请调各员大多"或侈谈经济，或小有才能，或工于揣摩，或好为挥霍，皆妄赋大言，无裨实用……若照署抚臣周天爵奏调各员驰赴军营，势必分门别户，各存邀功冒赏之心。深恐翻新立异。多所份更，号令不时，蒇功无日，流弊更复无所底止"。⑤周天爵则上奏称向荣徇私其子，"提臣向荣本有才气胆略，因曲徇其子向继雄，楚兵迄不用命，乃不自责而反詈置兵练，致失人心，又不听固守之言，乃竟偾事"；⑥"向荣本有能干，但为人不公心，而且太狭隘，掩人之美而独扬己功，云贵兵皆恶之"。⑦

---

① 《清政府镇压太平天国档案史料》第 1 册，第 68 页。
② 赵尔巽等：《清史稿》，吉林人民出版社，1998，第 9068 页。
③ 赵尔巽等：《清史稿》，第 9070 页。
④ 《清政府镇压太平天国档案史料》第 1 册，第 172 页。
⑤ 《清政府镇压太平天国档案史料》第 1 册，第 172 页。
⑥ 《清政府镇压太平天国档案史料》第 1 册，第 419 页。
⑦ 语出周天爵致湖广总督裕泰信，此处转引简又文《太平天国广西首义史》，商务印书馆，1946，第 232 页。

广西地方官员不和引起咸丰皇帝的关注，乌兰泰在遵旨查明周天爵、向荣、秦定三等不和情形的奏报中说：

> 向荣曲徇其子向继雄，致失人心，兵不用命一节。查向荣之子五品荫生向继雄，随向荣在军营效力，父子之情，不无勷佐之处，惟向继雄不能避嫌远疑，迹近干预。又因向荣保伊子花翎，以致众心不服，军营中随有物议，甚至楚兵借端挟制，即有以后再打仗，断不上前之说。
>
> 至于彼此不和，奴才未到武宣以前，闻知本年三月初二日，因与贼匪打仗不利，后向荣见周天爵，说话间，秦定三已至，周天爵闻秦定三不前，脚踢大骂。后访知秦定三并无不前之处，差伊子周光岳与秦定三谢过。年老之性，反自不忍，即言向荣推卸。而周天爵与向荣，向荣与秦定三，均似因之有隙，以致不和。更因逆匪凶悍，兵不用命，自到武宣屡次打仗，未甚得利，故统兵大员虑及再战难保必胜，一经不利，损将伤兵，败名挫锐，此情亦所不免。惟既知兵不用命，即当推诚驭众，设法挽回，乃因旷日无功，互相推过，而以小嫌借口，彼此訾议。至于文移信函之间，巧饰推诿，预占地步，是徐广缙奏参向荣诿卸观望，亦属有因。至于周天爵为人，居心本属忠直，惟性强耳软，年老精神不及，以致其子周光岳从中干预，致失人心。①

诸将不和，也严重影响士气，且导致各部兵勇不和。"楚兵与黔兵不和，镇筸兵又与常德兵不和，兵与勇不和，东勇又与西勇不和。"② 这种状况无疑严重影响了士兵的战斗力，乌兰泰奏报作战情形说："与英人交战失败，大有影响于官军，至今未能恢复，故临阵退缩为惯例，放弃防地为常

---

① 《乌兰泰密奏周天爵向荣秦定三等不和情由折》（咸丰元年五月二十七日），中国社会科学院近代史研究所近代史资料编译室主编《太平天国文献史料集》，知识产权出版社，2013，第143、144页。

② 姚莹：《平贼事宜状》，《中复堂遗稿》第2卷，第6页。

事。……军队作战之最忌者,我军皆有之,甚至不听命令而自由行动。……更闻前于交战时……一闻敌方枪声即震惧莫名,如有一二受伤,则全军思退。"① 诸将不和,兵不用命,岂有不败之理?

清政府既急于求成,又因为广西地方当局的隐瞒而难以了解实情,而钦差大臣李星沅也与地方实际隔膜,致使朝命既不切实际,也难切实际,故而采取的措施成效甚微。咸丰帝即位时不到20岁,亟思进取,锐意革新,整顿吏治,革除贪腐,朝政气象有所改变。太平天国金田起义前后,是咸丰帝即位的第一年,在罢免穆彰阿、耆英、奕䜣,巩固皇位后,急于在内忧外患方面有所作为,因而对蔓延已久的粤西"会匪"表现出迅速剿灭的急切心理。前文提到林则徐自被命为钦差大臣,至病逝于潮州途次,不到一个月,还没到广西,咸丰帝即连发10道诏谕,饬令各种剿办事宜,可见咸丰帝的急迫心理。

李星沅被任命为钦差大臣以后,咸丰帝急于扑灭广西"会匪"的心情更为迫切。一方面,咸丰帝严饬钦差大臣李星沅及广西地方官员,务必迅速剿灭。在任钦差大臣五个月的时间里(道光三十年十一月十二日至咸丰元年四月十二日),李星沅共上奏67次(含附片,不含谢恩折和遗折),咸丰帝则给李星沅降旨下诏38次,几乎每4天下一次,可见咸丰帝对广西剿匪事宜的关注度极高。考察这些谕旨,其内容无不包含"乘势扑灭"②、"务期捣渠歼灭,净绝根株"③、"乘机追剿,一鼓歼除"④、"悉数歼除,毋留余孽"⑤,反映了咸丰帝剿灭"匪势"的急切和对地方官的严厉态度;另一方面,对于广西地方调兵、协饷、褒奖有功将弁的要求,一律给予满足,也表现了咸丰帝对肃清粤西的喁喁期待。然而,咸丰帝的种种举措并未达到期望的效果,广西各处警讯仍源源不断报来,以至于咸丰帝大为疑惑:"该省贼匪滋扰将近一年,近乃大肆披猖,出入修仁、荔浦、迁江各城,左、右江各

---

① 简又文:《太平天国广西首义史》,第232页。
② 《清政府镇压太平天国档案史料》第1册,第100页。
③ 《清政府镇压太平天国档案史料》第1册,第103页。
④ 《清政府镇压太平天国档案史料》第1册,第111页。
⑤ 《清政府镇压太平天国档案史料》第1册,第112页。

属均被扰害。叠据该督抚奏称，或系外来游匪，或系土匪互相勾结。是否各股绝不相谋？抑有总头目为之号召？何以四处抢掠，同时并发？究竟起于何时何地？文武各官有无激变情事？"①

就李星沅而言，其甫接钦命即抱病体日夜兼程赶赴广西，一入粤境，即"沿途悉心探访"；驰抵省城，即"接见文武各员并本地绅士，详加考究"；②并决定亲自统兵分驻柳州，与驻梧州之劳崇光、驻浔州之向荣，"彼此互为声援"，视情况"或分或合，随时移营调遣"。③在任钦差大臣的五个月里，或奏请协饷调兵，或呈请奖叙惩处，或协调兵将调遣，是非常繁忙勤谨的。除了最初对太平天国势力估计不足外，其余应对也没有大的失误。但李星沅老病交加，也自知"军旅未娴"，④面对强大的太平军以及彼此不和且又对己不恭的部将，李星沅深感无奈，于是联合周天爵、向荣奏请"于曾经行阵诸臣中特简总统将军，兼程来粤督剿"。⑤劳师费财、急欲获胜的咸丰帝当然十分不满，斥责曰："李星沅、周天爵、向荣均经朕特简，授以重任，深资倚畀。添兵筹饷，无不立允，所请毫无掣肘之处。况金田大股逆匪已经焚毁贼巢，连获胜仗，该大臣等剿办已属得手，正可乘机兜捕。即各属报有伙匪，亦宜度地相机，分派员弁督剿，以期全境肃清。何以此次奏请特简总统将军来粤督办？无论命将远来，必致耽延时日，且兵将等一闻另有遣将之谕，势将纷纷观望。设有遗误，罪将谁归？朕于军旅之事，任人勿疑。前经叠次训勉，亦可见君臣一体之意。即诸臣意见偶有不同，无非因公起见。兵贵神速，间不容发，岂得邌思诿卸，坐失事机？"⑥言语之间，其信任、失望、申斥、恳切之复杂心态展露无遗，可窥其盼胜之切。虽对李星沅等失望之极，但在同日，咸丰帝仍就广西团练助剿之事发布上谕，表达剿灭太平天国的决心："广西贼匪自蚁聚金田，负隅抵抗，我师并力定谋，摧

---

① 《清政府镇压太平天国档案史料》第 1 册，第 79 页。
② 《李星沅集》（二），第 668 页。
③ 《李星沅集》（二），第 669 页。
④ 《李星沅集》（二），第 668 页。
⑤ 《清政府镇压太平天国档案史料》第 1 册，第 243 页。
⑥ 《清政府镇压太平天国档案史料》第 1 册，第 271 页。

坚深入，屡破贼巢，歼其渠首，逆匪已畏锋逃窜，必当乘此锐气，前截后追，分堵合剿。……朕眷怀南服，亟思一鼓荡平。……朕闻该省绅士商民各处团练，同仇奋义，自必率同土勇合力歼除，断不容釜底游魂扰我乐土。至军需粮饷，已命所司宽为筹拨，源源接济。惟望捷音迭报，全境迅就肃清。"①

然而，李星沅及广西官员的表现并未达到咸丰帝的期望。在不断的告急奏报中，咸丰帝终于不再容忍。5月2日（四月初二日），咸丰帝对李星沅已十分失望，降旨申斥道："李星沅总统军务，数月以来，未见所办何事。……该大臣等纵不自爱，其如吾民涂炭，何言之至此，愤闷殊深。"②乃下诏命钦差大臣赛尚阿接替李星沅专办广西军务，李星沅回湖南会同骆秉章办理防堵事宜："朕命赛尚阿督带官兵，前往湖南防堵，原因李星沅等奏恳专派总统，期于事权归一。该大臣行抵楚粤之交，着即驰赴广西军营接办军务，并传知李星沅驰回湖南，会同骆秉章办理防堵事宜。前颁给李星沅钦差大臣关防，即由驿递缴回可也。"③李星沅受任钦差大臣，督办广西军务五个月即告结束。李星沅本人尚未接到咸丰帝的此道上谕，即于10天后（咸丰元年四月初二日）病逝于武宣军中。

广西会党起事和农民起义由来已久，官场长期以来腐败不堪，李星沅赴粤前地方当局就应对失措，李星沅到任广西之后，面对糜烂已久的局面，面对咸丰帝的严旨督饬，虽殚精竭虑，也无法与广西地方官员同心协力，达成清政府期待的目标。因此，无论是清政府，还是钦差大臣李星沅及广西地方当局，他们对太平天国金田起义前后的应对都是不成功的。

---

① 《清政府镇压太平天国档案史料》第1册，第271~272页。
② 《清政府镇压太平天国档案史料》第1册，第366页。
③ 《清政府镇压太平天国档案史料》第1册，第358页。

# 木刻的艺术形式美探讨

## ——以太平天国木印为例

公 雪[*]

**摘 要** 木印作为印章的一种特殊类型，是指在木质原材料上通过雕刻的方式进行制作的艺术形式，具有一定的艺术性和实用性。本文以太平天国木印为例，从图案主题特征、图案构成形式的角度来探讨木印艺术图案与官职等级之间的关系。从设计学、历史学的角度，通过形式美与主题内容、工艺技法与装饰主题方面，对其外在形式美与内在太平天国官制等级划分的阐释分析，从中窥探太平天国木刻艺术别具一格的形式美感与审美意趣。

**关键词** 太平天国 木刻 木印 艺术形式

中国木刻艺术历史悠久，雕刻与艺术相辅相成，其发展从六朝时期至唐代达到高峰，自宋代开始衰落。明际中外交流频繁，木刻作为中国独特的艺术形式，再一次展现其艺术风采。而到了清代，社会动乱，木刻艺术再次走向衰落。太平天国木刻虽没有工艺技术上的进一步创新，但促进了木刻主题形式的创新性发展，是木刻艺术中衰过程中的绚丽奇葩，具有一定的积极意义。木刻印章是印章中的一种类型，太平天国以木刻官印为代表，携带和取材较为方便，但不易于长时间保存。太平天国作为农民建立的政权，其所用印章从图案主题装饰、印面设计与形制、印的尺寸与图文组合方式都与中国

---

[*] 公雪，江南大学设计学院博士研究生。

历朝历代的官印有所不同。本文不对太平天国进行过多探讨，仅对太平天国的特殊木印艺术风格进行论述。太平天国印章材质有金、银、铜、木四种，从现存官印实物及史料记载来看，因适逢战乱，太平天国官印以木质官印（以下简称"木印"）居多，故本文仅对太平天国木印进行探讨。其木印图案多通过二方连续或四方连续的构成方式进行有秩序反复或单一非反复的呈带状的图案组合。其图案主题包罗万象，具有革新性和多样性特征。木印图案与文字的组合不仅是对清末审美风格的反叛与吸收，同时也受到地域文化以及宗教的影响。其视觉图案的塑造多以政治主题、龙凤主题为主，以民间具有吉祥寓意的装饰元素为辅，以此来区分不同的官职等级，其构图遵循形式美法则，体现出对称性、均衡性、节奏性特征，具独特审美意趣，艺术审美糅合多种风格，秀丽质朴。

# 一 太平天国木质官印简介

太平天国"官制皆仿周礼"，[①] 天京事变之后，太平天国在周礼基础之上，另设义、安、福、燕、豫五爵，[②] 并以官印尺寸、印文、材质区分等级。太平天国官印材质有金、银、铜、木四种，太平天国木印以尺寸和材质对权力等级进行划分。据《贼情汇纂》记载："镌刻营其卒皆刻字匠，各营以指挥统之，其总制至两司马亦如土营水营之制。"[③] 太平天国在天京所设镌刻营（又称"镌刻衙"）属工艺创作之机关，以镌刻木印、书籍、印玺为主，并设有专人管理和创作。首先，太平天国木印是太平天国各级官员职位及权力的象征。一方面，木印不论级别高低，均以木雕阳刻的手法，雕刻双龙图案，辅以民间吉祥元素，是太平天国"人人平等"理念的体现。另一方面，木印图案多以双龙为主，其权力等级的尊卑在印玺的尺寸中体现出来。太平天国木印多以杂木为主。因太平天国运动战线较长、范围较广，而

---

[①] 罗尔纲：《太平天国史》第2册，中华书局，1991，第1030页。
[②] 罗尔纲：《太平天国史》第1册，第397页。
[③] 张德坚：《贼情汇纂》卷4《附诸匠营》，第108页。

木印便于就地取材，便携且短期不易损坏。这种木印艺术的两面性正是太平天国运动矛盾性的体现。

其次，太平天国木印风格体现出多样化特征。中国历朝历代印玺多为宫廷工匠制作，形制华丽高贵，是王权的象征。太平天国提倡面向大众的艺术形式，尊重画匠，并在杭州设招贤馆，广纳有才之士。《粤逆纪略》记载："绣锦衙主彩绘之事。"① 太平天国吸收了多种艺术创作方法，宫廷画师和民间工匠共同参与工艺创作，这种集体协作的艺术创作方式进而形成了太平天国独特的审美意趣。镌刻营的工匠风格各异，从宫廷画师到民间画工都可以进入镌刻营进行工艺创作。所以太平天国的木印艺术也体现出个性化和多样化特征。晚清时期，宫廷画派繁盛，清廷设计艺术风格繁杂华丽，器物工艺多精雕细琢。太平天国时期的社会环境、经济与阶级关系较为复杂，木印风格包罗万象，构图遵循形式美法则。呤唎曾表示："太平天国雕刻极为精致，构图之奇异与生动使我驻足许久。"②

## 二 木印图案形式美分析

### （一）木印图案主题特征

1. 统治权威性主题

太平天国运动是以农民为主体，反对封建统治的农民起义运动。太平天国以"拜上帝教"为思想武器，为巩固政权，争取百姓支持，其木印图案多含有统治权威性倾向和民间倾向。首先，"日"是木印艺术中的重要图案。如太平天国的"天王洪日"图案，以"日"的元素出现在木印图案的中心位置，作为视觉主元素的洪秀全自称为"日"，该元素有"天王洪日，照得普天下"之意，颇具宗教意味。其次，在政治图案中有一类是通过象

---

① 佚名：《粤逆纪略》，第49页。
② 〔英〕呤唎：《太平天国革命亲历记》，王维周、王元化译，上海人民出版社，1997，第579页。

征、谐音的视觉方式来表现太平天国的政治倾向，如殿前忠诚伍佰伍拾捌天安左贰武军政司木印，阳刻木纹，厚1.6厘米，高20.2厘米，宽10.2厘米。图文结合，以宋体刻"天父天兄天王太平天国殿前忠诚伍佰伍拾捌天安左贰武军政司"，木印图案正中为"日"，上部两侧双龙朝日，两旁雕龙纹，下雕立水纹，整体画面丰丽大方，是洪秀全对太平天国永久昌盛的期待。

龙凤主题是仅次于"日"图案主题的太平天国常用的木印纹样，常与"日"元素同时出现，彰显权威。太平天国文化艺术形式风格独具，在木印图案之中，多见龙凤主题，多有二龙捧日或双凤朝阳的木印图案，刻印别具风格。如太平天国刻印芳天义右拾肆护军木印，图案主题是双凤朝阳，左右木印行凤，辅以花卉图案，下木印海水江牙。与常出现的木面阳刻不同，此枚木印采用了木面阴刻的手法，图文简约质朴。龙凤纹在太平天国木印艺术中多以组合的形式出现，在构图画面中具有符号性寓意和象征性意涵，同时又具有审美装饰意味。龙凤主题构成元素也多出现在人物服饰、建筑、书籍封面、谕令套封、玉玺、配饰之上，对称出现，使画面呈现均衡美和节奏韵律。

2. 民间吉祥性主题

太平天国的木印艺术是宗教艺术与民间艺术的交融性体现。其雕刻造型多来源于民间生活，构思巧妙，栩栩如生，并饰有祥云纹，体现清末农民对幸福生活的美好期盼。史料记载："四壁龙象，涂饰绝华，土木丹青，穷极工巧。"[①]墙壁建筑皆鸟、雀、兽图案，有吉祥之意。五蝠捧寿，饰以瑞云纹。"蝠"同"福"，《尚书·洪范》记载："五福者，一曰寿，二曰富，三曰康宁，四曰攸好德，五曰考终命。"吉祥图案的大量出现是当时社会动乱背景下，农民对幸福美好生活期盼的体现。

太平天国的木印艺术多重视农民劳作和民间艺术风格，多以牡丹、瓜蝶、八宝等具有吉祥意义的图案作为木印图案构成。八宝图案与文字排列组合构思巧妙，富有生机与民间气息，使木印充满装饰性意味。花卉植物主题

---

① 罗尔纲：《太平天国史》第2册，第1495页。

的木印纹样，如苏州忠王府彩绘的木印中有"凤穿牡丹""四季花卉"等。太平天国的木印图案中连续回纹、花果鸟兽等造型特征显著，从形式美角度来看不仅具有时代特征，又符合设计形式美法则，是太平天国时期劳动生产、祈求吉祥的农民精神的体现。

### （二）木印图案构成形式

1. 对称与均衡

太平天国的木印艺术延续并发展了晚清装饰艺术的对称式表现手法。视觉的对称性体现了权力的正统和威严，上下对称的图案也是画面平衡美感的体现。对称式的图案多以主题性元素出现在太平天国木印之中，由规则图形或不规则元素组合，左右或上下对称排列。如"殿前忠伺神使任享殿天官领袖尹贤瑞木印"的图案设计，以中轴线为基，左右龙凤纹呈对称状，镜面翻转，视觉工整。对称式是太平天国时期常用的木印图案构成，颇具符号性象征意味，此种构图画面繁而不乱，线条流畅，大方简朴。

2. 重复与连续

太平天国的木印图案以横向或纵向的形式进行单个或多个元素重复连续排列，符合图像的形式美法则，使画面具有整体性和节奏韵律。在连续构图中，以双线形作为构成元素，连续重复，简洁明快。同时，上方均饰卷云纹，下方重复水纹，图案的处理与合理排布，是对自然形变和抽象图形的有机结合。在太平天国木印艺术中，整体画面简洁质朴，重复与连续则增强了视觉冲击力，二维简单线条的组合重复，呈现出极强的规律性和符号性意味。这种构图方式是在画面边缘位置由单一图形循环构成，简洁大方，又富有装饰性意味。

3. 节奏与韵律

太平天国木印图案以中心横轴为界，上下对称且富有变化，上部左右对称，饰以代表官职等级的图形元素，如以龙凤虎兽图案为主元素，下部多饰以水纹。上下的差异与左右的稳定并存，产生视觉张力和变化，节奏感强，兼顾变化与统一。其次，在主元素的空白处多辅以流动的云气纹、八宝纹等具有吉祥寓意的图案，辅助元素与主元素微妙呼应，相辅相成，共同组成整体画面元素，是画面形式韵律感的体现，通过图像单元的重复与变化形成较为完整的视觉效果。

## 三 木印图案形式美作用

### （一）装饰性意趣

太平天国重视文化艺术，木印艺术属于太平天国文化艺术范畴，充满装饰性意趣。外国人呤唎曾记载："我在中国或其他国家未曾见过这样富丽堂皇的石刻和木刻。"[①] 一方面，在木印图案主题上，图文混排，图案多采用龙凤纹、回纹边等传统民间纹饰以及吉祥主题纹饰，特别是对龙凤纹的应用范围之广，乃历代农民起义建立的政权之最。印文皆宋体，印文周围饰以龙纹图案。如殿前忠诚叁佰陆拾捌天安廖深木印，高22.4厘米，宽11厘米，印文为"天父天兄天王太平天国开朝勋臣殿前忠诚叁佰陆拾捌天安廖深"。另一方面，其木印图案遵循形式美法则，线条简洁流畅，与清廷繁杂秀丽的宫廷审美截然不同，更体现出对民间艺术的重视，又具有地域性艺术特点。太平天国木刻艺术，以官印为载体，其印面装饰图案内容丰富，主题明确，印文周围以充满装饰意趣的图形元素贯穿环绕，画面丰富绚丽。

### （二）体现官职等级

太平天国与清政府的争斗，使军情的处理决定了战争局势的变化。清政府将军旅视为国家第一要务。[②] 而太平天国官印以木印为主，便于携带，利于官员根据战情随时转移。龙凤虎兽等是太平天国木印常用的图案元素。木印主元素多以线条横竖排列、交织构成画面，具有一定的组织规律和上下延伸、左右连续的空间视觉效果。纹边作为辅助元素来装饰填充画面，规矩工

---

① 〔英〕呤唎：《太平天国革命亲历记》，第578页。
② 《钦定大清会典则例》卷109《兵部·武选清吏司·出征》，《四库全书》第623册，第251页。

整。《金陵省难纪略》记载："东贼用金,长七寸,阔三寸……宽长递减;再下如总制等则用木。"① 太平天国东西王其印长19.8厘米,以下根据级别依次递减。而太平天国后期官印尺寸的长宽厚却大为增加,这说明太平天国前后期官印制作有所变化,这与当时内部政权和官制变化有关。从木刻技法来看,现存太平天国官印以木面阳刻为主,印面上的图像线条凸出,通过图文混排的不同形式来体现官职等级的变化,是艺术性与实用性结合的集中体现。

### （三）贴近民众

《金陵杂记》记载："绘龙绘虎,则由伪绣锦衙绘制。"更有甚者,"门扇墙壁,无一不画"。② 这种艺术创作方式给了画师们更多的创作空间,太平天国的艺术创作是宫廷画师与民间画士一起集体创作的新艺术形式的体现。太平天国作为农民起义建立的农民政权,出于对清廷的反叛,其艺术文化开始从民间民俗取材,并号召"人人须依己之所长,从事陶、铁、木、泥瓦匠之行业"。③ 太平天国木刻艺术将具有农民劳作的生活气息、吉祥元素的木印主题融入构图之中,体现民间吉祥、神话、田园等人文气息,富有活力,但同时其艺术风格又是宫廷写意与民间质朴率性的融合,富有生命力,体现出雅俗共赏的独有特征,是中华宫廷风格与民间通俗审美风格融合的绚丽奇葩。

## 四 结语

太平天国的木印虽装饰手法和画面构图不够精美工整,但它吸收了各地艺术风格,融会贯通,是特定时代环境下民间艺术精神意识的体现,是农民阶层对封建社会的反抗,所以体现出一定的创新精神,是在木刻艺术衰落时

---

① 张汝南:《金陵省难纪略》,北京图书馆出版社,1980,第90页。
② 罗尔纲:《太平天国史》第2册,中华书局,1991,第1490页。
③ 〔美〕史景迁:《太平天国》,朱庆葆、计秋枫译,广西师范大学出版社,2011,第225页。

期的绚丽奇葩。在艺术形式上不同于清代宫廷艺术般繁杂华丽，体现出多样性的审美情趣和革新之风，木印画面饱满，少有留白，是宫廷艺术和民间艺术的融合。从当时历史文化背景来看，该艺术风格的形成是农民阶级意识的觉醒，是对封建阶级观念的反抗和革新性发展。太平天国木印丰富了图案的整体性，体现出均衡美，营造出更为完整的视觉空间，是特定历史时期大众审美的体现。

# 庆军在朝鲜的文墨情缘

夏冬波[*]

**摘　要**　作为淮军庆字营统领，吴长庆于光绪八年从山东跨海赴朝，协助戡定朝鲜"壬午兵变"。随后庆军留驻朝鲜近两年，与当地的文人雅士文化交流频繁，现今以"吴武壮公祠"为代表的历史遗存中，留下了丰厚的碑文匾联等文化遗产。

**关键词**　吴长庆　庆军　朝鲜　文墨交游　吴武壮公祠

吴长庆（1829～1884），字家善，号筱轩，又称小轩，安徽庐江人，是淮军较早成立营号的"庆字营"统领。历任直隶正定镇总兵、浙江提督、广东水师提督。获三等轻车都尉，世袭云骑尉，诰封建威将军、瑚敦巴图鲁勇号，正一品封典。因戡定朝鲜"壬午兵变"，为世所重。病逝后受到光绪皇帝、慈禧太后、朝鲜国王李熙和朝鲜国王世子的祭奠，有多处敕建专祠。谥号"武壮"。《清史稿》有传。

吴长庆在淮军将领中独自立异，罗致文人以通声气，与陈虎臣、方存之、吴挚甫、张廉卿、薛时雨等皆同游于曾国藩门下，好古而尚文辞，素有"儒将"之称。吴长庆与大书法家张裕钊、何绍基，桐城乡绅名士孙云锦接触较多，庆军幕府以收罗张謇、文廷式、朱铭盘、周家禄、邱履平、林葵、沈海秋、吴量才等诸多文人墨客为士林所重，"幕府才俊"，一时称盛。吴长庆在驻防江苏江阴、浦口时，又深得两江总督沈葆桢的器重，并受其影响。

---

[*] 夏冬波，安徽省文史研究馆特约研究员。

光绪八年（1882），朝鲜发生"壬午兵变"。清廷令吴长庆统领庆军六营，迅速从山东登州（今山东威海市）跨海援朝，吴长庆率丁汝昌、马建忠、张謇、袁世凯等，智擒魁首大院君李昰应，讨治乱党，迎获王妃，很快恢复了朝鲜秩序，保护了中国在朝侨民，使日本欲以此事干涉朝鲜内政的阴谋未能得逞。庆军在戡定朝鲜"壬午兵变"之后留驻朝鲜，与朝鲜文人雅士文化交流频繁。如庆军与朝鲜文士的文墨交流，庆军在朝鲜关帝庙的撰联题匾活动。吴长庆离开朝鲜病逝金州（今辽宁大连市）后，朝鲜国王第一个上奏清廷在朝鲜汉城（今韩国首尔市）建"吴武壮公祠"，里面留存了大量近现代名人和庆军将士的碑文匾联，成为近现代重要的文化遗产。

## 一　庆军将士与朝鲜文士的文墨交游

吴长庆在留驻朝鲜 20 个月的时间里，与朝鲜国王李熙及朝鲜军民建立了深厚的感情。庆军幕府中的文人雅士，如张謇、周家禄、朱铭盘、邱履平等，除了创作反映朝鲜风土人情的诗篇之外，还常常与朝鲜诗人相唱和，展开文墨交流。其中，张謇与朝鲜诗人金泽荣的诗缘，成为中朝两国文化交流史上的一段佳话。

张謇结识的第一个朝鲜友人是金允植。金允植时任朝鲜吏部参判，系奉朝鲜国王之命来华请援的领选使。光绪八年七月初四日（1882 年 8 月 17 日），张謇与金允植随吴长庆、丁汝昌乘"威远"轮前往朝鲜平乱，经多次叙谈，金允植的爱国热忱、政治见解和文化素养给张謇留下了深刻的印象。由于当时军务繁忙，张謇与金允植并未有多少诗歌唱和。张謇赴朝后，利用短暂的休息时间，于七月二十九日（9 月 11 日）和八月初六日（9 月 17 日），在朝鲜汉城书店购买《全唐诗》《太平广记》《柳河东集》《高丽名臣传》等诗文集以及《全唐文》《册府元龟》《经籍纂诂》等大批图书。

八月初，张謇经金允植介绍，于吏部参判所结识朝鲜贤士大夫、著名诗人金泽荣。张謇曾在《朝鲜金沧江刊申紫霞诗集序》中称："往岁壬午，朝鲜乱。謇参吴武壮军事，次于汉城……金参判允植颇称道金沧江之工诗，他日见沧江于参判所，与之谈，委蛇而文，似迂而弥真。其诗浸浸窥唐人之室,参判称固不虚。间辄往还,欢然倾洽。沧江复为言其老辈申紫霞诗才之高,推服之甚至。予亦偶从他处见申所流传者,盖出入于晚唐、北宋之间。"

金允植将金沧江的诗集送给张謇后,"季直见而称善",两人在军中"笔谈数十牍"。张謇还向金沧江介绍一起到朝鲜的哥哥张詧。第二天,张謇还赠金沧江"福建印章三,徽州松烟墨二",大有相见恨晚之感。

金泽荣(1850~1927),字于霖,号沧江,别号韶濩堂主人,韶濩生,晚号长眉翁囚。原籍朝鲜花开,7岁开始读书,14岁受学于全象谦,19岁从白岐镇问学,开始了解古文古诗。他一生经历了多次科举考试,直到1891年,历经五次京乡初试,方以诗中进士。作为朝鲜李朝末年著名的诗人,他编纂过多部诗词集。45岁担任议政府主事局主事,次年改任内阁主事,后升任中枢院参事官等职。1903年任弘文馆纂辑所文献备考续撰委员、授正三品通政大夫等官职。1905年,金沧江因不满日本的殖民统治,愤而辞官,携妻女从仁川乘船来华投奔张謇。张謇追念旧谊,同情其悲惨遭遇,更钦佩其高尚品格,便安排他到南通翰墨林印书局任编校,并购买房宅于东濠河之侧供其居住。金沧江从此客居南通达22年之久,张謇与金沧江的交谊成为近代中朝友好关系的一个典范,堪与吴昌硕和朝鲜闵泳翊的交谊相媲美。闵泳翊(1860~1914),字子相、遇鸿,号芸楣、竹楣、园丁、兰丐、千寻竹斋等。闵台镐之子,朝鲜王朝后期外戚权臣,闵妃集团的代表人物,同时也是一名书画家。

张謇在汉城期间,除了与金沧江相见恨晚之外,还结识了吏部参判金石菱(昌熙)、兵部判书赵宁夏(惠人)、宏文馆侍讲鱼一斋(允中)等。在此期间,张謇保存下来的与朝鲜有关的诗作有《书朝鲜赵玉垂参判冕镐异苔同芩诗卷后》《书朝鲜近事》《送黄李二生归江原道》《招隐三首赠金石菱》等。

除了张謇与朝鲜诗人的交往之外,庆军中的其他幕府诗人如朱铭盘、周家禄、邱履平等都留下不少反映驻军朝鲜的生活及朝鲜风俗的诗篇。如朱铭盘的《朝鲜杂诗》和周家禄的《朝鲜乐府》等。朱铭盘还有一首《朝鲜柳中使小园听土人杂歌》,就是写朝鲜风俗的。诗云:

歌声未作先打鼓，十声百声不可数。
一人发响数人追，一人中间沐猴舞。
时连复断或大笑，应使歌间带嘲语。
小亭四月花飘摇，垂墙拂地千柳条。
借问译者顷何唱，但云啁哳同讴谣。
岂知中有唐诗曲，散入蛮荒化歌哭。
龟年幡绰尔何人，漫对空弦叹幽独。
众中邱生尤好古，忽闻此言喜欲舞。
但觉黄河眼底流，如聆剑阁宵中雨。
白鸟檐前三五飞，野人歌罢醉还归。
应中听曲成萧瑟，歌者心中无是非。①

狄葆贤在其《平等阁诗话》卷二中称该诗"辞采妍妙，弥近元、白"。②

据吴长庆之子吴保初的诗注记述："先君东渡者，有季直、曼君、彦升、履平。诗名大振于辽东者履平、曼君为最。……古有外藩来请四杰遗集之事，今之数子实能继之。"

庆军统领吴长庆在驻朝期间，也时与朝鲜政要相唱和。如吴长庆于光绪九年（1883）二月二十一日赠诗给朝鲜闵台镐（辅国），其诗曰：

霸业雄图迹已磨，征人犹唱大风歌。
可怜鸟尽弓藏处，猛士当时问几何？

吴长庆平时也十分重视中朝文房文化交流，与朝鲜文人结下了深厚的友情。

墨作为文房四宝之一，是重要的文房雅玩。吴长庆驻军浦口时，与江

---

① 袁行云：《清人诗集叙录》第3册，文化艺术出版社，1994，第2746页。
② 转引自中山大学中文系中国近代文学研究编辑部编《中国近代文学研究》第1辑，广东人民出版社，1983，第163页。

宁、徽州相邻。为满足文人雅士和诸多"才俊"的需要，吴长庆特意花重金从徽州定做监制优质徽墨，印有"吴长庆监制"印文，以广赠文士道友。他还派人到徽州选购优质毛笔和上等歙砚，分赠诸人。尤其难能可贵者，吴长庆在驻朝期间，也定制徽墨，以赠朝鲜文人雅士，成为中朝两国文苑交流中的佳话。

在江苏南通博物苑，至今还藏有吴长庆驻军朝鲜时定制的墨块。这方墨块呈长方形，上下两端略作圆弧委角，长 10.2 厘米，宽 2.2 厘米，厚 0.8 厘米。正面有大字隶书"吴氏所造"四字，下面有两行小字楷书"集武梁祠画象字"，俱阴识填金。墨的背面有两行楷书："光绪九年，长庆奉敕勾当朝鲜公事，造此墨。歙程絜选烟。"也为阴识填金。一侧楷书"徽州休城胡开文制"，顶部有楷书"顶烟"二字，均为阳识。从正、背两面的楷书风格看应出于其幕宾张謇之手。

吴长庆定制徽墨，已是戡定朝鲜"壬午兵变"次年的事情。当时吴长庆仍留驻朝鲜，只是时局相对稳定，乘暇做一回文人雅士。从墨的题识上可以感觉到，此墨虽然为文房用品，但更主要的还是作为出师获胜后的一种纪念，犹如春秋战国时期铸于青铜器上的铭文一般。当时，这种定制墨主要作为高雅的礼品。

从定制墨上的文字来看，有"徽州休城胡开文制"字样，有"歙程絜选烟"字样，显然该墨应该是皖南歙县制墨老字号"胡开文"所制，制成后再运往朝鲜。程絜，字仲馨，安徽歙县人，为庆军幕宾，官至知县，当时随吴长庆援朝平乱。

除了吴长庆所制的"吴氏所造"墨之外，据《张謇日记》光绪九年六月二十三日载，还有两种定制墨。墨铭分别是："磨磷于世俗以取容，而不可为也；放辟于文字以取戾，而不可为也。《明夷》象曰：'君子用晦。'"和"'著石而黑，糅朱而挠，取镜乎此，以砺玄交。'上自制墨，下合作墨也"。这两则墨铭，均为专制墨锭而特作。前一墨铭是表达张謇不屈不挠的志向，后一墨铭主要自勉要慎交朋友。

现江苏南通博物苑还藏有刻有这两种墨铭的定制墨。

第一种墨铭的墨为张謇自制的。正面和背面俱光素无框，正面隶书

"季直之墨"四字，下钤方印"张氏季子"；在墨铭文字下面有"张謇铭"三字楷书。正、背面俱阴识填金。墨的两侧，一侧为"光绪九年七月，属程君诵馨选烟"，一侧为"徽州胡氏苍佩室监制"，顶上有"顶烟"二字，俱楷书阴识。程诵馨，不知何许人也？正、背隶书均出自张謇之手。此墨的形制与"吴氏所造"之墨很相似。

第二种墨铭的墨为合作式的墨，呈方柱形，书体为隶书，每面两行，文字四周围绕，文曰："光绪九年六月，侯官林葵、崇明杨安震、歙县程絜、海门周家禄、通州张謇、吴县叶觐仪、泰兴朱铭盘属休宁胡氏苍佩室造此墨。铭曰：'著石而黑，糅朱而挠，取镜乎此，以砺玄交。'"俱阴识填金。顶部有"顶烟"二字，也为阴识。书体似也出自张謇之手。

《张謇日记》所记载的两种墨铭的墨，与吴长庆所制的墨，均为光绪九年即庆军留驻朝鲜期间制作。可以想见当时文风之盛。

吴长庆也十分喜爱朝鲜的文房用品，他曾将徽州的文房四宝分赠给朝鲜文友，也将朝鲜的高丽纸大量运回故乡，分赠给家乡师友。他当时带回的高丽纸有十余担，纸质精美，各色各样。高丽纸比国内宣纸稍厚，但其花纹形制却别具一格，受到家乡文雅士人的欢迎，文士们以能得到高丽纸为荣。数十年后，"吴长庆府第"仍大量留存了高丽纸。

庐江诗人陈诗在《咏高丽扇》诗中，记述了吴长庆与朝鲜高丽扇的故事：

### 咏高丽扇

闰三月廿二日作

光绪壬午七月，吴武壮公率师援朝鲜入汉京定乱。癸未遣材官归里，以高丽折扇贻我表叔祖丁南岩先生。今拙儒丈出示，完好如新。盖延历二世，珍藏五十余年矣。睹物兴感，爰赋此篇以应命。时丙子初夏，拙丈年已六十有三，诗亦七十有三矣。并记之。

武壮援高丽，买扇贻亲友。
藩服既沦胥，此物谁能有？
丁叟先世留，宝之若琼玖。

展示大如箕，厥状亦可丑。
竹骨四十根，纸糊一面厚。
舒卷能自如，其长直逾肘。
倘逢五六月，炎云逼难受。
摇动胜蒲葵，境入清凉陡。
历历竟坚完，洪范应推寿。
又述彼国仪，书名谒厥后。
导者或前持，轩冕胥从后。
至今古衣冠，东方郁文薮。
览物聊赋诗，奕祀愿慎守。

## 二　庆军将士在朝鲜关帝庙撰联题匾活动

时朝鲜首都汉城东门外有关帝庙，为庆军刚到朝鲜时暂时居住的军营。这座庙名为东关王庙，是纪念我国蜀汉名将关羽的祠堂，简称东庙。依次由大门、二门和正殿组成。关帝庙内有不少汉碑石刻。关羽作为"忠""义"的化身，历来被我国军民所推崇。在朝鲜关帝庙内，有很多庆军将官的匾额和楹联。

如在关帝庙正殿，有清光绪九年十一月朱先民敬献的"振汉天齐"横匾，以及光绪九年九月游击、总兵、都司周有庆等四人合献的"浩然正气"横匾，还有头品顶戴记名提督统领亲中庆等营大清光绪九年十月朔日朱先民敬题的对联一副：

生平如左氏春秋，孚右能通，六月王师申命讨；
此地故汉家郡国，提封无恙，千奉灵气护冈云。

在大殿东西两侧悬挂的题匾有：

惟清辑熙

皇清光绪八年，岁次壬午九月，钦命办理朝鲜事宜、广东水师提督吴长庆敬题

泽被三韩

光绪八年，岁次壬午子月，钦赐黄马褂、正一品封典、赏戴花翎、统领亲兵等营、记名提督、奇车博巴图鲁黄仕林敬立

忠义贯天

清补用守备吴长纯、补用游击陈龙云、补用副将宋昌发、补用参将汪宝庆敬献。

汉城关帝庙中朝鲜士人和庆军将官的题字，集中展示了中朝军民对关羽的崇拜，是中朝文化交流的一个重要窗口。

## 三　朝鲜"吴武壮公祠"碑文匾联

吴长庆率庆军三营于光绪十年五月十一日（1884年6月4日）由朝鲜乘坐商轮回国，驻金州刘家屯。不幸于闰五月二十一日（7月13日）病卒于金州军营。北洋大臣李鸿章于光绪十年六月初二日上奏《吴长庆请恤折》，给吴长庆以很高的评价，却未奏请"建祠""予谥"之事。光绪十年六月上旬，光绪皇帝发布上谕："予故广东水师提督吴长庆照军营例优恤，并将战迹宣付国史馆立传，加恩予谥。准于立功地方，建立专祠。赏伊子吴保初主事，寻谥武壮。"[1]

最先为吴长庆奏请建立专祠的是朝鲜国王李熙。光绪帝在御览有关奏文后，即刻颁发上谕："予故广东水师提督吴长庆在朝鲜建立专祠，从朝鲜国王李熙请也。"[2]

经清廷谕旨准建专祠后，朝鲜国王并官民于1885年在汉城乙支路建成

---

[1] 《清德宗景皇帝实录》卷187，光绪十年六月丁丑。
[2] 《清德宗景皇帝实录》卷190，光绪十年七月辛未。

"靖武祠"以祀之。光绪十一年四月，由金尚铉撰文、金允植书写、沈履泽篆额的《吴武壮公之去思碑》也立于"靖武祠"内。在"靖武祠"修建完工的同时，为纪念"壬午东征"的庆军将士，《大清光绪八年壬午七月建威将军提督广东水师庐江吴公长庆随征宾吏将士题名》碑也竖了起来。在"吴武壮公祠"内，也有不少庆军将官撰写的楹联。如在祠内楹柱上，分别悬挂庆军将领吴兆有、张光前和郭春华等于光绪十一年撰写的几副楹联。一些庆军幕宾、将官以及政坛要人，也曾为"吴武壮公祠"题匾纪念。如光绪十一年孟夏，吴兆有、朱先民、黄仕林和袁世凯四人题写的"千古不朽"匾额，以及部下亲庆各军文武委员敬献的"高山仰止"匾额，至今保存完好。

在"吴武壮公祠"内，至今还保存有三块灵位。一块为纪念吴武壮公的神位。全称诰授建威将军、广东水师提督军门、总统亲庆水陆马步全军、世袭云骑尉、三等轻车都尉、瑚敦巴图鲁吴武壮公神位。另一块为纪念吴兆有的灵位，附祀在吴武壮公神位旁边，全称记名提督统带亲庆等营吴公讳兆有之位。还有一块为纪念旅居朝鲜而历次殉难华侨的灵位，全称旅鲜迭次殉难华侨之灵位。

1908 年的韩国新政，致使"靖武祠"也面临被废毁的境地。宣统元年（1909）夏，在大清驻韩总领事官马廷亮等人的努力下，驻韩华侨、商董共同筹款，又重新对祠宇进行了修建，并且更名为"吴武壮公祠"。匾额为马廷亮亲自题写，还作了一篇《重建吴武壮公祠堂记》。"吴武壮公祠"内，还有多位名人的题匾。如 1911 年，曾任吴长庆部属的袁世凯题赠"怆怀袍泽"四字。1930 年，蒋介石题赠"箕封遗爱"四字。充分显示了"吴武壮公祠"在当时朝鲜的历史地位。1942 年 7 月，"吴武壮公祠"又进行了一次重修。时国民政府公使待遇林耕宇作了一篇《重修庐江吴武壮公祠记》。

1979 年，汉城因都市规划，又将"吴武壮公祠"迁建于汉城华侨中学校园后山。时台湾地区驻韩代表朱抚松于是年 4 月 30 日作了《吴武壮公祠迁建志》，详载其事。1982 年，又进行了一次修整。丁懋时作了一篇《吴武壮公祠修葺志》。1992 年，"吴武壮公祠"又进行了一次大修，金树基作了

《吴武壮公祠修建记》，吴武壮公祠复建委员会主任委员刘国兴作了《复建吴武壮公祠志》，并载其事。

可见，自清光绪、宣统及民国以来，"吴武壮公祠"曾经历多次修缮、重建、迁建和扩建，韩国的华侨组织等政商学界也参与了捐款修建，终于使这一珍贵的海外文化遗产得以保存下来。

现今在韩国首尔华侨中学内的"吴武壮公祠"，形制虽不大，但整体建筑完整，祠内碑文匾联皆为汉字书写，碑文匾联格式一如国内形制，其书法艺术精彩纷呈，所承载的历史和文化内涵是厚重而深远的，为近现代淮军人物在域外建立专祠所仅见。

# 淮军名将李长乐传

吴善中[*]

**摘　要**　李长乐乃淮军名将,自清同治元年入淮军后,在镇压苏浙太平军,追剿李世贤、汪海洋太平天国余部势力,以及平定捻军起义过程中,几乎无役不从,好谋健斗,屡立"奇功",深得李鸿章、郭松林的器重。清光绪六年任直隶提督,驻芦台,扼大沽、北塘门户,能整顿营伍,训练操防,在捍卫海防方面有一定的贡献。

**关键词**　李长乐　淮军　太平军　捻军　太谷学派

李长乐(1838~1889[①]),淮军名将,字汉春,世居安徽盱眙(今江苏盱眙)半塔集。父李瑶,业农,"咸丰六年(1856)岁荒,斗米钱二千,瑶低其值以贷里中,有赖以存活者",[②] 可见李瑶是一个有田产的地主。长乐"少小即好读书",[③] 但也"喜挟弹,追飞逐走里许外,辄中"。清咸丰三年直隶提督陈金绶率师南下进攻扬州太平军,过盱眙县境,止其宅,甚奇长乐挟弹长技,曰:"何不肄武?"咸丰七年,二十岁的李长乐入芜湖鲁港水师,充勇目。其时,定海镇水师总兵李德麟率广东"红单船"先后在芜湖荻港、

---

[*]　吴善中,扬州大学社会发展学院教授。
[①]　清光绪十五年(1889)十一月二十日,李鸿章《为李长乐请优恤折》说1889年李长乐去世时"年甫五十二,中道陨折,人才难得,为时惜之",这里五十二岁为虚岁,推李长乐生于清道光十八年(1838)。李钟承《李长乐》(《皖事汇报》总21期,1936年,第12~13页)说李长乐去世时"年五十有八",不确。
[②]　王锡元修,高延第等纂《盱眙县志稿》卷9《人物》,清光绪十七年刻本,第30页。
[③]　清光绪十五年十一月二十日李鸿章《为李长乐请优恤折》。《盱眙县志稿》卷9《李长乐传》说李"幼失学",不确。

繁昌、神塘河以及大通、桐城、无为泥口等安徽江面与太平军水师作战,李德麟"率师东驶,下驻瓜、扬也,长乐从而东",① 此后,李长乐一直跟随李德麟水师活动在扬州、瓜洲等江面。②

清咸丰十年(1860),太平天国陈玉成、李秀成部东取苏常、杭州,建立了以苏州为中心的江浙根据地,江浙官僚和士绅纷纷逃窜上海,他们向坐镇安庆的湘军首领曾国藩"乞师"东援,而曾国藩久已垂涎"天下膏腴地"这一筹饷要区,于该年十二月初决定由李鸿章招募淮勇为"平吴"之师。同治元年(1862)三月,新组建的淮军陆续乘外轮抵达上海,李长乐以外委从,隶参将郭松林所募"松字"两营(后添至八营)中充先锋官,其入淮军以是始。其后,李长乐长期追随郭松林镇压太平军和捻军,成为淮军中"松军""武毅军"系统的悍将。

同治元年夏,郭松林军克柘林、奉贤、南汇、川沙、金山、青浦、嘉定各城堡,在北新泾、四江口之役,太平军两次大举进攻上海,"郭松林与水陆诸军苦战却贼,大振军声",③击退大股太平军,李长乐皆与焉,擢千总,赐蓝翎。九月,复嘉定。败太平天国慕王谭绍光、听王陈炳文于方泰镇,又破之黄渡北,击之半济,败之。复败听王陈炳文于吴淞江南,解四江口围,超擢都司,赐花翎。冬,进太仓,破南码头太平军营垒。李长乐多有谋略,

---

① 王锡元修,高延第等纂《盱眙县志稿》卷9《人物》,第30页。
② 对李长乐早年事迹,也有不同说法。民初扬州甘泉人汤殿三著《国朝遗事纪闻》"李壮(勤)勇公轶事"条中说自己少时在扬州与李长乐家人"同里闬",与李长乐嗣孙李承谦又"同受业于方先生(泽山?)",所以对李家的"家世甚悉"。汤殿三说:"公(李长乐)少孤,依二兄以居。兄务农,而公好蒲樗不事事,弗之喜也。尝遣公以驴负米往趁墟,公得资技艺痒,辄与其徒博,一掷而资尽,不得已,并驴货之,亦立尽。公惧责,不敢归,而兄已知其事,将踪迹而杀之。其嫂不忍,私往语教之逃,并脱手钏为资助。公念曰:'兄将杀我,嫂活之,吾虽生视死可也。'时伪英王陈玉成率党扰皖东,詹启纶以巨挺投诚,持两可,公无所之,遂从詹军出击贼。"詹启纶(1821~1878),湖北黄安县人,号龙轩,目不识丁,曾为"剧盗"。咸丰三年,詹参加林凤翔太平军。咸丰五年,林凤翔太平军北伐失败,跟随北伐的詹启纶投敌。咸丰六年四月詹启纶率其"忠义勇"归钦差大臣德兴阿统率的江北大营,之后,长期驻扎扬州。而李长乐早年也有可能投奔詹启纶的"忠义勇"当勇丁、勇目,在扬州城内外与太平军作战。姑存此说。
③ 李鸿章:《郭松林请恤折》,清光绪六年(1880)四月二十六日,顾廷龙、戴逸主编《李鸿章全集》奏议十三,安徽教育出版社,2008,第79~80页。

骁勇善战，每战身先士卒，郭松林"器异之"。①

同治二年（1863）五月，复随郭松林进江阴，取杨舍汛，无锡太平军来援，松林自南涸攻太平军右翼，败太平军于陈市，遂越南涸而趋长泾，毁太平军营垒百余座，追杀八十余里抵江阴城，李长乐腿伤见骨，部下三百人被太平军包围。长乐曰："吾观贼队辰出，气锐厉不可犯，过午即涣，必其酋倦入息，而故为游兵以慑我也，翌申请勠力。"② 次日，太平军复出，诸军未动，长乐独以三百人往乘之，战良久，过午，雷雨交作，云合若暝，长乐战益力，太平军退却入城，长乐超擢参将，赐侃勇巴图鲁号。

秋八月，刘铭传、郭松林军合攻江阴，李长乐部阴蹑太平军后，亦入城易帜，城大乱，诸军合乘之，克江阴城。李长乐以参将尽先补用，加副将衔。寻攻无锡，至新塘桥，太平军据垒鸣炮俯击，长乐濡絮裹身越沟进，破之，逐奔至亭子桥，遇从无锡城出来之太平军，长乐出阵突刺太平天国潮王黄子隆，中其肩。③遂进兵缑山东，诱击侍王李世贤部，又败之大桥口。冬十月，克无锡，李长乐擒太平天国潮王子德懋。是役也，长乐中炮，于高桥坠马而不创。其时，李长乐志得意满，冒犯了郭松林，郭向李鸿章呈称："管带松字前营副将衔尽先参将侃勇巴图鲁李长乐，私遣勇丁装运贼中逃出妇女渡江，实属有玷将职，呈请参撤。"李鸿章派员调查，又发现李长乐"乃于无锡克服后，私娶难妇，坏乱营规"，遂上奏"请旨敕部将参将李长乐即行革职，撤销勇号，以肃军律"，清帝俞允。④

同治三年正月，李长乐随郭松林及刘铭传北趋常州奔牛解围，复南破上湖桥，逐太平天国代王黄呈忠。舟进东氿至西氿四十里，与太平军大战宜兴西，复克宜兴、荆溪县城，起复以游击用。西北进溧阳，溧阳太平军叛变。

---

① 刘孚京：《李长乐传》，太平天国历史博物馆编《太平天国史料汇编》第33册，凤凰出版社，2018，第13941页。
② 王锡元修，高延第等纂《盱眙县志稿》卷9《人物》，第31页。
③ 赵尔巽：《清史稿》卷431《李长乐》，1928年清史馆本，第4593页。
④ 李鸿章：《李长乐革职片》，同治二年十一月二十一日，顾廷龙、戴逸主编《李鸿章全集》奏议一，第411页。

二月初，北进金坛，失利。回军东援江阴、无锡、常熟。败太平军于堰桥。败太平天国滕王、利王于王庄。进击太平天国英王叔然王陈时永、忠二殿下李容发，循江卷旗冒雨攻破杨舍；复循福山、鹿原江岸，攻击华墅、沙山太平军，在三河口与李容发太平军展开恶战，由于浮桥断裂，太平军落水甚众，浮尸集聚，水为不流。随即西逼常州。

四月，攻常州，未克，李鸿章令于军曰："吾鼓三而不进者，斩；先时偾事者，亦斩。"令毕，戈登洋枪队攻城正南门、小南门败却，太平军乘机出逃，李长乐乃以田鸡大炮①轰其西南隅，崩时，中军方一鼓，长乐曰："时不可失，即乘之登。"刘铭传、张树声、郭松林诸军毕登，常州沦陷，李鸿章、戈登令将城内两广太平军杀尽。李长乐擢副将，赐尚勇巴图鲁。

同月，李鸿章令郭松林、刘士奇、王用胜、杨鼎勋诸军分路南犯浙江长兴。五月，李长乐部进至长兴城东门外，壁东门，御湖州太平军堵王黄文金、辅王杨辅清所派援军，复由夹浦绕至新塘口，以抄后路，太平军援军失利，占太平军鸿桥、跨塘桥沿河傍山营垒，乘势攻长兴南门，复长兴，太平军堵王退泗安、梅溪。李长乐擢总兵，记名简放。

六月，李鸿章令郭松林、李长乐由长兴进犯湖州府至广德州之通道，进扑吕山，太平军放弃吕山，退尹隆桥，自尹隆桥至虹星桥连营数十里，堵住湖州至泗安、广德之正路。李长乐别率三营屯李家港，护粮道。七月，郭松林等由吕山攻尹隆桥，李长乐横击，毙太平军列王黄十四。湖州府太平军多支降敌，干王洪仁玕、堵王黄文金等率大部由湖州西门撤退。李长乐获赐二品封典。

此时，天京已沦陷，在江西取粮的太平天国侍王李世贤与康王汪海洋、偕王谭体元等辗转福建，八月攻克汀州、漳州等地。同治四年（1865）二月，李鸿章用洋人提供的轮船由海道将郭松林、李长乐等军运往厦门，遂进海澄，战于赤岭及南部院祠。郭松林"分兵为奇正八队，长乐处中，陷阵。贼伪侍王、伪天将李学生故战江苏，知松林、长乐，望见郭、李大旗，大

---

① 即白炮，因炮口朝天，又名"冲天炮"。

惊，辟易①入保漳州"。②四月，与李世贤部太平军战于漳州城南古县、浦西社、恒仓社一带，并南破博孝岭、水磨岭、南坑、尾坑太平军据点。郭、李等军攻陷漳州后，立即进扑漳浦县城太平军，城外营垒悉被夷平，云霄太平军援军又被击败，列王朱义德阵亡，漳浦县城陷落，凛王刘肇钧自尽，戴王黄呈忠下落不明。其后，李长乐赤旗先诸军，复云霄厅，破梅村，南占诏安。加提督衔。

六月中旬，福建平定后，郭松林、李长乐"松字营"旋师江苏，驻镇江。其时，曾国藩以钦差大臣督师剿捻，屯军徐州，檄调郭松林"松字营"至徐州为后援。时郭松林正告假返乡葬亲，李长乐独率部至徐，曾国藩器之，以总兵兼统忠朴三营为游兵，归杨鼎勋指挥，转战河南、山东，寻以扼运河圩，屯济宁。

同治六年（1867）春，李长乐移驻徐州，扼王母山、运河圩。七月，屯防胶莱河。先一年，清廷改命李鸿章为钦差大臣，接办曾国藩剿捻事务，其弟李昭庆随征，扩部编至19营，称"武毅军"。十月，李鸿章命郭松林将松字营余部编入武毅军，由郭松林总统。李长乐部为武毅前军，仍受郭松林节制。李长乐多年跟从郭松林，退让有礼，沉鸷骁果，终得倚重。郭松林是湖南湘潭人，"不习平原广野之战，而贼骑善驰突，日常踔数百里，南北无定向，武壮（郭松林）谓公（李长乐）曰：'吾战北方善眩，望见将军旗帜在前，不自知猛气之奋迅也。兵事一听公指挥。'武壮所立功，皆与公共之"。③当是时，郭任大将，而长乐以裨将与并，号为"郭李"。④

清同治五年八月，捻军在河南许州分兵两路：张宗禹、张禹爵率部前往

---

① 辟易，后退之意。
② 刘孚京：《李长乐传》，《太平天国史料汇编》第33册，第13942页。
③ 刘孚京：《直隶提督李公墓志铭》，《清代碑传全集》（下），上海古籍出版社，1987，第1765页。该墓志铭是刘孚京代其丰城县同乡毛庆蕃作。毛庆蕃（1849～1927），江西丰城人，同治十二年（1873）中举，游历各地。在扬州投"太谷学派"传人李光炘门下。李长乐逝世后，其昆弟请长乐在世时的"好友"、同门毛庆蕃撰墓志铭，不知何故，毛嘱刘孚京代拟。
④ 刘孚京：《李长乐传》，《太平天国史料汇编》第33册，第13943页。

陕西、甘肃，联合回民起义军，是为西捻军；赖文光、任化邦率部继续在中原斗争，是为东捻军。郭松林总统武毅军后，东捻军作战失利，困于北有黄河、南有六塘河、西有运河、东有胶莱河的四方形格子网里，被"圈制"在运河以东的苏鲁地区，丧失骑兵机动作战的优势。于是，李长乐武毅前军邀击东捻军于寿光之杞城镇，逐奔及胶州之郑家寨、小南沟，又北追之青州东，蹙之寿光、南北洋河及巨弥河间，东捻军损失惨重，遂南渡六塘河至宝应。赖文光终不得渡运河而西，被擒于扬州之湾头，是时同治六年十二月也。东捻平，诏赐黄马褂。

就在东捻军覆灭之际，西捻军从陕北宜川壶口，趁黄河结冰，进入山西吉州地区，经临汾、曲沃而达垣曲。复由垣曲绕王屋山入河南北部，再由济源、怀庆、新乡而入冀南；入直隶境后，日夜奔驰北进，履冰过滹沱河，经定州、保定、易州入房山县境，京畿震骇。同治七年（1868）二月，李长乐复从松林率武毅军北援畿辅，进至景州、阜城，在安平与西捻军激战，沙尘蔽天，"枪矛相夹，鏖战三时之久，人马蹴尘土周三十里"，[①] 武毅军马军失利，长乐以步军大败西捻军，旋战于饶阳杨家村、深州李家村，从旁袭破西捻马军团阵，复大战于饶阳，追之逾滹沱河，南渡漳水，西捻军南至阳武，寻复北走；三月，西捻军在大伾山同郭松林、李长乐等相遇，郭率马队先冲入，西捻军整队迎斗，"枪矛相接，冲突逾时"，长乐率步卒乘胜荡击，"贼众大奔，践踏及枪矛伤者，扑道相望"。[②] 西捻军复由延津东北走滑县，在大河集围困记名提督陈振邦马队，李长乐率步卒帮助解围。西捻军复东趋山东莘县、东昌，由东昌渡运河而东，遂循运河而北，长乐从郭松林先西捻军至天津，击西捻军于杨柳青。西捻军不得西渡运河，复由盐山、庆云南下海丰、武定、商河，再由禹城、茌平回走高唐。其时，郭松林、李长乐追击西捻军南走沧州，沧州南面的运河东岸有捷地坝，位于减河河口，"以时启闭，蓄泄济运者也"；而减河横亘东西，直入渤海，全长100里，"水涨足

---

① 周世澄：《淮军平捻记》卷8，中国史学会主编《捻军》（1），上海人民出版社、上海书店出版社，2000，第196页。
② 周世澄：《淮军平捻记》卷8，《捻军》（1），第196页。

限贼骑窜津之路",恰巧此时漳河、卫河上游山水暴发,运河河水陡涨,郭松林、李长乐等督军士开启捷地坝,导运河水入减河,又在减河北面修建墙垣,防止西捻军越过减河威胁津京。

李长乐继随郭松林等南守运河河防,自东昌南至寿张河口,北至临清,皆筑垣围,在张秋镇亦疏浚运河,引黄河水以限西捻军突防。五月,移屯陵县、临邑一带,居中防扼,益在此筑墙挑濠,与由当地民团筑就的马颊河墙垣相接,围困拦阻西捻军。由是,西捻军被困于纵横七八百里的运河东岸地区,北上南突,往返抢渡,疲于奔命。五月二十日,西捻军在海丰之郝家寨围困郭松林部春寿的马队,松林分兵三路驰援,李长乐由左路进,大败西捻军。五月底,李长乐于商河之李家坊与西捻军激战,西捻军败走惠民。旋在乐陵之刘村,李长乐生擒西捻军首领张宗禹之侄张七、张正江之弟张得华,即于阵前杀害。六月初,西捻军至阳信之清丰镇,再由武定之杜家桥渡过徒骇河,攻滨州之李子镇,郭松林、李长乐追兵至,西捻军"遥见旗帜,皇遽弃寨走",① 复追至夏家桥、马店,李长乐率步卒夹击,破西捻军马队团阵,再追至商河东北之于家圩,在房家寨乘雨击沙河左岸西捻军,又追西捻军直抵商河城下,自沙河至商河三十里,西捻军"沿途伏尸,颠趾相接",张宗禹率黑旗捻军冲阵,"中枪落马,数十骑翼之而逃"。② 诏李长乐等交军机处另行存记,遇有提督、总兵缺出,尽先简放。

西捻军自商河败后,踞济阳以北鄢渡、曲里集一带,又走玉林镇、隆福寺、多石桥,复折而北由王庄抢渡徒骇河。郭松林、李长乐一路追跟,复在德平、庐寨激战。六月底,西捻军奔突于徒骇河、黄河、运河间,终蹙困茌平,张宗禹自沉徒骇河以死。西捻平,李长乐改博奇巴图鲁号,照一等军功例从优议叙,予军功加三级。

李长乐自同治元年入淮军后,在镇压苏浙太平军,追剿李世贤、汪海洋太平天国余部势力以及平定捻军起义过程中,几乎无役不从,李鸿章夸奖他在战斗中能"裹创深入,穷追逐北,生擒逆首",强调东捻、西捻"二捻之

---

① 周世澄:《淮军平捻记》卷9,《捻军》(1),第212页。
② 周世澄:《淮军平捻记》卷9,《捻军》(1),第213页。

诛,论功甚伟,而李长乐实为所部之冠,每战辄为军锋";他"好谋健斗,一时称最",①成为淮军名将。

西捻军失败后,李鸿章开始裁撤武毅军,先后裁马队七营、步队十五营,余下的马队二营、步队五营归李长乐统带,驻防山东台儿庄,寻移江苏清河,再随湖广总督李鸿章入湖北。同治八年(1869)四月,清廷授郭松林为湖北提督,驻襄阳,长乐从移屯襄阳。同治九年二月,李鸿章督师平定陕甘回民起义,檄李长乐募军江北为五营,屯防陕西三原、邠州、乾州一线。天津教案发生,李鸿章统兵驰赴京畿,李长乐随其回返,屯直隶郑家口。教案事平,长乐旋襄阳,统领武毅军马、步七营。同治十年,李长乐署湖北提督;同治十一年十二月,郭松林居母忧,李长乐补授湖北提督。光绪五年(1879)七月,调湖南提督,十二月,陛见。

光绪六年正月,时值俄国企图吞并我国伊犁广大地区,且扬言要由海上进兵津沽,光绪帝诏询李鸿章淮军扼津沽,宜有威望素著宿将如李长乐者统之,方资倚任;李鸿章初有迟疑,奏明暂缓。未几,直隶提督郭松林病死出缺,李鸿章方才举荐李长乐接任。②诏授长乐直隶提督,统武毅全军、古北口练军。到任后,李长乐"整顿营伍,训练操防,实心讲求,不遗余力,将吏畏爱,军民协和,前后十年,允为称职"。③

同治十三年,李长乐延请扬州"太谷学派"传人李光炘的长子李汉章入湖北襄阳军幕,"从受六经诸史,问有宋诸子学术,旁及《史记》《汉书》,杜甫、韩愈之文章,略皆上口,能言其趣别",叩知李汉章家学,心向往之,"慨然有求道之志"。④光绪六年,李长乐赴直隶提督任途经扬州,在李光炘弟子谢逢源家,与李晤谈三日,愿执弟子礼。此后,李长乐与其师李光炘及同门陈士毅、谢逢源、黄葆年、毛庆蕃等往来不息。光绪九年,李

---

① 李鸿章:《为李长乐请优恤折》,光绪十五年十一月二十日,顾廷龙、戴逸主编《李鸿章全集》奏议十三,第231页。
② 李鸿章:《李长乐请调直隶片》,光绪六年四月二十六日,顾廷龙、戴逸主编《李鸿章全集》奏议九,第80~81页。
③ 李鸿章:《为李长乐请优恤折》,光绪十五年十一月二十日,顾廷龙、戴逸主编《李鸿章全集》奏议十三,第231~232页。
④ 刘孚京:《直隶提督李公墓志铭》,《清代碑传全集》(下),第1765页。

长乐邀李光炘北游,居芦台军府,陈士毅、谢逢源陪同。光绪十年四月,陈士毅送太谷学派经书至芦台,李长乐托以四千金奉师,次年再奉以三千金。李长乐与李光炘"商榷道术,纵论古今尤欢",其遇到有"笃守程、朱之言者",旦夕请业,事之如师,士大夫识与不识,皆称李长乐为"学道君子"。李长乐居武将一品,或问其学何所为,李长乐则谦虚地引用《论语·阳货》答曰:"小人学道,则易使也。"以学道求修身养性。作为一名武将,李长乐对道术有自己的体会与理解。李长乐无所嗜好,独颇爱马①,居芦台,塞外良马毕至,日从数骑驰奔六十里以为常。尝言:"乘马心气相应之妙,通于道术,甚可听也。"他曾置酒邀义宁陈三立赋诗,并对陈三立说:"杜甫诸马诗,不能状乘马之妙,君其勉之。"②

李长乐常驻防芦台,紧扼大沽、北塘门户,滨海气寒,每至秋冬,触发旧伤,时发时止。光绪十五年复有咳血之症,九月间病势已重,犹力疾支撑,卒以扶病出巡,遂致沉笃,于十一月十七日卒于任,年五十二。清廷震悼,予赐谥"勤勇",生平战绩宣付史馆立传,原籍及立功省份修建专祠祭葬如例。李长乐死后,归榇葬于扬州城北金匱山北(今西湖镇经圩村赵庄),其墓神道碑上有署直隶总督杨士骧手书"皇清诰授建威将军直隶提督勤勇李公神道之碑"字样。③ 李长乐妻妾四人、兄弟四人,但后代人丁稀薄。兄长庆,生子廷选,廷选无子;次兄长美,生子廷勋,生孙恩官、承

---

① 汤殿三《国朝遗事纪闻》"李壮(勤)勇公轶事"条记载:"传闻公(李长乐)之薨也,以爱马;而马之死也,亦以殉公,诚可谓奇情奇事也。初,公之立功战阵也,恃所蓄枣红、青骢马各一(红者名胭脂驹,青者名小青龙,皆公所命也),而青骢尤善走,故公爱护也愈深。中宫太监某,见而爱之,请于公,公念患难富贵当始终,不忍舍也,故阳许之,而阴市他马献,未能如其意也。会显皇后(慈禧)为修陵事择人,某监绳公,力荐之,而实中伤地,公闻则大惧,乞救于文忠(李鸿章),文忠为解之。然公以是患病竟不起。公榇南旋后,甫奉安,而青骢亦不食,数日死。"此虽属市井之言,然能说明李长乐嗜马如命。
② 刘孚京:《直隶提督李公墓志铭》,《清代碑传全集》(下),第 1765 页。
③ 杨士骧(1860~1909),清末署直隶总督,安徽盱眙(今江苏盱眙)人,李长乐的晚辈同乡。光绪三十四年(1908),杨士骧呈递《已故提督李长乐次孙守谦应如何施恩片》(《北洋官报》第 1720 期,1908 年,第 2 页),请求清廷破例带领引见已经"及岁"的李长乐嗣孙李守谦,但遭驳回。杨士骧为前漕运总督杨殿邦之孙,其人"虽治绩不足称,而交际之间,固极圆满而无憾"。(汤殿三:《国朝遗事纪闻》,"杨文敬公遗事")李长乐墓成归葬,大概在杨士骧呈递该奏片前后。

谦、守谦三人；三兄长青，无子，以廷勋兼祧；李长乐生子廷华，早夭，以承谦为廷华嗣子，但承谦刚成年即病故，亦无子嗣。此时，李长乐已故，其家人议定以守谦为廷华嗣子。

李长乐早年曾入芜湖鲁港水师，后随水师长期在扬州、瓜洲一带江面活动，且"尝寓居扬州，及贵，就城东斗鸡台旁治大宅"。[①] 此大宅今已辟为"李长乐故居"，位于今扬州东关街370号。

---

① 民国《江都县续志》卷27《寓贤列传第九·李长乐》，1926年扬州集贤斋刻本，第444页。

# 从薛时雨《诗钞》的经典化看同治中兴文人的追求及其幻灭

戴彤彤[*]

**摘　要**　晚清时期，太平天国运动使中国社会产生了巨大震荡，同时也唤醒了一大批有志之士，他们一方面想要平息太平天国的叛乱，另一方面希望通过文教活动恢复秩序、抚慰人心。南京作为"同治中兴"的主要活动地，涌现了许多仁人志士，薛时雨就是其中之一。曾国藩的推崇、同时代文人的赞赏以及薛时雨自我经典化的意识都为其诗集《诗钞》的经典化提供了条件。但《诗钞》最终并未成为传统意义上的经典之作，这有时代与个人的双重原因。这种经典化的失败并非偶然，它所体现的是同治中兴整个文人群体的追求及其幻灭。

**关键词**　太平天国　同治中兴　薛时雨　《诗钞》

薛时雨，字慰农，号澍生，晚号桑根老农，安徽全椒人，曾任嘉兴知县，太平天国时期参加李鸿章军幕，以招抚流亡、振兴文教为任，在杭州崇文书院任主讲，后被曾国藩任命为尊经书院及惜阴书院山长。他在南京结识了汪士铎、莫友芝等人，在做山长期间培养了大批优秀人才，如被称为"石城七子"的顾云、秦际唐、陈作霖、朱绍颐、何延庆、蒋师辙和邓嘉缉，皆出其门下，为南京的文教活动做出了突出贡献。

薛时雨著有《藤香馆集》《藤香馆诗钞》（以下简称《诗钞》），另有

---

[*] 戴彤彤，扬州大学文学院硕士研究生。

《藤香馆词》，内含《江舟欸乃》《西湖橹唱》二种，是与友人唱和之作。薛时雨的《诗钞》体现了诗歌经典化的自觉意识。[①] 本文拟以薛时雨《诗钞》的经典化为例看同治中兴文人的追求及其幻灭。

## 一 《诗钞》主要内容

《诗钞》按照时间顺序，记述了薛时雨从家乡全椒到嘉兴、杭州、江西再到南京的所见所闻，时间跨度较大，内容丰富而庞杂。

从类型上看，可以分为战争诗、写景咏物诗、酬唱宴游诗、咏史怀古诗、赠别诗、题画诗等。风格多样，既有沉郁顿挫的忧国忧民之作，又有乐情山水的悠游闲适之作。其中既包含了薛时雨对黎民百姓的关怀，也抒发了对美好风光的喜爱，更描述了太平天国运动对国家和人民的深刻影响，还表达了对官场的厌倦和对教育的重视。其乐情山水之作如《途中送春》《湖上醉歌》《夜泊三汊河》等的风格确与白居易、苏轼类似，而感时记事之作如《海塘行》《漕仓行》《从军行》等又受到了杜甫的影响，秦缃业曾称薛时雨的诗歌继承了杜甫、白居易等人的诗歌传统，可以说，《诗钞》也是一部"诗史"，即真实地再现了1854年到1868年作者的亲身经历，也深刻反映了中国这一时期的历史，特别是太平天国运动的影响，具有诗史的研究价值。

从诗人情感上看，《诗钞》主要分为三个阶段。第一个阶段是热情的。当时，薛时雨刚离开家乡去浙江任职，多记录沿途的美丽风光，如《舟发椒城》《夜泊三汊河》《途中送春》；做官时的喜忧，如《忧旱》《各乡踏灾毕归途遇雨喜赋》。此时诗人的生活是比较单纯的，满怀一腔热情，踌躇满志想要建立一番功业。而第二个阶段则是沉痛的，诗人在这个时期亲历太平天国运动，自己的家乡、任职的地方先后沦陷，他的心态发生了很大的转变。这一阶段诗人感受到的是战争的残酷、生命的脆弱，诗人对国家和人民热烈的爱变成了对战争深沉的痛，写出了《哀杭州》《哀徽州》《闻全

---

① 薛时雨：《薛氏五种别集》，同治七年刻本。

椒失陷书愤》等诗篇,也是《诗钞》中最有价值的几首诗作。第三个阶段是平静的。战争结束之后,诗人并没有一直沉溺于这种沉痛与愤怒之中,而是逐渐平复情绪,重新写了一些描绘安逸闲适生活的诗作,或宴游酬唱,或教导学生,仿佛战争带来的创伤已然被抚平,国家又重归宁静,呈现出一派欣欣向荣的景象。这也许是诗人有意为之,当时人们在经受太平天国战乱之后,普遍处在担惊受怕之中,《诗钞》这部分内容不失为抚慰人心之作。

总的来说,《诗钞》这部作品是十分完整的。所有诗作按时间顺序严格排列,诗歌类型丰富、风格多样,所传达的情感也各不相同,真实地反映了诗人十几年的行迹和不同阶段的心路历程。不少诗作继承了杜甫、白居易以及苏轼的诗歌风格,尤其是描写太平天国的部分内容,内涵深刻,真挚动人,富有感染力。

## 二 经典化的可能性

可能性之一在于诗人薛时雨的自我经典化意识。

不同于许多文人的诗集在死后才开始编纂、刊刻,《诗钞》在薛时雨生前就已编纂、刊刻完毕。值得注意的是,在编纂诗集过程中,薛时雨还做了一项额外的工作,也就是删诗。

薛时雨在咸丰七年(1857)就已经编了《藤香草堂诗稿》,其中收录了"香奁体"诗歌60首,这些诗作问世之后,"为同人许可,题咏甚多",[①]一时好评如潮。而在同治七年(1868),诗人又重新编纂了自己的诗集,易名为《诗钞》,且将《藤香草堂诗稿》中风靡一时的"香奁体"诗歌尽数删去。在古代,刊刻诗集本就是一件耗时耗力之事,何以薛时雨要将诗集重新编纂?又为何要把自己广为人题咏的香奁诗删去?并且,薛时雨在刊刻完《诗钞》之后,又刊刻了《藤香馆诗续钞》,两者相隔时间只有短短三年。

---

[①] 薛时雨:《藤香草堂诗稿》,咸丰七年刻本。

究其缘由，与当时的政治需要和社会习气有关。一方面，是恢复政治安定与社会发展的要求。薛时雨受到了咸丰、同治年间世变的影响。庚申年间，太平军攻占杭州，薛时雨遭受了流离之苦，辗转江西等地，又听闻自己的家乡全椒失陷，亲友死伤众多。后终于来到距家乡不远的南京，成了尊经书院和惜阴书院的山长，其思想也随之发生了转变。诗人对太平天国运动有了真切的感受，希望能凭一己之力带来中兴的积极作用。另一方面，南京受明代风气遗留的影响，士人普遍有编诗集的嗜好。因此，薛时雨在编完《藤香草堂诗稿》不久，又编纂了《诗钞》，与此同时，他的理念回归了传统诗教，在经受了太平天国的战火之后，香艳绮靡的香奁诗显然是不符合传统儒家诗教的，至此，薛时雨删诗的举动也就不难理解了。

这在一定程度上体现了薛时雨自我经典化的意识。文人自我经典化的意识的产生在晚清是比较普遍的。张宏生曾说："将自己的作品视为经典而加以推阐，可能有两种人，一种是无知妄人，盲目自大，不知天高地厚；还有一种是真正对文学史有着深入了解，有着明确的创作追求和创作功力，从而做出清醒的自我定位。"[1] 薛时雨显然是后者。《诗钞》一方面体现了诗人创作的自信，另一方面也是诗人希望作品能够为后人提供借鉴与指导。《诗钞》中的诗下限为同治六年（1867），当年该诗集就已编纂完成，时间如此仓促，似是迫不及待公之于众，希望自己的诗歌能够作为典范得以流传，对后人起到指导作用。而事实证明，薛时雨的诗歌的确起到了模范作用。其门生张景祁就曾提到《诗钞》带给他的积极作用："景祁自遭丧乱，诗学荒落，不能操觚，钟登伯牙之堂而平昔之瓣香苏氏者，犹此志也。诵先生诗是失路而得导师也已。"[2] 但是，薛时雨的自我经典化并不代表公众的社会认同，后者不是诗人主观意志所能决定的。

经典化的可能性之二在于作品得到了进一步传播。

一部文学作品得以经典化的最根本原因是作品本身具备极高的价值。作为文学经典，作品要具备审美的品性和价值，语言的使用必须达到典范的标

---

[1] 张宏生：《晚清词坛的自我经典化》，《文艺研究》2012年第1期。
[2] 《清代诗文集汇编》第671册，上海古籍出版社，2010，第557~558页。

准，其创造的艺术形象须具有很高的艺术水准，富有艺术感染力和吸引力，除此之外，作品本身所表达的思想也应当有内涵而独立。前文探讨了《诗钞》丰富的内容以及诗人自我经典化的意识，这属于内涵的范畴。如果从外延来看，《诗钞》能否担当起经典化的大任呢？

《诗钞》的进一步传播包括统治阶级主动倡导以及群众的自觉接受。前者出于恢复战乱后的文教秩序的需要。在经历了十几年与太平军的对抗后，社会凋敝，封建统治摇摇欲坠。以曾国藩为代表的一批官员为恢复原有的社会秩序，挽救封建统治，竭尽所能采取了一系列中兴的措施。

无论是恢复文官政府，还是重建地方行政，都需要招募大量的人才。科举已无法满足曾国藩等人的需要，曾国藩提出了广泛招募、小心任用、勤于指导、严格控制的方案。于是，幕府制度在同治中兴时期得以发展壮大。随着湘淮系军事集团的出现，有志之士纷纷投奔幕府。幕府制度的职能之广是科举选拔制度所不能比拟的，除了佐办河、漕、盐、赈诸务以外，还包括参赞戎幕、佐办洋务、外交等。

在曾国藩的幕僚之中，文人数量很多。曾国藩深知恢复教育的重要性，他着力在南京及周边地区重建书院，重新整合传统社会，安抚人心。这也在南京及其周边地区形成了一个特殊的文人群体，涌现出了许多有志之士。薛时雨便是其中之一。

重建书院，就必须选出合格的书院管理者。曾国藩曾就担任山长这一职务所应具备的能力予以论述："鄙意书院常课，必当以举业为主，非精熟八股、八韵之学，则群弟子不相亲附；若八股、八韵既足服应试者之心，而经史古文又足厌高才生之望，此为山长上选，不可多得。其次则以八股、八韵为重，易以鼓舞士心。盖应试者多而高才者少，天下皆然。"[①] 曾国藩认为，书院的管理者要具备传统的儒学修养，熟悉经史古文，且能够得到学生的尊重，有一定的威望，对学生起到鼓舞作用。

薛时雨显然符合曾国藩的选拔标准。薛时雨有着非常深厚的家学渊源，"祖凤耆，父鑫，以《礼古经》《周官》《小戴记》教授乡校，偁大师。伯

---

① 《曾国藩全集》第 28 册，岳麓书社，2012，第 96 页。

兄暄黍，道光二十六年举人，官安庆府教授。仲兄春藜，咸丰三年翰林，官山东道御史。昆弟以经义治事，相师友也"。① 民国《全椒县志》中也提到薛时雨"幼工诗文，于学无所不窥，无汉宋门户之见，咸丰癸丑与仲兄春黎同魁礼闱，以知县分发浙江，补嘉兴县"。② 薛时雨受的是传统儒家教育，在咸丰三年（1853）中进士，被授予嘉兴知县，后又成为杭州知府，其学识修养是毋庸置疑的。他在做官期间也关心民瘼，受到当地百姓的爱戴，在罢任时，"民奔走持香诣大府请留"，③ 这也体现了他的管理能力和自身的人格魅力。罢任之后，薛时雨在杭州崇文书院主讲了三年多，有着丰富的书院讲学经验，且具备较高的知名度，有利于恢复与复兴南京及其周边的文教活动。

综合看来，薛时雨是当山长的不二人选，并因此而名噪一时。他本就因做官时的卓越政绩和高尚人格广为人知，极受推崇，在得到曾国藩的任用之后，更是名声大增，这也为薛时雨诗歌的传播奠定了坚实的基础。

而南京地区文人的推崇则起到了推进作用。薛时雨来到南京之后，结交了许多文人雅士，彼此唱和往来，产生了非常深厚的情谊。除此之外，薛时雨做山长后，也培养了许多优秀的人才，他们大都对薛时雨极为推崇。一是推崇薛时雨高尚的人品以及卓越的政绩，将薛时雨与白居易、苏轼比肩，称其"为白苏之诗，官白苏之地，而即行白苏之政"，④ "白傅裘遍覆，苏公诗不朽。君纬以武功，辉映相先后"。⑤ 甚至列举了薛时雨与苏轼相近之处："昆弟齐名，同举制科，一也；典守杭郡，民食其福，二也；秉性戆直，动与时违，三也。"⑥ 二是这些文人对薛时雨的诗歌极尽溢美之词，认为其诗符合"温柔敦厚之旨"，既有白苏清新之象，又有杜甫沉郁之致，"君居杭久，其诗如西湖山水，清而华、秀而苍，往往引人入胜。趋向固不外白苏二

---

① 鼓楼区文物志编纂委员会编《鼓楼区文物志》，江苏文史资料编辑部，1999，第97页。
② 民国《全椒县志》，1920年刊本，第302页。
③ 民国《全椒县志》，第302页。
④ 《清代诗文集汇编》第671册，上海古籍出版社，2010，第552页。
⑤ 《清代诗文集汇编》第671册，第554页。
⑥ 〔美〕芮玛丽：《同治中兴：中国保守主义的最后抵抗（1862~1874）》，房德邻等译，中国社会科学出版社，2002，第557页。

家，而伤时感事之作沉郁顿挫且骎骎乎，入杜陵之室然后知白苏不足以尽其诗，而诗亦不足以尽其生平也"。[1] 更有人从《诗钞》中读出了屈原"托兴言情之旨"，认为薛时雨的诗歌拯救了日益失坠的风雅传统，给予薛时雨诗歌很高的评价。"风雅道坠真性醨，骚坛芜秽久失治。君独力辟千载翳，斡旋元气何淋漓。"[2]

总的来说，薛时雨的人品与其诗歌是相辅相成的。文人的赞赏与推崇，对《诗钞》的传播起到了有力的推动作用，为其诗歌经典化提供了可能。

## 三 经典化的失败及原因

前文中论及的内外因素似都在推动《诗钞》的经典化，那么薛时雨的《诗钞》究竟有没有完成经典化进程呢？我们可以就经典的特点进行判断。

从作品的后世流传来看。"时间所发挥的作用，就是拉开一段历史的距离，使认识对象脱离当下环境而产生的'现实性'；就是不断地过滤掉读者认识的'当代的'主观干扰。"[3]《诗钞》从刊刻至今已有153年，在时间的长河中几乎销声匿迹，其作品仅被收录在《清代诗文集汇编》以及《清代家集丛刊》中，也未曾再版过，研究《诗钞》的人更是寥寥无几。如此看来，《诗钞》并没能抵御住时间的洪流，不具备传世性；也没有得到后代文人不断地重新阐释，不具备积累性；同时，《诗钞》并没有跨越时代、社会制度的限制，因此也不具有耐读性。

从《诗钞》的传播情况来看。曾国藩等人对薛时雨是十分认可的，曾国藩选中薛时雨做书院山长，一定程度上也是希望薛时雨发挥其代表作用。既包括对薛时雨品格的学习，也包括对其诗歌创作的肯定。曾国藩这一无声的号召得到了同时代人的响应，这在前文所提到的《诗钞》序跋中有所体现。但问题在于，这种"响应"的涉及面并不大，主要集中于南京周围与

---

[1] 《清代诗文集汇编》第671册，第552页。
[2] 《清代诗文集汇编》第671册，第554页。
[3] 詹福瑞：《论经典》，人民文学出版社，2015，第30页。

薛时雨有较深交往的文人，他们或与薛时雨同为曾国藩的幕僚，或是薛时雨的门生。因此，当时文人对薛时雨诗歌的认可，只是一种"内部消化"，薛时雨诗歌并未得到更多人的认可，由此可见，薛时雨的被接受范围也是有相当局限性的。既不具备权威性，也不具备普遍性。

综上所述，薛时雨的《诗钞》并没有完成经典化的过程。若从历时和共时两个方面来看，便可以看出《诗钞》经典化失败的一些端倪。与同时代优秀的经典诗人相比，薛时雨缺乏站在世界高度的"出入观"。以龚自珍为例，与薛时雨诗歌的"昙花一现"相比，龚自珍的诗歌可以说"历久弥新"。龚自珍的诗歌从问世起，就引起了很大的轰动，而在当下，研究龚自珍诗歌的学者不乏其人。龚自珍的诗歌开近代诗歌的风气，达到了诗人之诗与学人之诗的统一。他的诗歌是站在世界的高度进行创作的，他关注世界新的动向，提出了善"出"和善"入"的重要性。"不能入则非实录，垣外之耳，乌能治堂中之优也耶？""不能出者，必无高情至论，优人哀乐万千，手口沸羹，彼岂复能自言其哀乐也耶？"[①] 且在龚自珍的诗歌中，可看到很多对新兴事物的描述。薛时雨生活的年代比龚自珍更晚，但他对新事物的接受能力并不高，仍然秉持着传统的儒家思想，其《诗钞》九百多首诗歌题材都非常传统，只有一首《火轮船行》写到了轮船，就是这首诗还提到"我生守拙羞斗捷，望洋奚肯蛮语通"，[②] 表现出中庸保守的思想。

与前代优秀的经典诗人相比，薛时雨缺乏与时俱进的创新精神和悲剧意识，仍在重复前人的老路。薛时雨的诗歌与杜甫、白居易、苏轼的诗歌确有相似之处，但所处的时代并不相同，他处于封建时代末期，封建统治摇摇欲坠，而唐宋时期的杜甫、白居易、苏轼则处于封建社会鼎盛时期。尽管如此，杜甫诗歌却表现出超前的悲剧意识，形成沉郁顿挫的特点。这种沉郁顿挫，并不局限于安史之乱发生之时，在安史之乱结束之后，敏感的诗人也隐隐感受到唐朝正逐渐走向衰微，诗人的悲伤与痛苦萦绕心中，挥之不去。薛时雨与杜甫有着类似的遭遇，薛时雨也亲身经历了太平天国带来的战乱，故

---

① 刘世南：《清诗流派史》，人民文学出版社，2001，第421页。
② 《清代诗文集汇编》第671册，第621页。

乡全椒沦陷，杭州城失守，百姓流离失所，无家可归，诗人痛彻心扉，其多首诗歌写到太平天国运动对自己与他人带来的创伤，痛惜之情溢于言表。但当战争平息之后，薛时雨的诗歌又回归到战争之前的闲适恬淡的风格，描写内容也多为风景名胜、教书育人，致力于抚慰人心、恢复教育。他轻而易举就从悲痛情绪当中抽离出来，并没有意识到太平天国运动正是在为封建统治敲响警钟，思想的局限性注定他达不到杜甫等人的高度。

## 四 同治中兴文人的追求及其幻灭

《诗钞》经典化的失败并不是一个特例，它实质上影射的是太平天国运动后同治中兴时期文人的追求及其幻灭。芮玛丽曾说，同治中兴"不是一场武装政变，也不是一场革命或一个新时代，而是一种晚期的兴旺。在此期间，历史上不可避免的衰落过程由于整个贵族官僚们的才干和努力而被延缓了一段时期"。[①] 这种"晚期的兴旺"只是一种回光返照，是一种理想与现实失衡的现象。主要体现在以下几个方面。

首先，历史的惯性大于敏锐度。同治中兴的文人缺乏对历史的敏锐度，他们所认为的中兴，是朝代循环中的中兴阶段，如前代周宣王的中兴、光武帝的中兴、唐肃宗的中兴一样，社会制度并不会发生根本性的变化。他们所做的是在原有社会的基础上，对封建社会内部制度进行修改和完善，从而使国家回归到一个稳定的状态。在他们看来，太平天国运动只是一个偶然性的农民起义，和前代农民起义一样，在被镇压之后，王朝依然能够延续。文人们长期以来受到传统礼教的熏陶，他们内心希望国家能够回归封建统治的鼎盛时期，然而当时是不可能实现的。晚清时期国内社会矛盾尖锐，加上西方资本主义的入侵，中国政治体制的运作发生了巨大变化，而以传统伦理道德本位的统治方略应对这一变化，以"中兴"的方式改变清朝衰败的命运显然是不可能的。时代在进步，人们的观念也应当与时俱进，若不看清当下形势，一味用前代方式处理现在的问题，同治中兴必然不能成功。

---

① 〔美〕芮玛丽：《同治中兴：中国保守主义的最后抵抗（1862~1874）》，第56页。

其次，变革的阻力大于动力。大部分文人根深蒂固的保守性特征也使得同治中兴难以成功。李鸿章曾说："我国的事样样都囿于传统，我不能按我希望的事去做……我希望的过分了，而没有实行的能力，自己深以为耻。"[①]中国文人长期以来奉行中庸的思想，对新事物的接受能力不高，即便是曾国藩也是如此。在曾国藩的众多幕僚当中，汪士铎算是比较特别的。汪士铎一生著作非常多，且涉猎广泛。除了文学著作、史学著作，还有许多地理学著作如《水经图注》《南北史补志》等，他"学问浩博，尤长于地舆。留心时事，不逐声利"。[②]汪士铎的思想本就开放，在亲历太平天国的战乱之后，逐渐认识到程朱理学的弊端，对当时文人一致认同的孔孟传统有所批判，他一定程度上跳脱了传统，具有一定的反叛精神。曾国藩虽对汪士铎非常赏识，但当有人推荐汪士铎为箴言书院主讲时，他却以汪士铎年事已高且患有眼疾为由婉言拒绝。除却身体上的欠缺，曾国藩认为最主要的原因是汪士铎较为反叛的思想不符合主讲"以八股、八韵为重"的传统儒家修养。与汪士铎相比，薛时雨这一传统的儒士显然更能为人所接受。芮玛丽称同治中兴是"中国保守主义的最后抵抗"不是没有道理的，即便是晚清风雨飘摇之际，文人们仍然秉持保守观念，根深蒂固，难以撼动，有志之士难乎为继，改革的阻力之大可见一斑。

最后，文人们所处高度低于世界高度。这一时期，同治中兴文人的主要工作是恢复教育，包括重建学校和书院、重建藏书楼以及校刻典籍。"曾公既克金陵，立书院以养寒士，立难民局以招流亡，立忠义局以居德行文学之士，立书局校刊四书、十三经、五史，以聘博雅之士；故江浙被难者，无不得所依归。"[③]重建的书院包括尊经书院、崇文书院、惜阴书院等，设立的书局有金陵书局、浙江书局、崇文书局、江苏书局、淮南书局、广雅书局等。从表面上看，曾国藩对于恢复教育的确投入了大量的人力、物力和财力，其成果也不可谓不显著，一方面书院讲学经古学与制艺并重，培养了非

---

① 参见〔美〕费正清《伟大的中国革命》，刘尊棋译，世界知识出版社，2001，第147页。
② 方宗诚：《柏堂师友言行记》，台北，文海出版社，1966，第56页。
③ 方宗诚：《柏堂师友言行记》卷3，1926年京华书局铅印本，第71页。

常多的人才，另一方面书局也编纂、刊刻了许多经史著作。但从根本上来说，曾国藩等人的种种举措都只是立足于本土，没有从世界的高度俯视本国。尽管洋务运动已经开展，引入了国外许多近代机械工业化元素，但没有从思想上重视西方。以金陵书局为例，刊刻的多为正典，如十三经、五史、四书、《资治通鉴》以及《文选》、《渔洋山人古诗选》等。同治中兴之所以得以进行，一方面是太平天国灭亡，另一方面乃是第二次鸦片战争之后清政府的屈辱退让换来表面短暂安宁。文人们对国际形势、国家现状熟视无睹，把短暂当成了永恒，他们用一腔热血精心构建，努力恢复，全然未知自己的理想早已不适用于现实。

诚然，薛时雨等同治中兴文人为恢复战乱之后的文教秩序尽力做出了贡献，但他们忽视了时局的变化和社会的变迁，这种理想与现实的脱离直接影响了自我经典化的塑造，不可避免导致幻灭的结局。

# 档案整理及考证

# 威廉·桑德斯1863年苏州战地照片考释

刘 煦　王密林[*]

**摘　要**　作为近代中国著名的来华摄影师，英国摄影师威廉·桑德斯从19世纪六七十年代起拍摄了大量关于近代中国社会人物和地方风情的照片，并陆续发表于《伦敦新闻画报》。特别是1862年起桑德斯跟随英法军队拍摄太平天国与清军交战的苏州地区，生动地呈现了战争场景和社会风貌，为考察太平天国战事留下了珍贵的历史照片。

**关键词**　威廉·桑德斯　1863年　苏州　战地照片

从摄影史发展而言，19世纪中叶黑白照相技术在西方已经成熟，鸦片战争之后，中国通商口岸陆续出现外国人开设的照相馆。例如1852年9月25日的《北华捷报》上便刊登了一则瑞典人杜本和荷兰人索尔曼合伙在上海开设照相馆的广告信息，谓其"拍摄肖像、袖珍小照、合影、翻拍、景观等，技艺高超，无人能比"。[①]　同一时期在广州等地也有类似的照相馆出现。

英国摄影师威廉·桑德斯（William Saunders）是最为著名的来华摄影师之一，1862~1887年，他为近代中国保存了大量珍贵的照片，并多发表于《伦敦新闻画报》等报纸。来华初期，他几次跟随常胜军和英法军队参与到与太平军的战事中，包括1862年5月英法联军攻占青浦战役、攻占宁波战役以及1863年12月淮军占领苏州。他的拍摄角度更多为英法联军、常

---

[*]　刘煦，普瑞特艺术学院（Pratt Institute）硕士；王密林，《中国美术报》编辑，《海淀文史》编委。
[①]　郝秉键：《晚清摄影术的传入——基于报刊的考察》，《北京史学》2019年第2期。

胜军和清军，站在太平军的对立面，且拍摄时间多为战役结束后，侧面呈现了当时的清军、英法联军将领和士兵、建筑景物和社会风貌等。

关于威廉·桑德斯本人的记载并不多见，他生于1832年，早年在伦敦生活，1860年来到上海，1862~1887年活跃在上海摄影界。1862年，他在上海开了森泰照相馆，住在美租界虹口礼查饭店（Astor House Hotel）隔壁，照相馆便设在他的花园里。① 1863年3月7日，他在上海首份中文报纸《上海新报》上刊登了"森泰像馆"的广告，内容为："本馆印照上等小像，上午十点起至晚三点钟为止，价钱甚为公道。如有意照相者，请至本馆可也。"他的"森泰像馆"成为中国最早刊登广告的照相馆。②

1860年，太平军第二次东征。李秀成和陈玉成部数日内占领无锡、常州、苏州，并一路东进，锋指上海。但由于对上海租界英法各国的政治立场判断不足，缺乏周密的准备和攻占上海的决心，又受制于西援安庆的紧迫战况，太平天国方面很快放弃了对上海的进攻，并达成一年内不进攻上海的协定。

1862年，由于西征未能达成目标，李秀成部返回苏福省，东线战役由于英法联军的正式参与而激化。1862年5月10日，英法联军炮轰并攻占宁波，这一战役被桑德斯记录下来。1862年8月2日，《伦敦新闻画报》对战事有这样的记载："本刊感谢皇家海军军需官麦克阿瑟先生及常驻上海之摄影师桑德斯先生协助，特刊发宁波一役纸版画若干。其中三幅版画和撰文皆出自桑德斯先生之手……"文中所附五幅插图中，有两幅插图是以桑德斯拍摄的照片为母本，一幅文字说明为"克复宁波——城垣缺口"，另一幅为"攻克宁波——从距宁波2英里外桥上眺望英、法、清军营地"。这是桑德斯第一次有关太平军战事的摄影。几乎同时，1862年5月12日青浦之战结束，太平军被迫撤离青浦。5月19日，桑德斯很快在《航区商业日报》上刊发了如下广告："W. 桑德斯照相馆（向设礼查饭店旁）现备青浦战役行军及攻城照片折价出售，及军队从城阙攻入之现场立体照片。"③ 可惜青浦

---

① Régine Thiriez, "William Saunders, Photographer of Shanghai Customs," *Visual Resources*, Vol. 26, No. 3, 2010, pp. 304-319.
② 《伦敦新闻画报》1863年3月7日。
③ 参见蓝磊斌《有关太平天国运动的影像研究》，《广西地方志》2017年第5期。

的这一组照片并没有找到。

1863年12月4日，与慕王谭绍光一同镇守苏州的纳王郜永宽等在慕王府会议上突然杀害立场坚定的谭绍光，打开城门，向淮军将领程学启献城投诚，苏州城破。据考证桑德斯应是跟随戈登到了被清军克复后的苏州，并随军拍摄了一组照片，照片的具体数量不清，已知披露的有12张。由于是战后所拍，内容是清军和常胜军将领以及苏州的建筑景物，依然没有太平军人物。1864年3月12日，《伦敦新闻画报》刊登了8幅根据桑德斯的摄影作品制作的版画，并以《中国的太平军叛乱》为题报道了事件的经过。文中有这样一段文字说明："本期我们刊登了八幅根据照片绘制的版画插图，表现中国的苏州城是如何被由戈登中校指挥的清军所收复的，以及剿灭的太平天国叛匪首领。这些照片是上海的桑德斯先生给我们寄来的，由于在上星期五晚上的下议院辩论中人们又被提请注意这些事件，所以我们在下面简要叙述一下这些事件发生的经过。"[①] 这8张照片原版保存在英国肯特郡的皇家工程兵博物馆，该博物馆同时还保存了一批太平军的服饰、印章等物品，该博物馆声称此为戈登家人捐献，那组照片也当为戈登当年一同带回英国。

1868年，著名记者及作家安德鲁·威尔逊（Andrew Wilson，1831–1881）撰写的《常胜军：戈登中校所领导的在华战役及镇压太平天国之经过》[②] 出版，从戈登的视角记述了太平天国的事件。同时，安德鲁·威尔逊和摄影师约翰·汤姆逊合作了一本相册作为该书的附录。该相册名为Photographic Album Accompanying The Ever Victorious Army，共22张相片，收录了约翰·汤姆逊于上海拍摄的10张常胜军将领的人像，同时收录了12张桑德斯于苏州所摄照片。这本相册现今收录于美国得克萨斯大学人文科学研究中心（Harry Ransom Center）。其中，前10张摄影作品出自约翰·汤姆逊，分别为海军副司令何伯、罗德里克舰长、江苏抚台李鸿章、查尔斯将

---

① 参见蓝磊斌《桑德斯镜头中的太平天国运动》，《文史春秋》2017年第9期。
② Andrew Wilson, The "Ever-victorious Army": A History of the Chinese Campaign Under Lt. Col. C. G. Gordon and of the Suppression of the Tai-Ping Rebellion, reprint of Edinburgh: W. Blackwood, 1868.

军、布朗将军、戈登上校、白齐文将军[①]、华尔将军、外科医生助理莫菲、赫兰舰长。

后面12张照片则是桑德斯的作品。这组苏州战地照片的历史价值在于其真实地反映了清军初占苏州时的最原始面貌，保存了不少太平天国时期苏福省城的历史信息。本文试结合相关文献对这组珍贵的历史照片进行初步的考释工作。

图1为General Chung，即程学启本人照片，能使我们真切地感受到这位"太平叛将"的悍勇。而图2 Chinese Body Guard从服装细节、军事装备上推测应为常胜军。

图1　程学启（General Chung）　　图2　常胜军（Chinese Body Guard）

图3为View up the Ditch from Sowuum or East Gate Shewing N. E. Angle：Proposed Point of Attack（东门指向东北视角的护城河，为此前计划的攻城处），这里地僻民稀，是苏州城防守的薄弱之处，故被清军选作攻城处。据《苏台麋鹿记》所载，太平军"守御之计，将雉堞一律砌平，外加垩白，内如短垣，仅留炮口之地。每距数百步，搭盖芦蓬一座，外幕以布，似营非

---

① 原照片此处有笔误，应为Burgevine。

营，中设更鼓，每夜派人打鼓坐更，昼则虚插旌旗而已"。① 照片中被砌平并涂抹白灰的雉堞和每隔数百步即设一座的芦蓬，与文献记载完全相符，如实地反映了太平军在苏州城墙上所构筑的城防设施。

**图3　东门指向东北视角的护城河，为此前计划的攻城处**

图4为Sowuum or East Gate Soochow（东门），门前呈瓦砾焦土之状，并有石垒残迹，当系经历过攻守双方的激战。图5为View Inside the City Looking up the Creek which Runs along the Interior of the Wall Inside the City and which was Considered to be a Great Obstacle to any Attacking Column（苏州绕城内河景色），从图中可见太平军沿河构建的城防设施，城墙的雉堞被刷白，极其平整，正如前文《苏台麋鹿记》所提。

图6为Pih Che Tah Pacoda, Soochow（苏州北寺塔），从照片上可看到，经过兵燹，北寺塔仍巍然矗立，保存完整。在北寺塔一侧，桑德斯拍摄到了一座木构建筑的部分，根据文献记载以及太平天国壁画，这座木构建筑应该就是太平天国重要的军事瞭望楼。据载："凡大头目馆子门前，皆建瞭高台。以巨木四支撑为架，上铺以板，缘梯而登，为第一层，上亦如下而制稍

---

① 中国史学会主编《中国近代史资料丛刊·太平天国》第5册，上海人民出版社，1957，第277页。

图 4　东门

图 5　苏州绕城内河景色

杀。竖柱递接，以绳缠抱，高矗云际，凡四五层不等。昼则立旗，夜则悬灯，轮班派值。虽城外数十里，周遭数百里，一望了然。"① 北寺塔侧所建这座高大的望楼附近或许设有高级指挥官的府衙，这是文献中失于记载的。

① 《中国近代史资料丛刊·太平天国》第 5 册，第 277~278 页。

**图6 苏州北寺塔**

图7为Entrance to Chung Wang's Palace, Soochow（苏州忠王府入口），即为苏州城太平天国最高权力机构忠王府正门。清军接管苏州后，李鸿章将忠王府作为临时江苏巡抚衙门。从照片上看，除了建筑上的彩画和壁画被铲除或是涂改过外，其格局和建筑结构并无大变化。尤其是中路，从硬山顶大门一直到后殿，基本上维持了原来的面貌。曾国藩的幕僚赵烈文在同治四年（1865）二月十八日所写的日记也记录了当时所见："其门阁规模皆如承平官府之制，与金陵各伪府异。"①

吟唎（Augustus Frederick Lindley）在其所著《太平天国革命亲历记》一书中就提到，"太平天国的'法厅'有一种特殊的习惯，大门走廊内置大

---

① 参见罗尔纲《太平天国史迹调查集》，三联书店，1958，第36页。

鼓两面，凡受害伸冤或要申诉的人们均可自由击鼓，要求首长主持公道"。①王府门廊内设登闻鼓是太平天国的一大特色。此照片印证了文献的记载，显示了忠王府大门门廊内设置的登闻鼓的形制，以及鼓面上印有一龙一凤的太平天国常用的装饰图案等细节。

图7　苏州忠王府入口

图8为Hall of Qustree Chung Wang's Palace, Soochow（苏州忠王府会客厅）。所谓会客厅应即是忠王府正殿，也称为议事厅。1864年3月12日出版的《伦敦新闻画报》第1249期刊出的铜版画中即有以这张照片为素材的，但因为铜版画的制作者不了解中国建筑的礼制文化以及不识汉字，铜版画在制作过程中丢失了很多重要信息，图片的史料价值大为降低，幸而照片尚存，后人尚能得窥一斑。

忠王府正殿门首檐枋上所装饰的金彩盘龙及二龙戏珠图案的彩绘，以及檐枋上出挑的四根门簪悬挂的宫灯，既符合封建社会王府建筑的礼

---

① 〔英〕呤唎:《太平天国革命亲历记》，王维周、王元化译，上海人民出版社，1997，第457页。

图8　苏州忠王府会客厅

制规定，又带有太平天国自身文化特色，对完整展示太平天国王府建筑的特色有着重要的意义。在清军接管苏州后，王丙燮给李鸿章所上《省垣克复上李抚军状》中也提到须及时将忠王府的盘龙彩绘涂抹覆盖起来，以免僭越。今日檐枋门簪已不存，彩绘消失，基本上被红漆所掩盖，早已不复旧貌。

此照片的另一重要历史价值是保留了忠王府正殿曾悬挂的部分匾额联对的信息，虽然残缺不全，但因文献失载，故而弥足珍贵。据照片可知，忠王府正殿檐下曾悬挂有三副匾额，西侧所悬因未摄入镜头不得而知，中间悬挂的"旷代耆英"匾额最为清晰，东侧匾额因照片模糊，经仔细辨识，应为"威武光昭"，这种对忠王大加颂扬的匾额，当系忠殿僚属或苏福省士民所献。中间门柱上有一对抱柱联，因光线照射逆光的缘故，文字多模糊难辨，经再三辨识，应是独具太平天国特色的嵌字联："忠义辅阙□□□□□□□□□，王猷宣化□□庆年丰人协展□□。"这副残联文献失于记载，其首嵌"忠王"二字，据文献记载，太平天国王府正门及重要殿宇多悬有这种嵌入府主封号的嵌字门联，但因清政府的销毁，迄今无一实物为证，而这张实景照片，有着类似"下真迹一等"的实证意义。自苏州博物馆新馆落成后，作为原展馆的忠王府，经《忠王府复原陈列大纲》确定"实施复原陈列"，这些新发现对忠王府实施复原陈列具有重要意义。忠王府正殿殿顶的东侧有着明显的弹洞痕迹，应是在苏州保卫战中曾遭城外清军炮火的轰击，对建筑造成了部分损坏。

图 9 为 Imperial Stockade in Front of Sowuum Where the Wangs Were Beheaded（相门前的清军栅栏，八王被斩首处）。图 10 为 Stockade in Which the Wangs Were Recieved and Beheaded 6th December 1863（1863 年 12 月 6 日接收和斩首八王的营垒）。这两张照片反映了围城清军营地构筑的情况，也是对这些太平叛将的最后归宿地的最原始的记录。

图 9　相门前的清军栅栏，八王被斩首处

图 11 为 Mitriahchion Bridge Over Grand Canal 720 Yards from S. E Angle of Soochow，Brucivines Head Quarters（苏州东南方向大运河上的觅渡桥，白齐文大本营）。照片中筑有石垒的薄型单孔石拱桥，是苏州城东南隅葑门外横跨京杭大运河的觅渡桥。1862 年，太平军以重兵驻守这一要津，为了防止清军及常胜军的偷袭，除在桥上构筑坚固的石垒外，还在桥前的河底放置大量的水草以遏制常胜军火轮船的攻击。苏州保卫战中，洋兄弟白齐文曾率所部在这里助太平军防守，使常胜军的火轮船在此遭受重创。照片中可看到被炮火轰击后残破的石垒尚存，可想当时战况的激烈程度。

图 10　1863 年 12 月 6 日接收和斩首八王的营垒

图 11　苏州东南方向大运河上的觅渡桥，白齐文大本营

图 12 为 Pat a Chiaon or 53 Arch Bridge，Stockades in Distance（宝带桥），宝带桥在苏州城东南，葑门外 6 里，位于大运河西侧澹台湖口上，是苏州至杭嘉湖陆路的必经要道，又是运河通往太湖的重要隘口，桥总长 317 米，共

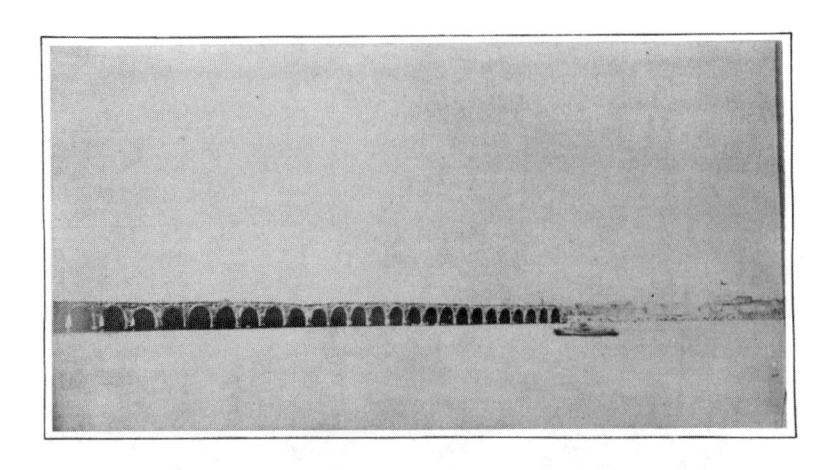

**图 12 宝带桥**

有 53 个连环圆形桥孔，这座始建于唐代的桥梁，桥之长、桥孔之多、结构之精巧，在中外桥梁史上都是极其少见的。在苏州保卫战中，太平军为了加强防卫，在苏州外围筑了许多营垒，宝带桥附近就是当时一组重要营垒的所在地，同娄、葑两门外所筑的炮垒形成掎角之势，守卫着苏州城的东南方向。李鸿章在 1863 年 10 月的奏章里写道："该逆于娄、葑两门外筑石垒，甚坚，并有大炮炸炮各数尊，日夜对营轰击，我军碍难猛扑，必得先攻东南塘之宝带桥贼垒，进步宽舒。"屡次进攻娄、葑二门遇挫的清军，此时才认识到宝带桥的重要性。1862 年 9 月 28 日凌晨，清军对宝带桥的太平军营垒发起了突然袭击。他们兵分五路，水陆合攻，先集中攻打宝带桥以东太平军的 3 座土营。太平军顽强抗击，终因寡不敌众，被迫弃营后撤。清军又乘势窜犯宝带桥以西太平军的一座石垒。常胜军统领戈登率常胜军参与进攻苏州，9 月 28 日，他乘坐火轮船"飞而复来"号，企图通过宝带桥进攻桥西太平军的营垒，为此他下令拆去宝带桥的大桥孔，结果导致桥梁的一半桥孔连续倒塌，千年古桥毁于一旦。关于宝带桥倒塌的事，戈登在 1863 年 9 月 30 日寄回英国的信中曾写道："宝带桥是一座长三百码、有五十三个拱洞的大桥，可惜这桥的二十六个拱洞突然在昨天崩塌了，有两人跌死，另有十人在桥拱一个随着一个倒下时拼命奔跑才幸免于难。桥崩塌时发出震人的响声，我的小船险些被碎片击沉。……这桥的崩塌恐怕应归咎于我，因为我曾拆去它的一个拱洞让汽船驶入太湖，这桥的拱洞是一个重叠在另一个上面，拆去一个拱洞，自然其余的便随之倒塌了。"这张照片中的宝带桥看似还没有遭到破坏，也许是威廉·桑德斯有意识地为老宝带桥留下的最后遗照。

威廉·桑德斯的这组照片是目前发现的现存老照片中时间线和空间线上与太平天国革命距离最近的，他记录了当时苏州城内太平军的建筑和军事设施，如城墙防御、望楼等，还原了真实的忠王府，这些资料弥补了影像史料的缺失。

从照片中可以感知到，桑德斯并不仅仅是个商业摄影师，更是个时代的记录者，他活跃地穿梭在战场和各个角落，是较为难得的。然而遗憾的是桑德斯和太平天国将领擦肩而过，迄今为止尚未发现他拍摄过太平军人物，在海外搜集太平天国史相关资料和文物的工作还有很大的拓展空间。

# 《徽州合同文书汇编（点校本）》太平天国相关史料辑录

肖承清[*]

2017年、2020年，广西师范大学出版社先后出版了俞江主编的《徽州合同文书汇编》影印本、点校本。笔者忝列两书责任编辑。在对照影印本逐字编辑点校本时，发现不少文书提及太平军。本文主要将相关史料辑录出来，以供参考，同时做一点简单的文本分析。

## 一 《徽州合同文书汇编（点校本）》简介以及徽州地区的"咸同兵燹"

《徽州合同文书汇编（点校本）》点校整理了1234份徽州合同文书，收入古代合同文书之集中，数量之多，为历来之最。该书按形制将合同文书分为"分单""阄书""合同"三部分。分单、阄书均是分家文书，分单为单张，阄书为簿册。合同也基本是单张的，涉及共业、分业、合股商业、换产、邻界、调处、息讼、齐心诉讼、禁约、公约、承充、生图、坟产、族产、承嗣等内容，有些合同是一契多事，涉及多种内容。"分单"收录顺治十八年（1661）至1955年共141份，"阄书"收录康熙三十二年（1693）至1954年共456份，"合同"收录万历三十九年（1611）至1967年共637份。各部分以文书写定的时间顺序编排，每份文书均编有档案号、文书名，方便读者检索利用。

---

[*] 肖承清，广西师范大学出版社副编审。

徽州文书是历史上徽州老百姓在具体生产生活及社会交往过程中自发编成的一种家庭档案，是了解徽州进而透视中国传统民间社会生活状态的珍贵史料。其中，合同文书反映了这个家庭需要利用合同来解决的重要事务，所涉及的财产和身份关系远远多于单契。挖掘和整理合同文书，深入研究古代合同关系，具有重要的意义。

点校本可与影印本对照使用。点校本的出版，使不同学科的研究者从繁重的录文、点校等文献整理工作中解脱出来，有利于学术分工，便于学术研究。这批具有重要史料价值的文献必将有力地深化地方社会史、经济史、法制史、徽学等领域的学术研究。

本文主要辑录《徽州合同文书汇编》中涉及太平天国的史料。在此，依据卞利主编的《明清以来徽州社会经济与文化研究》中的论述，简单介绍一下徽州地区的"咸同兵燹"：

> 爆发于咸丰元年（1851）的太平天国运动，在咸丰三年攻克南京并建立了太平天国政权，之后安徽便成为了太平天国重要的根据地。清军和太平军在安徽地区展开了一系列惨烈的厮杀。咸丰四年，太平军正式进入徽州。同治三年（1864）九月太平军自徽州奔入江西。在长达十余年的拉锯战中，两江总督曾国藩行营驻扎于祁门县，徽州备受茶毒，一府六县先后被太平军攻陷总次数达六十六次之多。这一事件又被称为"咸同兵燹"。[①]

"咸同兵燹"对徽州社会造成了极大的灾难。主要表现在：人口锐减；田地荒芜，经济衰退；徽商一蹶不振；徽州社会残破不堪；文化遭遇浩劫。

## 二 太平天国相关史料辑录

笔者在编辑点校本时，看到太平天国相关史料，于是随手标记，以期汇

---

[①] 卞利主编《明清以来徽州社会经济与文化研究》，安徽大学出版社，2017，第94页。

总。图书出版后,通过电子检索、核对标记史料的方式,将这部分史料辑录出来。笔者将比较确信为太平天国史料的部分,整理为表1;将推断为太平天国史料,但稍有疑虑的部分,整理为表2。

哪些属于"较确信为太平天国相关的史料",如上所述,咸丰四年至同治三年,太平军与清军在徽州展开了十余年的拉锯战。在1854年以后的合同文书中,提及那十余年的历史,凡明言"长毛""毛匪""毛兵""西匪""粤匪""西兵""西戎""红巾""红羊""洪杨"等,或言"兵乱""兵燹""乱世""寇""兵祸""兵""燹"等,均可确定为"太平天国相关的史料"。这部分史料整理为表1。

如提及那十余年(或时间上推测当属于那十余年)的历史,而言"被掳""被匪""被贼""遭乱""乱""逆乱"等,因为时间或不精确,其所指又恐为太平军以外的地方匪乱,因而不能十分肯定它们是"太平天国相关的史料"。但笔者认为不能排除它们属于"太平天国相关史料"的可能性,甚至武断一点说,它们很有可能属于"太平天国相关史料"。这部分史料整理为表2。

表1 较确信为太平天国相关的史料

| | 分单 |
|---|---|
| 1 | 068　FDQ081001 清同治十年(1871)十一月凌大枝兄弟分单 |
| | 立分单人凌大枝……缘因昔年三房分定,老屋里外两堂,定阄房步。……不料同治初年,被长毛贼匪,遭焚回禄,人事纷纷,人心不古 |
| 2 | 070　FDQ090301 清光绪三年(1877)五月凌大升兄弟分产合同 |
| | 立合同墨据人凌大升、大恒,缘我父集洪公所出兄弟三人……讵料于咸丰年间,不幸二弟修病故北京,所有医治、棺衾、搬柩等费,皆系三弟恒拖移应用,兼之同治元年,慈母殁于乱世,余升家居,以尽人子之礼 |
| 3 | 097　FDQ100201 清宣统二年(1910)三月程日恒阄书 |
| | 立阄书人程日恒公,所生五子,长曰聚桂,次曰荫桂,三曰五桂,四曰福桂,五曰夏桂。长、三俱已完婚,次子兵乱掳去,四、五幼殇。二、三、四、五房俱无嗣。惟长所生三子,长曰鸿霖,次曰鸿柏,三曰鸿懋,俱各完婚。三子承继二房荫桂公,次子承继三房五桂公,四、五两房以归膳茔标祀 |

续表

| | 阄书 |
|---|---|
| 4 | 115　JSQ080801 清同治八年(1869)十一月方承熙阄书 |
| | 立阄书人方承熙同嫂汪氏、侄宗矩、侄媳吴氏、侄孙德兰,缘先考绪乐公所生二子,长曰承烋,次曰承熙。惜先考已于道光廿年去世,先处于咸丰3年去世,先兄又于六年相继去世。合爨同居,多历年所。今也兵燹之余,一切家需,艰于总理 |
| 5 | 116　JSQ080802 清同治八年(1869)十一月方汪氏阄书 |
| | 立阄书人汪氏同长媳吴氏、次男宗矩、长孙德兰。缘氏所生三男……惜先夫承烋公已于咸丰六年去世,三男宗樫又于咸丰七年病亡。幸有遗孤长孙,名曰德兰,现年拾有四岁。迨及咸丰拾年,大遭匪乱。长男宗显被匪掳去,至今拾载,杳无踪迹,膝下尚未抚育。……自兵燹之余,一切家务艰于总理 |
| 6 | 119　JSQ081103(1) 清同治十一年(1872)二月永才阄书 |
| | ……所生四子,长绵祚,次乔祚,叁爽祚,四承祚,俱已长成,尽可自持。予今年近七旬……奈绵祚运舛,被西匪掳去,现今不知流落何地 |
| 7 | 120　JSQ081103(2) 清同治十一年(1872)二月永才阄书 |
| | (同上) |
| 8 | 121　JSQ081103(3) 清同治十一年(1872)二月永才阄书 |
| | (同上) |
| 9 | 122　JSQ081103(4) 清同治十一年(1872)二月永才阄书 |
| | (同上) |
| 10 | 132　JSQ090201 清光绪二年(1876)一月汪胡氏阄书 |
| | 立阄书主盟母汪胡氏……幸生尔等四人。……不料曩遭西匪入郡,尔父兄被掳,存亡未知 |
| 11 | 135　JSQ090402 清光绪四年(1878)十月江汪氏遗嘱阄书 |
| | 立遗嘱阄书主盟母江汪氏,于咸丰年间长毛入境,痛夫被掳,迄今尚未逃回,生死不知,哀号无已。……泣思夫掳之后,其时衣食难敷…… |
| 12 | 146　JSQ090902 清光绪九年(1883)二月张德海阄书 |
| | 父德海遗关小引……不意庚申岁(咸丰十年,1860),粤匪自浙越休,扎馆我村。接踵七日,不下百万之数。沿途焚劫掳掠,搜山比户,洗刷一空。食草茹糠者,十居其八,顾尔等备尝艰辛。及期辛酉冬,尔祖及祖母年老,次第以辞世,鸣呼痛哉!丧事虽然尽礼,而思亲之念终莫能忘。于是与尔伯叔,和同歃血,葬尔祖及祖处于高枧,几乎与阎姓构怨。又遭甲子岁(同治三年,1864)湖州粤匪败乱,窜徽越休,而逾开化,连行九日,家庭又复如初。兼又族人与吾弟昆争讼,继之屯溪舒大有侵予,讼论公庭。两讼虽然获福,而数年辛资,自乱以来飘波大海。幸先人灵佑,丁卯岁俾予年登黉宫,又多一番浩用。…… |
| 13 | 150　JSQ091102 清光绪十一年(1885)三月邵章氏阄书 |
| | 邵门章氏为男分居序嘱:先夫开德公,元配章孺人,有一子名运兴。咸丰拾年寇至,孺人殉节 |

续表

| | 阄书 |
|---|---|
| 14 | 176　JSQ092101　清光绪二十一年(1895)四月韵仪阄书<br><br>……余手足有五人,长鸿吉,次鸿德,三鸿永,五鸿庆,身居其四。德兄与庆弟是庶母所产,成长于富竭,事莫能详,姑不具论。忆余自九岁失怙,兄等俱甫成童。此间十余年,皆我母顾复之余,兼持家政。及冠余始习商于嘉邑,永兄习贾于武林,吉兄贾游于江北。似生财者众,家道可日起而渐兴。谁知天定胜人,事难逆料。贼端四起,消息惊闻,恰三年而即逃归里。永兄亦因病舍业,农耕于家。惟吉兄路隔天涯,莫通音问。幸所生者已有润侄矣。于时兵燹日甚,遂及我境,乡邻奔走,悼叹新闻。余家人潜避石岩,怨难悉数,东走西顾,胆裂心惊。既田地之荒芜,复橐囊之乏绝。箪瓢莫给,饥饿难堪。毛匪时来,朝难料夕。永兄阵亡于壁上,先室张氏亦夭于乱中。我母筋力已衰,加以困厄难当,继仙游于海岛。余被贼掳两次,神灵庇荫,幸得脱逃。迨后吉兄带病远返,调理无资,尽将田地寄人箱箧。愈延愈笃,越一载而遽尔长逝。再越一载,而吉嫂又不世矣。数载数人,翻成数鬼。身当其境,真如哭泣丧明。所存者仅有余与润耳。零丁孤苦,左右无依,两世一身,形单影只,生死难于预决,亲戚视若仇俦。历乱廿余年,虽嗟苦不止一人,而究莫有余之极也。及纷争稍息,庸众颇安。欲谋后娶以承先嗣,而一文无积,告借维艰。迨将余产当作聘资,乃娶周氏。然室如悬磬,衣食难充。不得已而借裳复出,偕侄同往。极受艰辛,游易几方,后归于泗。至同治壬申岁,而延男生焉。甲戌岁,而芳生焉。光绪丁丑岁,而华生焉。自此家运稍起,财路渐兴,尽赎田地以添口食。……至庚辰岁而周氏遽殁焉。……然今花甲将周……余因病笃,录其苦衷,遗尔等谨记之,以识余历世之艰云。……葛家岱四亩丘边路麦田壹亩。此田是兵燹后借洋所置,尔等当思重利之苦,日后切勿出售。是嘱 |
| 15 | 239　JSQ093303　清光绪三十三年(1907)三月王尚敏兄弟阄书<br><br>奉母命立遗产阄书王尚敏、(尚)裕、(尚)治,承先严士琛公,字君儒,公乃肇树公之长子也。公少孤,幸幼年颖悟,秉性端方,事母孝顺,处世温和。先人无遗产,家计艰难,能卓然自立。年近弱冠,贸易荆楚,突遭发匪之乱,退居乡里,时势饥荒,支持家务,辛苦备尝。迨兵燹后…… |
| 16 | 293　JSMG0601　民国六年(1917)八月培应阄书<br><br>……但予追修吾父棋灶公、予母孺人胡氏生予兄弟妹三人,弟培高而没,妹满体俱出有后。予父自遭兵燹乱ời,艰苦备尝,病没。全借予母勤俭治家,男婚女嫁。而予生尔兄弟四人一女……奈予年近八旬,身常有病,难以支持,故此分析 |
| 17 | 445　JSMG3603　民国三十六年(1947)四月章观清遗嘱阄书<br><br>立遗嘱阄书渭涨,缘因吾祖添源公五房母胡氏,生吾弟,有长大有,次曰大福,吾居三房大成。七岁时不幸父丧,恰在清国咸丰间,四兵起,幸得长兄雄勇刚强,负母担身,东逃西掩。至同治初አ,颇aliser尽。自燹以来,菜羹和煮,大被同眠。……吾今虚度七旬有四,室人年亦花甲之余。…… |

续表

| | 合同 |
|---|---|
| 18 | 279　HTQ070502 清咸丰五年(1855)九月高为先等商业合同 |
| | 立合议高为先同侄观和，缘身于嘉庆廿一年在扬州创开京货店业，受尽辛苦，皆系外面张罗，家内并无分文。店本至道光十二年，侄观和抵扬，在身店内做生意。……自道光廿二年至咸丰三年，观和各事均守规矩，交身银洋，以作官利。乃因咸丰三年二月，扬州突遭兵祸，观和将店货搬到盐城，约钱一千有零，作对外间欠项，仍余作为支本。续于八月迁到邵伯，刻下邵伯新开店业。扬州老店，兵退之后观和亦勉力撑持，颇受风霜之苦。……或此后又遭兵祸，不在此议 |
| 19 | 294　HTQ080601 清同治六年(1867)二月方永河等房屋共业合同 |
| | 立议合同人方永河、永伦、兴妹、大妹，今因祖住乌石，先人所造居室，竹苞松茂之宜，鸟革翚飞之善。是以人丁畅茂，财似如春之色，人安财聚，不亦乐乎。至今时来，但居室被贼兵火焚一光，以至人丁不能安身之处。风俗颓败，心不由人，人不由心，人心朝夕并无悦乐之意，不堪至矣 |
| 20 | 307　HTQ081001 清同治十年(1871)一月洪万成、洪本寿等基地共业合同 |
| | 立合议约人洪万成、本寿……又开田公之己屋，遭西兵蹂躏，仅存基地 |
| 21 | 313　HTQ081007 清同治十年(1871)六月吴一明公支下人等整理祀会合同 |
| | 立议合同吴一明公支下人等，自遭兵燹以来，人心不一。兹特集众公议，整理祀会，一团和睦 |
| 22 | 322　HTQ081301 清同治十三年(1874)二月太宾公派下行魁等助税合同 |
| | 立合议太宾公派下行魁等，旧因老屋造在南观村中，今因咸丰庚申年(十年，1860)间被贼焚毁，成为白地，其神灵无位所安。行魁等邀族众复议重造 |
| 23 | 353　HTQ090804 清光绪八年(1882)五月霞坑车头岭吴鉴堂等共业合墨 |
| | 立合墨人霞坑、车头岭吴鉴堂、六妹，兹因吾父正禄置造土名车头岭水碓一所，又里外磨两副。内本家吴高福存留里磨式分，因伊乏嗣，现经归清明会任事人六妹经管。其余分法，均系吾父所买。前首高福与吾父立有合墨两纸，不料西匪扰乱，据已遗失。是以复立合墨，均照前规议定 |
| 24 | 380　HTQ091601 清光绪十六年(1890)二月祖德、德润公两公支下人等来龙禁约合同 |
| | 立合同祖德、德润公两公支下人等，今因始祖景祀公自唐代迁居方村，千有余载，所有来龙、朝山、水口、圆墩、狮形、蟹形、青龙，各处禁养荫木，子孙世守无异。不幸迭遭兵燹，逐渐式微，人丁稀少。近有邻村觊觎来龙过脉要害之地，陡来侵占，势在鲸吞 |
| 25 | 404　HTQ092403 清光绪二十四年(1898)三月方光德堂社贵公支下人等兴建祠堂合同 |
| | 立议合墨人方光德堂社贵公支下……缘因我祖淳邑由歙继居西川，传至廷祯、(廷)谟二公，不惮艰辛，创兴宗庙，以序昭穆。继继承承，丁蕃茂盛，派衍流长。至于兵燹后，光绪六年复申祠宇，始起宏修 |

续表

| | 合同 |
|---|---|
| 26 | 407　HTQ092501 清光绪二十五年（1899）二月柯惟丰、柯顺水等房屋共业合同<br>立议合同墨据人柯惟丰、顺水、光现、九妹、光应，缘因以及红巾贼匪作乱，将土名打柱丘通衔楼屋一堂烧毁。瓦砾灰烬之坦，至今三十余载 |
| 27 | 415　HTQ092701 清光绪二十七年（1901）一月吴国宸公支下任事孙等祀会合同<br>立合议墨人吴国宸公支下任事孙等，追思吾祖厥配王氏，所生有六……延今百有余年矣。不料咸丰末位，天心欠顺，西戎寇起，莫测逃亡，十指未曾流一。故将式、三、四、五、六房子孙一统迭嗣未传。迨至同治四年，人民稍聚，噫念慎终而追远事 |
| 28 | 416　HTQ092702 清光绪二十七年（1901）二月郑国相公各房支下首事人等共业合墨<br>立议合墨人……缘因祖遗现有三间楼屋三堂……不觉咸丰年间三堂存众之屋，兵燹过境，尽遭回禄无存 |
| 29 | 441　HTQ093204 清光绪三十二年（1906）五月洪社生、洪社如等房屋共业合同<br>立合同人洪社生、社如、蓉兴，今我祖尚干公，传子文瑞公，生二子，长大庆公，次大贤公。所贻众屋一堂……此业向为祖宗寝室。自粤匪之乱，其屋遭毁。历年以来，无力迁造 |
| 30 | 456　HTQ100201 清宣统二年（1910）二月张叙伦堂首事人等共业合墨<br>立合墨据人合村首事与桂水等，兹因村末水口庙外之塌坝，向系桂水之继父大兴公扦造水碓一只，并河中塌坝甃砌成就，经管多年。乃自红羊劫后，碓已遭毁，塌亦冲坍 |
| 31 | 459　HTQ100301 清宣统三年（1911）二月吴国宸公支下任事人等祀产合墨<br>立议合墨人吴国宸公支下任事人嘉隆、嘉衍等。窃思吾祖娶王氏，所生六子，长曰德培，次曰德依，三曰德佑，四曰德休，五曰德佐，六曰德化。以前支丁茂盛，衍庆芳辉。不料毛兵扰乱，屋宇遭毁，人丁逝散，迄今五十余载 |
| 32 | 498　HTMG0804 民国八年（1919）十一月章渭和、章渭根基地分业合同<br>立合议约人章渭和、(渭)根，今因有土名东圩村中通圈楼屋壹堂，历传以来，至今数载。自咸丰年间被兵燹烧毁，即成基地。至我兄弟二人，议欲照旧扦造 |
| 33 | 540　HTMG1801 民国十八年（1929）二月道锚、道鐺、道锛三公支下各房任事人等祠产合同<br>立合墨据道锚、(道)鐺、(道)锛三公支下各房任事人等，为朋造支厅，照户筹备，以修祀事。事缘先祖文深，所生鐺、锚、铿、铠四子。铿、铠二公，传而中断。鐺公迁于干田，户计有五。锚公迁于英富坑，居今八十八家。回思我文深公曾在磻置地，建筑善庆堂支厅一所。嗣逢洪杨兵燹，焚毁无存，经前人复遵造就 |
| 34 | 565　HTMG2301 民国二十三年（1934）一月方美益公支下任事人等楼屋共业合墨<br>立合墨人方美益公支下任事观竹、正贵、承德、正武等，缘因祖遗之屋遭兵回禄，迄今七十余载以来，未曾经理 |

表 2　可能为太平天国相关的史料

| | |
|---|---|
| | **分单** |
| 1 | 083　FDQ092101（1）清光绪二十一年（1895）二月余巧官分单 |
| | 立分单议据余巧官，见立史松溪、郁桂生，凭各友亲潘聚东、吴星耀等。今收到方少卿名下，因为昔年外祖余守诚，字兰汀，所生男女各位。长丁被掳未归。伊女双珠，央媒择配方馥庭伊婿，招赘作子 |
| 2 | 084　FDQ092101（2）清光绪二十一年（1895）二月方少卿分单 |
| | （同上） |
| | **阄书** |
| 3 | 096　JSQ080101 清同治元年（1862）十月王胡氏阄书 |
| | 立嘱书人王门胡氏，愚适王门三十有余年矣！……生有五子……不幸三子早岁夭亡，四子被匪掳去。而今长、二、五子，俱已长大成人 |
| 4 | 134　JSQ090401 清光绪四年（1878）十月朱正茂阄书 |
| | 立阄书父朱正茂，缘予所生六子，长曰福闳，次曰福妹，三曰福有，四曰福庆，五曰百庆，六曰百富。不幸福闳将壮而殂，福有遭乱被掳，而百庆年纪尚幼，百富仍在襁中。予今年及花甲……尔四人各分壹股，至□福有年未成童，已遭贼掳，目下未卜存亡，难坐分股。日后如幸回里…… |
| 5 | 168　JSQ091901 清光绪十九年（1893）二月曹启信阄书 |
| | 立议重扒阄书人曹启信。原身父天旭公，生有三子。……天旭公所遗屋宇、田地、山场，前已立书，三股品搭均分。后因贼匪入境，阄书遭毁无存。…… |
| 6 | 214　JSQ092805 清光绪二十八年（1902）十月胡许氏阄书 |
| | 立分书主兄胡光福。祖讳明理公，娶汪氏，生父讳有德公，兄弟四人，父居第二。长有徽公，娶周氏，生一子光仁，被匪掳去，在外未回 |
| | **合同** |
| 7 | 302　HTQ080802 清同治八年（1869）十月汪起全等分产合同 |
| | 立合同人汪起全、贵顺、顺遂，缘因兄弟六房，三、四、五不料被匪延丧无后，其祭祀公同祭拜 |
| 8 | 304　HTQ080902 清同治九年（1870）十月汪可敬公支下人等任事人楼屋共业合同 |
| | 立议合同人汪可敬公支下人等任事人上妹同上贵、正海等，今因先年祖遗建造通眷楼屋壹堂，不幸于同治初年间，乱贼遭毁。是以聚集商议，复兴建造 |
| 9 | 308　HTQ081002 清同治十年（1871）一月兴仁堂支丁黄祯元等维修保护祠产合墨 |
| | 立议合墨经理兴仁堂支丁黄祯元、高（元）等，缘因本祠承先人创造维艰，迎神做会之便易，追念子秀孙繁，光前裕后，不期村中被贼竟害，修葺是为劳本堂，实为西北隅矣。身等不忍坐视，纠同族内各房，照丁捐瓦，各输贰伯片 |

续表

| | 合同 |
|---|---|
| 10 | 347　HTQ090701 清光绪七年(1881)九月张士志公支下任事人等分业合墨 |
| | 立合墨据张士志公支下任事人等同裔侄孙华犬,今缘土名桃树湾口,原有挂榜楼屋壹堂,楼屋内右边楼上房前步房一步,并屋檐厨灶。于道光年间,系张忠华出立典据与张玉贵名下,计典价钱四千文。此屋被匪遭败至今,分发紊乱之日。今议面言,两各情愿,前据不作行用 |
| 11 | 361　HTQ091101 清光绪十一年(1885)二月吴吉庆、吴进发屋业赎买合同 |
| | 立合同人吴进发同堂叔吉庆,缘因四房先叔祖欠长房先伯祖地价银肆拾两。原凭房亲,将四房祖遗住屋楼下右边住房一步,并厢房在内,两下调换,立契抵质。其契因乱遗失 |
| 12 | 385　HTQ091702 清光绪十七年(1891)十一月太宝公支孙等共管坟产合同 |
| | 立议合同惜、怀公支下,缘因宝、纪二公昔年同置到北岸土名箸杯坞坟山壹处。每公壹半,存众不分,该我祖太宝公支下孙等。所有北岸公事,月半头、八月一等用,向来照依房头科派。近被贼匪遭变之后,各房发脉,人丁不一。恐公事败废,是以公同商议,但神会使费,各项众事,均照人丁科派 |
| 13 | 399　HTQ092302 清光绪二十三年(1897)二月观遂公支下兴立祀会合墨 |
| | 立议合墨人观遂公支下……吾祖五十六世观遂公,自枧坞迁居东川,公墓卜扦吴孟坑口。孺人朱氏,卜扦歙西何家墩,所生一子振祥公,同扦何家墩。孺人江氏,亦扦吴孟坑口,迄今数拾年矣。前辈挨房标挂,岁岁上坟。遵礼而祭,毋稍息惰。第自乱后从宽,风俗渐败,人心不古。各人家祀不改,其墓将来日恒月久,叶茂枝繁,第恐祖墓失所,是以吾辈公议相商,兴立祀会,照丁科售 |
| 14 | 417　HTQ092703 清光绪二十七年(1901)六月程元庆、程官胜邻界合同 |
| | 立合墨据人程元庆、官胜,缘因土名上村坦通屋,逆乱时被迎遭焚,通地基下堂东边半堂 |

# 三　对于《徽州合同文书汇编(点校本)》太平天国相关史料的一点文本分析

## (一)徽州合同文书中太平天国相关史料的占比

笔者在编辑《徽州合同文书汇编(点校本)》时,十分注意标记书稿中的太平天国相关史料,图书出版后,以各种关键字词仔细筛检,可以说书中太平天国相关史料的绝大部分都已整理在表1、表2中了。

笔者在编辑点校本时,常碰到太平天国相关史料。既然已经将这些史料辑录出来了，就可以实际计算一下徽州合同文书中太平天国相关史料的占比。

如前所述，《徽州合同文书汇编（点校本）》收入1234份徽州合同文书，分单计141份，阄书计456份，合同计637份。以太平军正式进入徽州的咸丰四年为界，之后可能为太平天国相关史料的分单为063~141号，计79份；阄书为087~456号，计370份；合同为277~637号，计361份。分单、阄书、合同合计810份。

表1中分单3份、阄书14份、合同17份，合计34份。表2中分单2份、阄书4份、合同8份，合计14份。表1、表2相加，分单5份、阄书18份、合同25份，合计48份。

也就是说，较确信为太平天国相关的史料，其占比为4.2%。析而言之，分单占比为3.8%，阄书为3.8%，合同为4.7%。笼统地将表1、表2的史料均算作太平天国相关史料，则太平天国相关史料占比为5.9%。析而言之，分单占比为6.3%，阄书为4.9%，合同为6.9%（见表3）。

表3 太平天国相关史料占比统计

单位：份，%

|  | 1854年以后合同文书份数 | 较确信为太平天国相关的史料 |  | 太平天国相关史料 |  |
|---|---|---|---|---|---|
|  |  | 份数 | 占比 | 份数 | 占比 |
| 分单 | 79 | 3 | 3.8 | 5 | 6.3 |
| 阄书 | 370 | 14 | 3.8 | 18 | 4.9 |
| 合同 | 361 | 17 | 4.7 | 25 | 6.9 |
| 合计 | 810 | 34 | 4.2 | 48 | 5.9 |

由此可见，徽州合同文书中太平天国相关史料占比高达5.9%，而在分家合同之外的合同中，太平天国相关史料占比更达到6.9%。

### （二）徽州合同文书中太平天国史料所反映的主要内容

1. 正统叙事：将太平军称作贼匪

如表1、表2所示，合同文书书写者把太平军一概称作"长毛""毛匪"

"毛兵""西匪""粤匪""西兵""西戎""红巾""红羊""洪杨""兵乱""兵燹""寇""兵祸""匪""贼""贼匪""逆乱"等。这反映了清代、民国时期民间文书的书写与国家正统叙事保持一致，可以说是一种程式化的书写。

2. 苦难叙事：太平军成为徽州民间集体记忆，也成为重建徽州的起点

在分家合同，尤其是簿册分家合同——阄书中，在记录各人分得产业的正文部分（分家合同的核心内容）之前，往往有一段数十乃至上千字的序言。据俞江《清代的合同》，序言的基本内容包括：（1）家庭状况（家族源流、近世祖先、父母在世与否、子女或兄弟情况、家庭财产情况）；（2）分家的原因（父母命令、兄弟商议、经济困难、家庭成员不和等）；（3）用于析分的家产范围（是析分全部还是部分家产？若仅析分部分家产，原因为何？未分家产如何处理？父母百年后，养赡产业立为祀产还是存众？）；（4）拈阄（是否拈阄，哪些人在场见证）。①

分家合同之外的其他合同，大多也需要陈述签立合同的缘由。我们姑且把这一部分内容也称作"序言"。

太平天国相关史料几乎全部出现在"序言"部分。只有一处特例。在第176份阄书《清光绪二十一年（1895）四月韵仪阄书》中，父亲韵仪除了在序言详述躲避太平军、艰难度日的历史之外，对于正文"葛家岱四亩丘边路麦田壹亩"这一产业，特意批注"此田是兵燹后借洋所置，尔等当思重利之苦，日后切勿出售。是嘱"。

序言部分交代正文部分的背景、缘由。如前所述，太平天国史料在合同文书中占比高达5.9%，应该说，太平军作为个人、家族、村庄的历史已成为徽州民间的集体记忆。这种集体记忆在民间文书的书写上表现为一种苦难叙事。具体而言，徽州合同文书中太平天国史料所反映的主要内容有：（1）人口遭掳掠、丧亡，流离失所，生活艰难；（2）房屋、祠堂遭焚毁；（3）商业不兴；（4）契约文书遗失；（5）风俗颓败；等等。

分家合同序言中的苦难叙事，意义不仅仅在于诉说个人、家族的苦难历

---

① 俞江：《清代的合同》，广西师范大学出版社，2022。

史，也展现了个人、家族对抗苦难的历史，以及对下一辈珍惜产业、接续努力的期待。同样，分家合同之外的合同中的苦难叙事，意义也不仅仅在诉说村庄的苦难历史，而更在于团结力量、重建家园。在表 1、表 2 中有很多叙述苦难历史之后，申明签立合同、重修祠堂等的例子。

## 四　余论

个人、家族、村庄的历史记忆仅凭口耳相传，容易模糊、变形甚至中断。文字和实物可以更长久地保存历史记忆。徽州文书是徽州人民历史记忆的宝库，值得深入发掘。

对于传统家庭而言，分家是一件大事，它表明新的家庭的诞生，表明原家庭的产业均平地分给各新的家庭。分家合同的正文记录产业的分配，研究价值很高，但有一些序言真实、详细地记录了个人、家族的历史，其研究价值也不容忽视。

本文辑录《徽州合同文书汇编（点校本）》太平天国相关史料，并简单做了一点文本分析，但未能结合其他史料进行深入考察。例如，太平天国、清军、徽州地方官绅、徽州地方兵勇等各方面的史料如何，也应当加以考虑。

# 晚清《申报》社评辑评（一）

李 玉[*]

以往学界关于晚清变法自强思潮的建构，主要取材于洋务派官员与维新派思想家，前者诸如曾国藩、李鸿章、丁日昌、沈葆桢、张之洞、刘坤一、左宗棠等，后者包括冯桂芬、马建忠、王韬、郑观应、薛福成、陈炽等，这些绝大多数也是半官半学型人物。诚然，这些人的著述在今天看来，确实不同凡响，具有相当的时代意义，但是需要思考的是，这些官员或半官员的言论在当时社会对普通民众的时局认识与变革思想产生了多大的影响。如果变革言论体现在官员的公牍函电之中，自然与一般百姓产生隔膜；如果体现在像《校邠庐抗议》《盛世危言》《适可斋记言记行》之类个人文集之中，由于其印刷不多，多属于同人刊物，传播自然有限。所以，以晚清洋务官员与洋务知识分子为主体的变法思想可以看作精英型或上层型思想。

相对而言，作为新式媒体的《申报》，自1872年创刊之后，在很长时间是上海独家中文日报，是"具有全国影响的一张大型日报"，[①]其受众则较洋务官员与洋务知识分子多得多。《申报》的办刊与发行时间，更是远超洋务知识分子与后来的维新派思想家的活动期。该报创刊于同治十一年三月二十三日，即西历1872年4月30日，终刊于1949年5月27日，共出25600号。其中，晚清部分13965号，超过半数。

该报的办刊宗旨是，"凡国家之政治、风俗之变迁，中外交涉之要务，商贾贸易之利弊，与夫一切可惊可愕可喜之事足以新人听闻者，靡不毕载，务求其真实无妄，使观者明白易晓，不为浮夸之辞，不述荒唐之语，庶几留

---

[*] 李玉，南京大学历史学院教授。
[①] 宋军：《申报的兴衰》，上海社会科学院出版社，1996，第17页。

心时务者于此可以得其概,而出谋生理者于此亦不至受其欺",以求使该报的发行,"大有益于天下也"。① 为此,该报"广采新闻播远方",②"凡有奇闻要事耳目所周者罔不毕录"。③

作为一家新型文化企业,申报馆从创办之日起就一直在努力开拓营销,增加发行量。除上海之外,还在各地设立发行点,初有镇江、汉口、香港各埠,后陆续将发行点扩展至宁波、天津、苏州、杭州、湖州、嘉兴、震泽、扬州、广州等地。创办半年之后,《申报》在南京设立发行点,其告白曰:"本馆已[己]派友人陈震元在南京代卖申报,祈望金陵各官绅士商能如他处之垂惠多赐买阅;倘有奇文瑶采欲登报内者,请仍托敝友代为寄送。"④其后,又委托京都椿树胡同的聚兴报房代请棉花六条胡同的郑复训堂代卖《申报》,以便仕宦购阅。⑤ 接着,又派"友人在无锡出卖《申报》"。⑥ 代办发行点虽然在增加,但仍然难敷社会需求,不断有"远方各处"的读者向申报馆寄信,请求邮购。该报鉴于单张邮寄成本较大,遂发布告白,建议"请与同友数人合名定看数张,照数定买,倘在拾张之上,本馆无不踊跃奉命,价钱亦照平常矣。使独定一章,虽可奉寄,而价未免较大"。⑦ 为了满足读者日益增长的需求,申报馆不得不增加代售点,自1879年11月29日起,《申报》将各地发行点的详细地址刊登于报头,以利读者购阅。

大众化的办报特色、渐推渐广的发行网络和新式营销手段,使该报在业务经营不断拓展的同时,较为充分地传递了社会信息,开阔了民众眼界,启发了民众的认识与思考。社会事件因《申报》的报道,而引发更多关注,这在一定程度上增强了社会事件的关联效应。社会事件也因《申报》的参与,而不断发酵,逐步升级,从而释放出更大的社会能量与舆论效应。例如对于1874年日本侵台事件,《申报》渐由跟踪报道进而引发关于"振兴中

---

① 《本馆告白》,《申报》同治壬申年三月二十三日(1872年4月30日),第1版。
② 顾炳权编著《上海洋场竹枝词》,上海书店出版社,1996,第82页。
③ 《本馆告白》,《申报》同治壬申年四月十六日(1872年5月22日),第1版。
④ 《本馆告白》,《申报》同治壬申年十二月初一日(1872年12月30日),第1版。
⑤ 《本馆告白》《申报》同治癸酉年八月十六日(1873年10月7日),第1版。
⑥ 《本馆告白》,《申报》同治甲戌年三月十四日(1874年4月29日),第1版。
⑦ 《本馆告白》,《申报》同治癸酉年十二月初三日(1874年1月20日),第1版。

国"的讨论,不仅提高了中国民众对于国情时政的信息接收与接受度,而且扮演了舆论引渠的角色。这在一定程度上使历史事件的内涵得以深化、外延得以伸展;借助报纸,民众对于国家危机的认识更加真切,愤时忧国的情感与思想受到激发与培育。可以说,报纸通过危机报道与变法讨论,拉近了民众与国家的距离,增强了民族认同,激扬了民气,开掘了民智,引领了社会思潮。而报纸也在这一过程中销数大增,据载,因报道日本侵台,读者争相阅读,《申报》发行量由五六百份猛增至数千份。①

在此后的发展过程中,《申报》一直以贴近社会、报道时政、鞭挞陋习、输入新知、启迪民智为职志,在引领时潮方面发挥了重要作用。例如戊戌变法时期,素被目为保守派的湘绅叶德辉就指责维新派的相关论断参考了此前《申报》上的相关内容,毫无创新可言。② 以维新派首领康有为言,其历次上皇帝书,洋洋洒洒,广博时誉,其实上书中所言变法自强理念与举措,《申报》多已言说,康有为"虽极意铺张,未免有类拾人牙慧"。③

作为报道新闻、评述时政、臧否社会、传播新知、引导变革的重要报纸,《申报》从创刊之初就聘请了"主笔",撰写时论,置诸报首,形成该报一大特色。据笔者统计,晚清《申报》社评共计13000余篇。

《申报》社论字数一般过千,时人称该报"一年三百六旬日,日日千言录报章"。④ 一般内容极为丰富,举凡晚清重大政治事件、重大社会新闻和重要外交事宜,《申报》多会有所评论,有的还会连评多日。除了时事之外,《申报》大量社论围绕中国变革与发展的议题展开,既有除弊的警示,也有兴利的提示。举凡中国的社会陋俗、不良风气、吏治腐败、商业投机、民生多艰,《申报》多会因事感言,发为议论,或为鞭挞,或为讽刺,或为规劝。对于中国新兴的经济事业以及各项改革,《申报》更是多所评论。尤其是对中国发展新式工商业、改进经济与行政管理体制、培养新式人才方面,《申报》社论有大量的"鼓"与"呼"。

---

① 宋军:《申报的兴衰》,第225页。
② 参见熊秋良《"翼教"派略论》,《湖南师范大学社会科学学报》1999年第1期,第92页。
③ 《发明〈申报〉宗旨》,《申报》光绪二十六年二月初八日(1900年3月8日),第1版。
④ 顾炳权编著《上海洋场竹枝词》,第82页。

《申报》一直以"振兴"中国为务，报馆直言："泰西各国振兴之所由，大半由于准民间多设新闻纸馆，盖新闻纸之所述，上则国政之是非得失皆准其论列，下则民间之善法美器亦准其胪陈，故能互相采用，互相匡救，以成其振兴之道焉。……若中国新报可以日益振兴，则中国各事亦皆可以日益振兴矣。"新式报纸主要刊载"上益于国、下益于民之事"，使"各当道有以采择而行之"；诚能如是，则"新报方为有益之物也，果能如此，则新报愈多而愈妙"。所以，"中国不欲取用西法则已，若欲取用西法，必先自阅新报始"。只有充分发挥报纸的宣教功能，"中国之振兴"方能早日实现。①

综观《申报》社评，以"自强""变革"为主题的内容比比皆是。《申报》曾对其与中国变革及发展有关的社论立意进行了如下概述："通电音，所以速传递也；驶轮船，所以利转输也；修铁路，所以便往来也；购兵舰、制枪炮，所以振军威也；习洋操、延西教习，所以令兵士改观也；开五金诸矿，设同文、广方言诸馆，所以浚利源而致文治也。盖实见夫中国积弱之余，弊端百出，故不惮悉心开导，务使上而政府、下而士民，得此攻错之资，一洗从前因陋就简，文明丕焕，奋发有为也。"②此语虽然属于《申报》自述，不免有所夸大，但究其实际，《申报》在晚清新知传播方面，确实功不可没，其中《申报》社论的作用不可低估。

晚清《申报》社论，内容相当广泛，举凡中国的内政、外交、经济、社会、教育、文化，上至朝廷决策、重大变革，下至民情风俗、市井百态，莫不有所关注。其视角时中时西，其立论不上不下，往往能揭示一些不为人注意的文化面相或政治样态。关注社会现实，发表专论，指揭问题，分析症结，提出解决方案，以利服务社会，大致是晚清《申报》社论的运笔主旨与行文合意。由此决定了《申报》社论既"务虚"，更"务实"，既"高大上"，更"接地气"。

总体而言，《申报》既是晚清社会的主要记录者，也是晚清社会思潮与

---

① 《书同治十三年申报总录后》，《申报》同治甲戌年十二月二十八日（1875年2月4日），第1版。
② 《发明申报宗旨》，《申报》光绪二十六年二月初八日（1900年3月8日），第1版。

变革运动的积极参与者，由此，整理和利用《申报》文献，对于深入和全面认识晚清内政与外交、经济与社会、文化与教育，以及考察中国近代化的细微进程，均具有十分重要的学术价值。

但晚清《申报》社论超过万篇，原文大多字体较小、印制不良，许多内容非常模糊，释读困难，所以全面完成此项工作，绝非易事。况且并非篇篇精彩，学术价值与史料意义不高者在所难免，甚至还有前后抄袭、旧文新发现象。为此，笔者在长期研读的基础上，选择百余篇，校勘释读，并附上个人的"点评"，以"老报新读"的方式呈现给读者朋友，以期引发史学、文学、社会学以及其他学科工作者的阅读兴趣。

## 中国当奋志振兴

天下时势之所至、运会之所趋，虽圣人不能强而异，亦当顺而同也。上古之治易为，中古至成周而文物大兴，制度全备，相传至今，其间虽亦小有损益，而大礼大法莫能尽改。今则有殊于昔矣。昔者，中国之为国，固独峙于天壤之间，尊无二上也。虽偶有相敌之国，仍同为亚细亚洲之地，其风气不甚悬殊也。今海禁一开，而天下四洲之国皆能至中国而结约通商矣。时运既变，人事又安可泥古而不变哉？

本馆常言中国固天地间一大邦也，反至受惊于日本一小岛国，任其弁兵安驻境内，历今数月，既不兴兵驱逐，反与商议退兵，愈占中国军政，大露不及他国之形焉。安能不整顿军制，效法泰西兵事乎？泰西诸国以新法自强，亚细亚洲内亦有数国渐已认真从学，独中国仍然缩手，不肯笃心以效者也。噫，此事也又逼迫本师不能不直言以论焉。

孟子有言："诸侯之宝三：土地、人民、政事。"即天子何莫不然？今之所论，实中国三宝之攸关也。盖天下多强国，安保一旦无怀奸邪而构衅端以图遂其欲者乎？即不至此，而中国天下之大邦，又岂可忍耐受制于所偶来诸国之理乎？近年以来，世事一大变矣。以轮船之盛行，遍海如履平地，故世上诸国皆如有缩地之法，使四洲如邻里也。通商交涉等事日有增益，两国常相交接而异论，每易于肇衅，非振兴军政则不可。故又进一言曰：果立志于振兴军政，必邀福于社稷也。

或曰：吾民人皆享承平，足以安乐，何必欲多求也？曰：不知他国之事，故出此言。日即不愿增富，须知强非富不行。昔者军中所用弓矢刀矛而已，所蹈至每取诸居民，则贫而壮者犹或克与富者相敌；及于今则军械概行一新，非积银以购精器，则其不能相御必矣。

今姑以丹国一小邦论之，其国为欧洲弹丸小国，其人不及英京伦敦一城之多，与中国一府之地相若也。然其国之水师犹强盛于中国，其所有陆兵亦皆授以精器，尚克敌中国五万之众也。试问中国一府之地，其能筹当此大费否乎？噫，中国一大邦，既开设小制造局三处，仅造木船数十艘，通国已苦其耗费，谓国家何能当此？将安为继？国家迫于众议，拟将局内之工停止，所延请教习军法之西士于诸华人肄业未熟之先而皆辞之。观乎此，则西国富强之法所以克胜于中国也。

中国何为仅致志于一时备得军器之精，而不复专心于效学泰西富强之法乎？夫中国今日之事，吾以两言决之：不取法于泰西军政，则国不克于自立；若法乎泰西诸务，则国帑又将告匮矣。中国自夸有治国之书，然泰西亦著有名书。见泰西之利益应知泰西之学已得其道，中国何不译出，而使各官民皆攻学焉？或曰富国在于开矿，吾曰开矿固为美举，然亦有弊。或又曰以轮船乎？以火车乎？吾曰：此亦皆美举，不可无也。然三事之外，尚有二端为更要。务须整饬国内多制，如各处之厘金，尤须减其卡而少其抽，以苏商困，使货物遍流无碍，一端也；又须令人习学泰西格致各学，可以省材，减力增产，而欲令人学此，惟有另设一科，编列考试之内，二端也。夫此两事尚未见效者也，乃有业已见效之两事，而中国尚不欲广行之者。既已目见轮船之神益，而犹不准人行于通商各口之外，一也。明悉泰西格致诸学之有实用于人事，既令翻译其书数部，而又狃于积习，仍学泥古而少用于事之学，以考取人才，以致使人才无暇于他及，二也。以此观之，其他更何望与！

夫圣人者，固能与时势为变通，应运会而更改者也。今天下之时势运会如此，而中国仍然泥古而不合，今又何怪乎受惊于知今而不守古之小国也与！

(1874年9月11日，第1版)

**点评：**

1874年日本借口两年前琉球渔民被台湾高山族人误杀事件，在经过一年多的外交窥探与讹诈之后，派西乡从道率兵3000余人在美国军官李仙得的协助下公然侵台，意在"为民报仇"。清政府方面起初犹豫不定，答复日人杀死琉球渔民者为"化外"之民，被日人抓住借口，代为"出兵征剿"。后来，清廷方知事态严重，派出沈葆桢等人赴台统兵，加强防务。清军虽没有果断驱逐日军，但在台与日军形成对峙之势。有人认为战争一触即发，也有人认为清廷无意开战，因为当年是慈禧太后四十岁诞辰。而日人一方面在台湾耀武扬威，借以恫吓，另一方面又对清政府进行外交讹诈。最后，在英国公使威妥玛等人的"调停"之下，双方于1874年10月31日签订《北京专条》，声明日本此次出兵行为"为保民义举"，"中国不指以为不是"。并明确表示此前在台遇害者为"日本国属民"，由清政府"准给抚恤银10万两"。同时，日本在台修筑的房屋、道路等，清政府自愿留用，付给日本"补助费"40万两。这个条约在外交方面的不良影响是巨大的，其一为日后日本吞并琉球埋下了伏笔，其二给西方人留下的印象是中国"情愿为被侵略而付出代价"。①

当然，这些都是后话，该文写于和约签订之前、日本陈兵台湾之际。作为"天地间一大邦"的中国，"反至受惊于日本一小岛国"。《申报》在充分关注这一事件的基础之上，发表此篇社评，痛定思痛，以期引起国人的严重关切和深刻思考。此文作者认为，日军安驻境内，历经数月，清政府非但不兴兵驱逐，反与之商议退兵，实乃国家之耻、民族之恨。之所以会有此奇耻大辱，从根本上来讲，是因为中国军政实力不济。中国兴办洋务运动固已有年，所办局厂也所费不赀，但规模有限，收效甚微，"振兴军政"对于中国而言仍然刻不容缓。因为近代以降，科技进步，交通与通信条件大为改善，"世上诸国皆如有缩地之

---

① 〔美〕马士：《中华帝国对外关系史》第2卷，张汇文等译，上海书店出版社，2006，第301页。

法，使四洲如邻里也"。商务与交涉日有增益，国际冲突更为频现，"每易于肇衅，非振兴军政则不可"。军事实力是国家发展的后盾，是经贸繁荣的屏障，兵强则国强，兵强则民安。即只有强大的军事实力，才能保障和平发展的愿景。

但兵不能独强，其基础在于国富，尤其是在新的历史条件之下，只有国富方能实现兵强，否则必为无源之水、无本之木。所以作者指出，处此时代变局，中国自当认清形势，彻底反省，效法西国，"奋志振兴"。其发展路径在于通过"求富"以奠定"强国"之基，不可"仅一时致志于备得军器之精，而不复专心于效学泰西富强之法"。具体而言，不仅工矿交通各业亟待大力发展，而且当广译西书，引进西方"格致诸学"，以变通教育与选才之制，培养有用人才；同时，尽量改革厘金等秕政，以苏商困，活跃市场。如此，方为不泥古而知应时变通之道。

众所周知，日本此次侵台的十年前，清政府在与太平天国长达14年、广达半壁江山的激烈争夺中，最终取得胜利，暂时渡过了统治危机之后，开始励精图治，兢兢于"自强"运动。十年期间，国内虽不安靖，但心腹之患已不存在；加之左宗棠对西北用兵的推进，边疆危机并未继续扩大。各项洋务新政次第举办，军工与民用各业皆有所建树，社会相对安定，经济有所发展，政治渐入常轨，举国上下欣欣然以为"中兴"再造、"盛世"复临。在此情境之下，《申报》社评作者冷静观察，犀利剖析，大声疾呼，当头棒喝，希望国人注意、当局梦醒，高瞻远瞩，卧薪尝胆，以切实推进国家振兴大业，实属难能可贵，这篇社评也具有重要的历史意义。

## 中国当宜自强为本论
### 客闽莲塘生稿

谚云，人贵自立，国贵自强，岂妄言哉？我中华地广民饶，声明文物不特泰西所无，亦四大洲中所仅有，兵革、炮械、战船皆属紧要之物，岂可须臾缓图者耶？今享承平之福，正宜安居思危，远谋宏识，造战舰，购铁船，筑炮台，习兵法，考究格致诸学，精益求精，理固宜然。慎勿泥而不化，只持尺寸之见，以徒然糜费国帑为辞，而废弛武备，忘筹大计也。

查欧洲各国之强者，不过奋志振兴于数十年前耳。如普国昔日之衰微，未尝不受强邻之凌暴，因而奋兴，隐为之防，猛然整治武备，不及十年，与法国交战，即已称雄独立。刻下泰西各国如此雄长，尚且增兵添船，更加潜心考究，况中国乎！然曾、李、左之爵相业已奏准开设同文、方言等馆，船政、制造、出洋等局，各项将有成效，何待论哉！兹择其强国诸法之尚未全备者，再详陈之。

船政之学习人员只图驾驭之学，不求兵制，而战船得力者全在履风波如平地，识水道而知兵，方能制胜。现在船政各炮船之管带不特不能抵敌风浪，且驾驭亦尚不能合法，况兵法乎！试观于"大雅""安澜"两船，已可概见。方今急宜操练水师之军，以济炮船所用为尤要。他日国有铁甲船时，始能自制，不须求教他人，岂不善哉！

同文、方言、出洋等局宜择贤师教习，不待智者而始知耳。上海现设中西格致书院，有裨后学之益，更愿当道广行各省，增设格致之学，希图后辈有可用之才技也。至于出洋学习之款，尚望通商大臣具奏，请益扩而充之，将来学艺有成，庶可以济国用。并望请准，毋论士工商贾，有志之士果能踊跃自备资斧，愿同出洋学习天文、算学、技艺、百工等等，他日返国之时，如果精明各艺，准地方官转详大宪，请旨优奖。或留为船政、制造等局，及各洋关录用；或技艺优长新式者，任其自行开肆制作，均从其便；或挑选妙技者，奖给顶戴，延为教习后辈。似此颁行，将见中国之材技可冀蒸蒸日上矣。且中华侨寓于泰西各国者，约略数十万之众，其间有才干、有志气之士固不乏人。如谕旨颁行，既准在国之士自备资斧出洋学习，学成回国均蒙录用，在外经商之辈自必改行学技，以备国家驱策矣。

夫泰西之人重于利，中华之人重于名。倘回国之日有技学而邀奖叙，我国之士无不踊跃趋赴，学习西艺，他日船坚炮利、技艺精明，又何虑中国之衰弱也？

以上数端，大吏若肯奏请办理，民间无不乐从。惟绿营之积习真有不能挽回之势。缘在廷诸臣均有祖宗所定规制万世不能更改之议，又存不可用彝变夏有失国体之见，亦未可厚非。但不审时势至此，有不得不更之时。查我国绿营兵丁约有七十余万，每岁虚縻千余万帑金，毫无裨益。窃绿营额兵每名每月领饷银一两、米数斗，以国初时廉朴尚可养家，今日奢华之风不能赡其口，又何能养其家耶？以故兵丁必须另谋生计，各疆吏亦明知临难之时不能合用，何乃竟至甘愿虚设兵额、虚縻国饷，诚可惜也。

前闽督左宫保有裁兵加饷之议，故福建少有更改，亦未尽然。然方今之势，总以加饷裁兵之法，尽行撤去旧额之兵，减七留三，令地方官常常操演，勿使荒废，语云"养军千日，用在一朝"，此之谓也。挑选精壮充当者，每名日给四两或五两，可饱养其身家，使其专心技艺，操练精熟，倘有告警之时，方可无虞。俗云："兵在精，不在多。"减七留三之法，虽每名多加饷银，然饷加额减，统计开销数亦相符，庶几饷项不致虚縻焉。况三十精勇较胜百名额兵，不待论而可知。倘或泥古不新，牢不可破，将来恐难以自强而并立也。

夫世事只一争局，强凌弱，众暴寡，实古今之积习也，可不鉴诸？

（1874 年 12 月 26 日，第 1 版）

**点评：**

"客闽莲塘生"何许人也，无由查考，但由此文判断或为一个普通知识分子。"位卑未敢忘忧国"，一介书生"客闽莲塘生"对于当时的国政大计直抒己见，畅所欲言，《申报》刊之头版，以为社评，均为难得。

作者在"国贵自强"的主旨之下，提出了鼓励出洋学习西方先进技术，以培养更多的高水平实用人才，以及裁减兵额、增加饷银，以整顿军队，提高战斗力等建议，虽然只是针对"强国诸法之尚未全备者"而言，并未能涵盖"自强运动"的全部内容，但他的"居安思危""精益求精""勿泥而不化"等主张，不仅在当时，就是对后世改革运动而言，也是金玉之言。

## 论振兴中国事

泰西各国见中国之人薄于养赡①、苦于力作也，无不啧啧称道之而怜悯之也。动谓若以中国之民力再加之以西国之善法，必能勃然振兴，大有过于天下四洲之国，不徒幅员之广、物产之丰为足贵也；惟中国之人最重稼穑之利，故其所食用者亦皆取之于田间。每日饭粥之外，不过蔬菜瓜瓠诸物而已。不但山珍海错、异味奇羞未尝可以偏食也，即旨酒②嘉肴亦不能常用焉，故仅天子之尊可以食前方丈、罗列鼎俎，其他纵王公之贵、陶朱之富亦未闻其因食用而日费多金者，是以何曾日食万钱？史册皆讥其奢侈，余则无闻焉。

他国则不然，即以泰西各国而论，富贵之家日食万钱者不知几许；即中下之家亦不能日甘淡薄，以为人非日食补益之物，安能使精力强壮也？然中国之薄于养赡，而精力仍复能强壮于他国之人，何也？所以难能而可贵也。至于力作之事，西国大半借力于机器，犹觉其辛苦异常也。故其工资需数倍于中国，其工作亦逊于中国者数倍。中国凡耕织制造一切之事，无不借资于人力。虽牛马之力不足于用者，亦皆以人力助之。当夫夏暑则汗流如雨，冬寒则身冷如冰，犹未尝少息。观其所食仍不过如常，而未有加也；且日夜辛勤并不自知其劳苦也，所以更难能而可贵也。是以各国之人无不喜用中国之人也。故华人若至他国，他国之人皆欲用之，无不争先恐后也。嗟呼！中国之人其能薄于养赡、苦于力作也皆如此，若能加以西国之善法助其经营，安有不勃然振兴者哉？其弊也，在不用善法以助之耳也。而今姑以一端言之，譬如万山之向产米谷，而数百里之外米谷昂贵，既无舟楫之可通，复无他法之营运，惟有全资人力肩挑背负而已。一人之力有限，且系山路崎岖，为日少久，每人能运百数十斤而已为难事，往返需十余日，而一切费用至少亦千文，一石之米能赚几何？故每至欲运而复止。是以食贵者终于食贵，食贱者终于食贱而已。古人懋迁有无之训不几虚设哉？若能以西国火车之法行之，

---

① 养赡：供给生活所需。《东观汉记·光武帝纪》载："流民入关者数十万人，置养赡官以廪之。"

② 旨酒：美酒。《诗·小雅·鹿鸣》载："我有旨酒，以燕乐嘉宾之心。"《孟子·离娄下》载："禹恶旨酒，而好善言。"陶潜《答庞参军》诗曰："我有旨酒，与汝乐之。"

则千里往返只需一日,其川费能用几何乎?米谷为人生必用之需,尚且如此,何况其他?故中国之人虽能薄于养赡、苦于力作,仍然无济于事,惟有终身安贫而已。独不见华人之游外国者乎?若能不事嫖赌,未有不捆载而回者,亦足见外国之获利较易也,何也?一切之法较善于中国也。又不见丝茶乎?何以中国业此者获利独厚,亦因其与外洋交易也。故中国若改善法,必能勃然振兴,大有过于天下四洲之国也。不然,亦终归于薄于养赡、苦于力作,仍不能改其常度也。任治民之任者曷弗念诸?

(1875年8月31日,第1版)

**点评:**

著名经济学家陈志武教授曾有"中国人为什么勤劳而不致富"的发问,引发学术界关注,也得到一系列回答。读罢此文,似乎对陈先生之问多了一个答题角度,那就是国人虽然勤劳,但技术与制度不良,所以劳动效率低下,而劳动效率低下又导致工价难以提升,因果互生,国人何以致富?相比较而言,西法较善,所以国人前往,皆能致富而归。此处的"西法"包罗多端,既有技术,也有制度。因为技术先进,以机器代替人力,所以劳动效率大为提高;又因为制度先进,所以劳动力定价合理,高出中国数倍。有此两项,西人安得不富?所以此文作者提出,以中国人吃苦耐劳的优秀品格,"加以西国之善法助其经营",则国人必能致富,国家必将"勃然振兴"。

## 论治国当以富教为先务

阅《循环日报》"捐资建学"一则云:日本志在富强,固不遗余力,而培育人才尤视为急务;闻将在大坂[阪]之厘西佳初厘金地方建造书院一所,俾宦家子弟入而读书肄业,所需甚巨,日王后自捐洋三万员[圆]以为之倡。是主阴教①者亦助阳教,日后之深谋远虑,迥非寻常之所得而同

---

① 阴教,指女子的教化。《周礼·天官·内宰》:"以阴礼教六宫,以阴礼教九嫔。"

矣，其国势之日隆岂无所自哉？所言如此。及阅《中外新闻》与《近事录》并各西报，均已提及是事，想其事必非子虚矣。特是国中建立学塾，最为急要先务，此即仰体《礼记》所言"人不学，不知道"[①]之遗意，故必须设学以教人也。是以泰西各国之学塾，或创自国家，或设由绅富，甚且有建造出于妇人者。至于国王、王后之捐资以为首倡者，更不必言。故每身至一国，见其城镇乡村无不学塾林立，大有子之武城，闻弦歌之声景象，其于圣人见民既庶即欲富之、见民既富即欲教之之意大相符合。于此愈足征泰西各国之君后深知治国化民之先务矣。日本今之此举，殆亦深知效行西法之首务与。

中国自通商之后，兵燹以来，深悉西国武备胜于中国，不惜屈己费财，延西文士以翻译书籍，募西教师以训练兵勇，倩西巧匠以制造船炮，现亦均有效验。虽古言"兵可百年不用，不可一日不备"，但兵凶战危必万不已而始可用之，且其权尚操之我，我欲不用犹可止焉。故武备虽有国者之所当务，然尚非急务也。若夫富、教二事，实有国家者不可须臾缓图者也。

方今田土荒芜，竟无人设法以开垦之；货物之藏于地中者，或上则因循、下则阻挠，亦无人设法以采用之。近虽传闻已有数处将欲开采，究竟尚无实事成效。他如贸易等务，除轮船外，亦无闻焉。而丝、茶两项向为中国出洋货之大宗，现在外国日增月益，将来尚不知其如何，此富民一事中不如外者也。

至于教民一事，本朝定鼎之初，京师之大学以及各省府厅州县卫商乡之学校与各处之书院均仍旧贯，并令增设教官学额，又设咸安宫、景山宗室觉罗八旗各教习，以训教宗室觉罗八旗之俊秀。传闻各学师儒之冬夏衣料均系皇太后捐资所赉，其所以教满汉之诸生者不可谓不厚矣。道光年间库案既定，孝和皇太后仍令发给八旗寡妇口粮；宝兴之媳过门守节，成庙令即旌表，其所以教满汉之妇女者不可谓不至矣。又设俄罗斯、琉球各学之教习，以教其国之人，其所以教外藩之子弟者不可谓不周矣。惟所教者皆属成材，而各处义学寥寥，故乡民之子弟鲜有能读书识字者，此亦缺陷事也。是教民一事又中不如外者也。

---

① 语出《礼记·学记》。

与其仅求武备，但为逐末之举，何如大兴富教，力行务本之方，既富方谷，① 必世后仁，② 此一定不易之理也。夫足食然后足兵，知方必能有勇。故在上者苟能尽心于富教，而在下者自能竭力于君亲矣。若是富、教二事岂可忽乎哉？

(1877年2月27日，第1版)

**点评：**

《论语》记载孔子到了卫国，看到人口众多，发出感叹。随行的冉有问他人口多了之后该如何办，孔子说"让他们富起来"；冉有复问富起来以后又当如何，孔子说"对他们进行教育"。这就是有名的"先富后教"之典，渐成历代治理安民者之圭臬。

但是，到了晚清，人口众多，远超前代，加上外国侵凌，民生困苦，"富""教"二政皆荒疏已久，社会危机不断加深。此文有感于日本皇室"捐资建学"的报道，而鞭挞清政府各级官员因循守旧，敷衍苟且，致使其"富民"之道、"教民"之策均远不如外国。作者认为清政府耽耽于武备建设，实乃"逐末之举"，不如"大兴富教，力行务本之方"。他的理由也很简单："足食然后足兵，知方必能有勇。"所以建议"在上者……尽心于富教"，如果"在上者"真正解决了"富"与"教"二事，则"在下者自能竭力于君亲"。《管子·牧民》有言："仓廪实则知礼节，衣食足则知荣辱。"此文亦是对于该句的引申与发展。

## 事成于渐论

凡事必由积渐而成，中国自秦政一统之后，庞然自大，几若四境之外无尺寸土者。乃汉武帝始通西南夷，令唐蒙、司马相如等出使绝域，不能尽其地，于是始知西南境外尚有越南等国。佛教盛行，经典屡称极乐国土，又知

---

① 语出《尚书·周书·洪范》。
② 《论语·子路》："如有王者，必世而后仁。"

有西牛贺洲、印度国地，惟迤西向北，则匈奴终汉为患，不能越其境而尽历之，故今欧洲等国无间焉。欧洲之通中国，以葡萄亚［牙］、贺［荷］兰为最先；若英、法、德诸国，至本朝始通往来。于是欧洲日益富强，诸国相约以交获利益为念，因其人情风俗所重通商，故极欲与中国立互市之约。中国创闻此说，先不允从，诸国因力强之，使必从而后已，而兵争之事以起。其实，欧洲志在通商，列国分据，势不能得中国。其初来也，本无利土地、服人民之意，历朝之外视他国，自居尊大，惟欲以威信偎服之、恩意羁縻之者，本非所以待欧洲也。中国见势难骤敌，而又渐识其不以土地人民为念，乃姑与之通商。既而知通商无大损于中国，然后思与各国互分其利，而制造船械，学习水师、海程，教授语言文字等事，与夫开矿务、设洋关，次第举行，间亦有效他国。官商军民旅居中国，不为中国官员束缚，必自立领事、派钦差，以为保护，而且事事必占便宜。因念及沿海诸省商民之赴外洋日益加多，投糖寮于古巴，拾鸟粪于秘鲁，工满而赎身无日，钱多而远道难归。凡此苦况皆不立领事、派钦差之故，为他国所欺耳。于是又特简大臣，调派随员钦使驻于其国，领事设于各埠，联中外之交，通商民之隐，然后与外国交际之道庶几略具规模矣。

回思十年以前、二十年以来岂遽信通商之有利而如今日之布置乎？故不至其时则见不能决，不着其效则行不肯速。观于今日，而乃知事之成于渐也。虽然事已次第举行，此后惟当精益求精，人则争自濯磨，洞见西法之本原，全握西法之要领。无论随同出洋及中国海口管理诸事，与内地开采各务，务令实事求是，勿若中国官场习气，徒饰虚文、矜外貌、徇情面、工应酬，以致费尽心力，耗尽钱财，而将来仍归于无用也。

盖洋务一道，本属无师之学，若先事事精通，而后躬膺其任，则罕得其人也。惟既自命为能熟洋务，而或筮仕于通商省分，或随行于钦使之后，则随时阅历，即其心力之可尽者而尽之，而诸事自有起色。若偶得一差，而以寻常谋薪水、注劳绩者视之，或心无定见，始以为仕途之捷径，而求与其列，继而无所希冀，辄有废然思返之心，则功隳半途，力终自画，虽此后数十年亦未必有精通洋务之才，而更不免为他国所笑。

故以今日论通商之局面，惟在造就人才而已。昨读李中堂奏保钦差大臣接递文报委员黄惠和等一折可知，朝廷于通商一事所以激厉人材者，其恩至渥，其遇极隆，非如寻常差使保举不能破格也。夫接递文报，轻而易举之事也，乃如此优保，至与登城杀贼者等，则近年来军务肃清之后从未有见此奏牍者；且非特接递文报，即出洋随员，虽辛苦较常几倍，而究之以数十人之分任，所经理者亦属轻而易举，且薪水之数不为不多，内地差使莫与比伦，岂不足以酬其辛苦，而比之异常出力得保"免补""免选"字样，国家之激厉人材于此可见矣。安得济济多士各尽其心力，以邀异数之荣，庶洋务日有起色，而通商之利权全归于中国也。

（1880年7月24日，第1版）

**点评：**

　　此文题名《事成于渐论》，很有意思，不管从哪个角度讲都是。首先，从史实切入，中国近代经由"进""出"两个渠道，逐步摆脱自大观念，知悉列强所长，不断走向世界，就是一个渐进的过程，"不至其时则见不能决，不著其效则行不肯速"。其次，从制度变迁理论而言，本文亦有相当高的价值。制度的宏观表现容易被人观察，尤其是某一节点的制度表征，通过静态的文本等形式得以体现。但是，制度的动态过程则不易为人体察。其实，制度就像一条河流，某一时间点的制度表征，只是整个制度"河流"的断面，从长时段看，制度的"流速"虽然有快有慢，也可以改变方向，但制度机体总是连续的。也就是说，制度演变从总体上讲是"渐变"的，所谓的"突变"，只是"渐变"的速度加快而已。

　　也就是说，渐变是制度变迁的常态，突变是制度变迁的异态。制度的宏观表现是由无数的微观运行汇总而成。所以，既应重视制度的宏观形态，更应重视制度的微观节点。每个个体都是制度微观组成之一，相当于制度的"原子"或"分子"。如果每个"原子"或"分子"都实实在在做好自己的事，尽好自己的责，发挥自己应有的作用，不好高，不骛远，更不"饰虚文、矜外貌、徇情面、工应酬"，那么制度变迁的整体成本就会降低，制度效应便会放大。

## 治贵务本说

现署漕帅谭序初①方伯之护苏抚也,于地方有关风俗民生之事,无不竭力整顿,盖方伯自太守洊擢藩司,尝守苏常两府,其为政之大旨,以为世道衰微大抵民生不厚之由,而欲厚民生,必先端风俗,故如烟馆之禁以节民财,□[而]凡奢华糜[縻]费之端该焉;烧香之禁,以正民业,而凡作为无益之事该焉;赌博之禁,以除民害,而凡机械骗诈之巧该焉;妓馆之禁,以防民淫,而凡伤风败俗之为该焉。按之则似皆末务,而推之则无非本原。居今日而欲求正本清源之治,不此之务,又将从何处入手?方伯握要以图,所谓看定路头、立定主意、拿定手段者也。故自权抚篆以来,一时毁誉参半,而方伯概不之问。或有谓方伯职在旬宣②通省钱谷案件总汇之处,属史之贤愚、民情之甘苦关系至重,一旦晋权抚军,篆务又兼以简兵、筹饷等事,形神劳顿,凡民间□[细]小之务诚难以察察为明,而况风宪体制有异于地方,有司岂可以琐屑之事失尊严之体?故方伯之汲汲于烟馆、妓寮与烧香诸事也,在守苏常□[时]则可,而在权抚篆时则不可也。然方伯以为守苏常则其权止行于苏常,今为护抚则其权可行于通省,是以如是其急也。独是平情论之,目前国计民生皆极匮乏,非正本清源不能反乎隆盛之轨,而所以正本清源者,实始于细故,在方伯本此为治,权行于一州则行之一州,权行于通省则行之通省,事虽属之有司,而宪意在是,僚吏孰敢不遵?方伯将以率,全苏之地方官而可不事事认真也乎?

然而今日苏州之风气则又大变矣。吴抚军前年曾闻方伯守苏州,其于烟赌等事立禁綦严也。首府政治,各属所仰望焉,岂不曰有此贤太守而全苏自此治乎?且其于禁烟、禁赌之外,别无殊异之迹,而所以膺密保、列卓异者,胥在此日。至于不逾年而开藩于苏,然则抚军之与方伯方如指臂之联,深得相助为理之谊矣。何以方伯一行,而尽反其所为耶?历阅苏人函述各

---

① 谭序初,即谭钧培(1828~1894),贵州镇远人,同治元年进士,历任江西道按察御史、江苏常州知府、代理徐州道尹、山东按察使、湖南按察使、江苏布政使兼漕运总督、代理江苏巡抚兼管苏州织造、巴西换约代表、湖北巡抚、广东巡抚、云南巡抚和兼署云贵总督等。
② 旬宣:周遍宣示。《诗·大雅·江汉》:"王命召虎,来旬来宣。"

节，烟犯则释矣，赌禁则弛矣，香会则复盛矣，妓窝则又设矣，凡方伯所立为属禁者概予溃撤其防，不知吴公之心为何如心也。

或曰中丞权制两江，方伯以护抚专制各事，即不商准于中丞，且时时掣肘焉，故中丞有不合于意，特借此以微示之；况烟赌诸事其迹甚微，禁则利不速效，不禁则害亦弗至太甚，故弛其禁以挠之。且方伯禁之固有立之案而张之谕者，中丞不禁固未有明文开禁，不过不予认真查察，则渐萌故智，复有尝试者耳。此中丞与方伯阴相牵掣，而不能以意见不合议中丞之褊急者也。

虽然方伯固操本原之治，而中丞亦非意见之偏。烟馆盛行已久，洋药抽税为国课之大宗，而顾靳于吸烟之贫户，使其必不得已而戒之，虽为民生匮乏起见，而未免舍大而图其细，故禁不禁似可从缓。若赌更不必禁，深室密房，盈千累百之彩，乡绅宦［宦］族呼朋引类之场，若此者何可胜数，而顾靳于地摊之赌，又何为者？至于妓馆之淫靡、香会之繁华，其事不同，而以之点缀升平、喧染名胜则一也。犹忆江宁收复之日，秦淮画舫日有宴游，太守以为元气未复不宜有此纷华靡丽之俗，首先当禁。一日，谒曾文正公，遽以为言，文正怃然良久，掀髯而言曰："真太平景象也。"太守默而退。今中丞不以方伯之意为是，殆亦得文正之心耳。然则二君者皆今之治操其本者也，安得以其意见不合而轩轾之。

（1880年9月6日，第1版）

**点评：**

整肃社会与发展经济在一定程度上互为抵触：如果社会干净了，经济发展就会受到限制；如果以发展经济为主，烟馆、妓寮、赌博、烧香等不良消费行业适度开放，必然有助于拉动"内需"，活跃市场。故虽曰"治贵务本"，但本因时异。想要经济繁荣，就要鼓励消费；想要整顿民风、端正民俗，就要限制或取缔各种不良消费。本文所谈两种为"治"模式，实际上是各有所"本"。

## 论居官经商

泰西国俗迥异中华，政体亦因之而殊。自道光季年西人求互市于各海口，其时中外之情未洽，动相龃龉。迨同治之初，粤、捻次第荡平，秉国钧者始知通商之局不惟有益于西人，实亦有利于吾国，然后锐意讲求，仿西法而习西学，其势且蒸蒸日上。顾自通商各处观之，现在中外之情似已辑洽，当事者成见不拘，凡利国便民之事，泰西所恃为切近之图者，莫不渐就兴办。譬如开公司、集商股，始于轮船招商一局。而近则大兴矿务，继而起者未可限量。

说者谓此等事务非熟于生意情形者不能经办，是以创为官督商办之法，不以官局之规矩律之；而经事诸君固皆头衔显赫，自捐保之道府以下，不闻有白丁土富之人为某公司之商董者，然则中国将使官商一体，无异乎泰西国俗矣。盖同是职官，既无分乎商不商，而且亦有曾当别差委某缺者，则虽欲区别其间，而其势有所不能，观于此而知近来身列仕途者，不可不兼明经商之道也。然朝廷之视商人犹难与官并重，尝见台谏劾某官者辄曰"交结市侩"；又或职官身家殷富，出其资以开张店铺，苟其财势太重，招摇于都市之间，则言官风闻，必曰"身为大员，与民争利"。即是以论，则职官固不宜兼习经商，何为于此则然、于彼则否，无乃自相矛盾，而使天下人之好尚靡所适从乎？此国俗之变而未变者，诚不可解也。

夫国家设官以治民，民有四端，农工商贾是也。官则俨然居四民之上，使在民上，而下侪于民之所为则亵尊①矣。故居官而兼习经商，例所不许。若服官之处，而开设店铺，更属非是。推而至于置买田房，无不明立之罚。官自官，而商自商，风俗之所以异于泰西也。然吾谓此风之口［变］渐已久，降之今日，存其名而不知其实矣。盖古者官有世职，即有世禄，其下则士亦恒为士，农亦恒为农，工商亦恒为工商。而四民之中惟农受田而耕，不食公田之禄；若士工商亦分列六官之属，而世受公田之禄。盖以其事代耕属于官，以别于农也，而业则子孙世守，所谓高曾规矩②旧德先畴者，历世不

---

① 亵尊：亵渎尊严。
② 高曾规矩：祖宗留下来的成法。《后汉书·班固传》："商修族世之所鬻，工用高曾之规矩。"

改。惟士以下有世业，故大夫以上亦有世官，子孙相承，苟无大故，不逐不戮，则世食其禄，自不必舍而之他下，伍齐民以谋生业。

洎战国之世，井田既废，世禄不行，则此风已不能如三代，秦汉以下更无论矣。或曰后世虽无世禄之法，而勋戚贵胄与国共休戚者，亦何代无之？顾此为国家推崇故旧，贵异天潢之典，方之古之世禄绝不相同。盖自选举之法行，而世家之泽替，科第之名立，而用人之途宽。设着一令曰官之子恒为官，民之子恒为民，则天下无进取之路，而人才不出矣。其故何也？曰古为封建之天下，诸侯各自治其国，地狭而事简，在朝在官在野，世守其业，无余望也。今为一统之天下，将以天下之人治天下之事，故官不可以世禄限也。今之为官者由士起家，是其常例，而士未入官以前，其所以为生业者则农工商贾皆有之，出而为官，处还为民，其祖宗所遗之业、父兄所理之事不敢废也。或有家世式微，崛起于寒素者，将为子孙之计，营田园、谋衣食，其孰能外农工商贾之业哉？惟其官不世守，一朝罢职，无异齐民，是以各视其子孙之才以豫为之计耳。疏广以赐金散族曰：吾岂老悖①不念子孙？可见居官而营生业，人情之常，汉世去古未远，习俗已然，何怪今之富贵者耶？由是而言，苟职官而兼经商未足以云罪也，所以有此习者，乃朝廷澄叙官方、廉隅②自饬之意，而亦由三代以来贵重世禄之遗风也。若按时势以立言，似不宜有此禁矣。

蒙则谓，贪夫近利，事有相因，居官府之中，而操市井之算，如其权之所得行，则垄断以罔民利，易如反掌，天下实受其害，故不得不严为之防。至近时以商务任职官者，为其所营之利在国家与民生，将以利天下，而非以利一己也。为私为公，君子小人之分，而盛衰理乱之由，安得以官经商务之故，置与民争利者于不问耶！

(1883年1月25日，第1版)

① 老悖：年老昏乱，不通事理。
② 廉隅：品行。

**点评：**

中国自古贱商，相沿甚久，官商相隔，等级森严。时至近代，重商风行，政体渐变。尤其是洋务运动时期，创办企业，官理其事，官督商办，名正言顺。于是乎，以官而营商，渐成风尚；由商而入官，亦为常态。乃至各企业高管皆头衔显赫之士，其官阶或由捐纳，或由保奖而来，"不闻有白丁土富之人为某公司之商董者"。企业之中，满眼望去尽皆顶戴花翎，正如时人观察，大有"官商一体"或官商不分之势。本文即是对这一现象的评价。

当时社会确有人认为官员经商，实乃正当，不宜禁止，但应当要求官员自饬自律，以杜其舞弊耳。而作者则对此表示担心。

此文绝大部分篇幅在用别人的口吻，梳理中国古代官商关系演变脉络，从井田制下的世禄世卿制，到此后的察举制与科举制，引出他人赞同居官营商的观点。而作者则仅在文末以寥寥数语加以驳诘，提出反论。

作者指出，官员经商的道德风险极大。贪财近利，人之常情，以官权而办商事，极易产生垄断行为，"以罔民利"。也就是说，官员经商，必然会与民争利，而民无可奈何，所以不得不严加防范。但是，如果营商之官目标远大，动机高尚，旨在强国富民，亦即其营商谋利"将以利天下，而非以利一己也"，则当予以提倡鼓励。

对于官员而言，富了百姓就是肥了自己。也就是说，让百姓获取物质财富，自己赢得社会爱戴，赚取精神财富，那将是营商效应的最大化。如果靠做官获取物质财富，那么必将为财富所累，甚至贻害子孙。许多贪官之所以热衷营商，见钱眼开，可能有为子孙积累财富、改善生活的考虑，但汉代二疏叔侄（太傅疏广、少傅疏受）散财而不给家人的美谈，则给人诸多启示。二疏说，自己不是不知关爱后代，而恰是顾念他们的发展，才不把钱财留下，希望子孙保持奋斗精神和良好品格，这才是子孙后代可持续发展所最需要的东西。千金易尽，一德难求，千金难买一德，一德易致千金。能明白这个道理，世上贪官就会少些。

## 论中国官体

尝谓中国之官其权不如外国之重，而外国之官其体不如中国之尊，何则？外国假如派使臣至他国与议通商和约等一切机务，苟有"全权"字样，则诸事可以专主，便宜行事，不必往复奏报而后定见；中国则不能，虽有"全权"之名，仍无"全权"之实，即使专派办理一事，而此一事之中稍有疑难，仍须请命于朝，不得随机自便，此其权之不如西官也。若外国之官体则不甚尊，非不尊也，西官每至一处，或出游，或宴会，均无所顾忌，但于公事无所贻误，则此外皆不之问，即在国中，关防亦不若华官之严。中国之官则虽在州县百里之任，而亦不得私出，出则必鸣驺呵道，清道金鼓铺张扬厉，尊严如神，官愈大则扈从愈众，而偶然出署拜客宴会，在在皆有所顾忌，而不得任意遨游，与西员之轻车简从、随其所之者大不同焉。

说者以为此亦不能强同之事，而不知其中盖亦有不可不同者也。外国之官惟其权重，故事易集；外国之官惟其体不尊，故其情易通。非特通其情而已。在官言官，固不可以美锦而使学制，然天下之事理无尽，一人之学问无穷，至一处而得知一处之利弊，见一物而知一物之底蕴，随地留心，无非学问，学问既裕而经济出焉。西人凡事必以实求，耳目所亲及而后毫无疑义，若此者固非亲历不能也。或曰察察为明，百里才耳，为政务其大者、远者，但运以神明，则是非行止无难立断；如必事事而躬亲之，无乃劳而无功乎？然果能务其大者、远者，则虽深居简出，自养尊严，何尝不可？特恐以此借口而并其细微之事亦属茫然，间以远大，且有望而却步者已。

试观今日中国之官，在内者不识外务，在外者又不识世务，大员不亲细务固已，独奈何于所应知之事而亦不知也！问兵刑而不知，问钱□［谷］而莫对，而乃以"自有主者"为言，且以为大臣之道在燮理阴阳、调和鼎鼐，所谓辅元赞化者，吾正不解其为何事。千古读书人为曲逆大言所欺，而因之自误者正复不少。窃以为官体固不可不尊，但尊其体而于外事全然不知，则亦非为官之道也。近来中外通商，西法日增月盛，中国之办理洋务者往往于西学一无所知，无论其他，即如兵船、炮舰，中国纷纷购置，而兵船上统带之官其能谙水道而善驾驶者能有几人？不但官不知之，即船上之兵亦未必深知。有客自粤东来，言及粤海口之各兵船或多不识路径，欲至某处必求熟悉某处道路者以为领港,然后船可从之以进;否则,茫茫前路,竟莫辨东西也。余闻此言,不禁慨然。中国讲求洋务亦既有年,购船制舰所费正巨,而此等船徒耀外观,殊无实用,设一旦海疆有事,其将何所恃以为制胜之具?此中国水师所以为西人所蔑视也。且不独水师一端而已,凡在制造诸务,事事仍当仰赖西教师为之指点。而督理诸员皆于其事若秦越人之肥瘠,不特不能动手,并且莫能举名,似此有名无实之洋务,殊不解其所务何事也。

虽然华官之所以异于西官者,亦近日习气使然耳。古者一官除授,下车伊始,召父老问疾苦,巡行原野,劝农桑,问风俗,并不以深居简出为高。西门豹之治邺也,河伯娶妇且亲视之,因而革除数十年相沿之陋俗;龚遂为渤海太守,亲抚民间,令其卖剑买牛,卖刀买犊,谓民曰奈何带牛佩犊若此者,非但以不轻出为尊也。本朝陆清献治嘉定,终日在大堂观书课子,孺人即纺织于堂侧,民有呈诉者当堂批断,或即饬原告转传被告,不轻使差役下乡;而于问讯之时,虚心和气,罔不委婉详询,以故民情皆不致壅于上闻;又复时时循行郊野,甚且徒步入村,见村学童子读书,亲为正其句读,至今人犹艳称之。可知不必自尊,而人无不尊之者。非仅尊其权位,实有以深入乎民之隐者在也。近来各官,现任者不能轻出,即出亦不能任所欲之,束缚而不得驰骤,略一涉足即以为大失官体。呜呼,所贵乎官者固欲使之办事也,欲使办事而不令其习诸外事,不经盘根错节而遽以艰巨投之,其有不代割伤手者几希矣。然则此风乌可不亟为变计哉!

(1883 年 7 月 10 日,第 1 版)

**点评:**

所谓"官体"者,官架子是也。中国官员,级别越高,架子越大。官员架子大的表现,除了扈从庞大、耀武扬威之外,还有深宅大院、深居简出。中国官员随着行政级别而不断增加的"保护膜"的厚度与强度,也决定了其与民众、社会的隔离程度。一般来说,官愈大离民愈远,"高高在上"是中国官员给民众的普遍印象。

中国官员的所谓"自尊",其实也是"自欺",更是"自困"。说其"自欺",是因为官员的"高大全"形象与凛凛威风是借助官权自己建构的,而非源于民间;说其"自困",是因为他们的活动范围越来越受限,在一定程度上行动不便。此文作者对于中西官员的比较即是明显例证。

官员"自欺"也好,"自困"也罢,若能发挥良好作用,自可听其自然;无如现代社会早非小国寡民的自然经济时代,各项事务错综复杂,高屋建瓴固然需要,但闭门造车绝对不行。不深入社会,躬亲考察,即使勤政,也多属纸上谈兵,以之治理社会非徒无益,甚且有害。

如果官员能放下架子,走向社会,体察民情,关怀民瘼,恫瘝在抱,理论与实践相结合,将官德体现于日常行为,以身作则,以己为范,先民之忧而忧,后民之乐而乐,不仅为政有据,且施政有效。如此一来,官员自然会赢得越来越多的赞誉,这何尝不是一种靠得住的"官架子"呢?文中有一句话发人深思:百姓对官"非仅尊其权位",乃尊其能为百姓办实事、办好事耳。

## 人能用器器不能用人说

子舆氏①有言:"徒善,不足以为政;徒法,不能以自行。"② 此言有一事必有一法,事与法相济为用。然窃以为犹不如孔子之言之大而广也。孔子曰:"人能宏道,非道宏人。"所谓道者,日用事物当行之路,大而蟠天附地,纬武经文,小而一事一物,一器一名,莫不各有当行之路,即莫不各有其道。知其道而后可以用之,不知其道而用之者妄人也。孟氏言:"不教民而用之,谓之殃民。殃民者,不容于尧舜之世。"

中国之于战务未尝不力为整顿,然而所以整顿者犹有"有器无人"之虑,此不可不为之深切指明也。

夫华人食毛践土,谁不乐道中国之强,以夸示于海邦;谁不欲诋他国之

---

① 指孟子。
② 语出《孟子·离娄上》。

丑,以求快①于人心。第意则近乎贡谀,言更涉于矜诩②,则究何益于中国,更何损于他国?本馆尽焉伤之,爰不惮笔干墨竭,以为苦口之药石。至于知我罪我,则听诸悠悠之口而已。

盖所以为中国谋者,不患器之弗精,而患人之不善用其器。自咸同以来,中国创立制造各局,福州则开船政局,上海、天津、南京皆有机器诸局。至购之外洋者,更指不胜屈,炮则非格林,即克虏伯;枪则非云者士,即林明敦;药弹一买,惮以数千万计。船则向各国购买,及自行制造者,纪不胜纪,如近年之"扬武""超勇"与夫竣工而未经驶来中国之"定远""镇远"等铁甲船,实为海外各国中不多见之巨舰。其中运动之灵便、船质之坚固、行驶之捷速,以及一切布置,悉与外国之战舰无少殊异。德国之五里冈、英国之阿姆斯脱郎等炮厂,既受中国之厚资,自不肯以潦草塞责,故一船之成,西报莫不啧啧称羡不去口。虽中国自制诸船,或不及购自外洋之精美,然多年营造,一船之工或至五七年而始成,即不能御敌于外海,而用之以守口岸、运粮糒、载兵士、装军械,则亦未尝不可胜任。以枪炮则如此,以船舰则又如此,此而犹曰器不足用,无是理也。

特人无器则不能得力,器无人亦无所见长。昔诸葛武侯制木牛流马以运糇粮③,魏兵劫之,而武侯有喜色曰:"数日之后当有送粮于我军者矣。"既而魏人仿其制而成木牛流马数千具以装粮,而不知其用法,仅能使之走,而不能使之止。武侯以一旅□之归,果获粮无算。即此而知,利用者器,而所以利其用者人,缺其一而有所不可也。

今中国之兵平时所习皆系陆战古法,虽天津立有水师学堂,而尚未著成效;若福州管驾诸弁,则前报所载,以新船驶出口外不数更而即不能前,以致折而复回,其驾驶之本领亦可想见矣。今者法人已攻北宁,并有电音云已夺去两炮台;昨日又有北宁失守之信,恐中法之兵既交,未必即能弭止。北宁一有疏虞,中法之仇愈深,中法之祸愈急,虽中国恐有害于商务,而欲以

---

① 快:自大,快然自足。
② 矜诩:夸耀。
③ 糇粮:干粮。《尚书·周书·费誓》:"峙乃糇粮,无敢不逮。"

越南为战场，然法人之心究未知其若何也。中国之各海口严设防堵，原属为此。然但自防，而不与之战，则亦不免有怯懦之耻，是不得不以兵趋越南，陆军或尚可敌，水师则诚不敢以虚谀误中国也。

西报述中国之兵，以为止可用以作扛夫，此则近于丑诋。但平时用古法，而临阵忽欲其各用新法，此则实有不足制胜者。其尤可虑者，兵则训练数月，尚可立成劲旅，而又苦于训练之无人。盖训练兵士，武弁之职也。今中国各武弁本不知如何置伏、如何命中、如何动轮、如何捩舵、如何冲击、如何要截等法，又将何以训练各兵。前有西友与余言欲为中国训兵，其所言训练之法悉中肯綮。今中国亦曾聘请西弁为教习，而终未闻有教成之员弁，足以为干城之选者，此则中国之大可虑者也。

中外各官非不知之，或知而不言，或言而未切，当此之时及早决计讲求，尚可收桑榆之效；倘再因循不振，上下蒙蔽，徒事夸张，则中国之患有日深一日而不可救药者已。本馆既知其故，不敢安于缄默，作随声之附和，用是为此大声疾呼，直欲效贾生之痛哭流涕，倘有荩臣效忠中国，采及刍荛，则本馆之所厚望者尔。

(1884年3月15日，第1版)

点评：

该文是晚清中法战争期间《申报》刊发的一篇精彩时评，作者所忧不在于"器"，而在于"人"。因为在"器"的方面，中国一直在追赶西方，军舰战船达到西方先进水平，"与外国之战舰无少殊异"。但如此先进的装备尚不足以保证中国军队在疆场获胜，因为"利用者器，而所以利其用者人，缺其一而有所不可也"。相对于西方精兵强将的先进战法而言，中国水师军官"不知如何置伏、如何命中、如何动轮、如何捩舵、如何冲击、如何要截等法，又将何以训练各兵"。未得到充分训练的中国军队，自然难有良好素质，充其量不过是"可用以作扛夫"的一群"人"而已，面临西方的精锐之旅，焉能不败？可悲的是，"中外各官非不知之，或知而不言，或言而未切"，使国家危机日渐加重。因此作者呼吁："当此之时及早决计讲求，尚可收桑榆之效；倘再因循不振，上下蒙蔽，徒事夸张，则中国之患有日深一日而不可救药者已。"该文揭示了近代中国的军备现代化建设，当从器物、工艺、管理、制度与人力等方面着手，而人才建设为重中之重，因为"人能用器，器不能用人"。

## 论重民则国以富强

呜呼，三代以上，君民共政；三代以下，君权独尊。唐虞之官天下，西国民主之政也；夏商周之家天下，西国君民共主之政也。自秦汉以来，则成为西国君主之政矣。古之时，君民之情相通，政必如民心而出，刑赏与共，而好恶与同；君与民既合为一体，则不言富强，而富强之本原已立。伊古以来，揖让与征诛虽异其局，而不异其心，此即三代以上君民共主之效也。

降及暴秦，力□前辙，以威力驱灭六国，生杀予夺，惟所欲为，而君主之权遂永成定制。历汉晋唐宋元明，二千年来，积重而难返。自秦以来，民生愈蹙，民势愈衰，君与民遂成隔绝，堂廉①势悬大壤，休戚绝不相关。为民谋生聚，而教养仅虚文；为民谋保护，而征戍皆虐政。以此谋富，非聚敛即掊克②耳；以此图强，非穷兵即黩武耳。此则三代以下，偏于君政，其弊有如此。不知民为邦本，欲图富强者，不在国富，而在民富，不求兵强，而求民强。使闾阎家自谋生，富于国家之厚敛；使闾阎人自为战，强于国家之练兵。人人明制造，而器械自精；人人勤治生，而利源自广。以此谋富，而生众食寡，为疾用舒；以此谋强，则敌忾同仇，尊君亲上。盖府山官海以为富，非本富也，必生宇内自然之利，使民生计以充，而富乃可久，否则将有横征悖出之虞。战胜攻取以为强，非真强也，必合天下一家之力，使民众志成城，而强乃不衰，否则将有不戢自焚之祸。

乃今之言富者，但举务农、通商、屯田、开矿、物产、工艺、赋税、钱

---

① 堂廉：厅堂的两侧。《仪礼·乡饮酒礼》："设席于堂廉。"
② 掊克：聚敛贪狠。《诗·大雅·荡》："曾是强御，曾是掊克。"《孟子·告子下》："入其疆，土地荒芜，遗老失贤，掊克在位，则有让。"范梈《闽州歌》："官胥掊克常十八。"

币以当之；今之图强者，但举选将、练兵、行阵、卒伍、器械、炮火、水雷、铁舰以当之。非不高瞻远瞩，规划精详，然犹是富强之糟粕，而非富强之本源也。不揣本而齐末，而徒粉饰于外观，是何异掩耳盗铃之故智耶？

诚欲挽回大局，以与强大争衡，岂在兵精粮足、船坚炮利之间，纵使兴学术，培人才，移风俗，新制度，核名实，任贤能，改科举，扩商务，一一举行，非不属治标之善策，但恐小小补苴，终无补国家盛衰之大计必也。设立上下议院，一如英、德等国之君民共主，法制相维，庶上下之情相通，合中国五百兆人之心为一心，合中国五百兆人之力为一力，利害与共，而忧乐与同，不啻谋一人一家之私计，则不必袭揖让之虚文，而已阴得官天下之实际。此则国势强弱、民生休戚之大关键也。

夫理胜于权，则天下治；权胜于理，则天下乱。若犹是权势相压，上下相蒙，一切相承以伪，人人图便其私，事事利归中饱，则是九州十八省势同胡越，人各一心，不啻瓜分瓦裂为百千万国。如此则国势安得不削弱，人心安得不涣散，而敌国外患又安得不相陵相逼乎！

为今日计，不必求富强之效，当先求富强之源。譬如羸疾①之人，元气既亏，斯百病皆作，甚至筋骸痿痹②，呼吸不灵，必须进参耆，以培命脉，斯痼疾可除。民心者，国家之命脉也；民气者，国家之呼吸也。呼吸通，血脉固，而身不强者未之有也。孔子云，足食足兵，收效于民信。③孟子言，天时、地利归本于人和。④此固三代以上君民一体之正理，斯真能握富强之枢纽者矣。

或谓如此则王纲将至陵替，舆论益致纷詨⑤，而不知非也。以是非付天下之公论，以刑赏合天下之人心，以耳目分寄于庶僚，以燮理⑥责成于宰

---

① 羸疾：衰弱生病。
② 痹：麻木之病症。
③ 《论语·颜渊》："子贡问政。子曰：'足食，足兵，民信之矣。'子贡曰：'必不得已而去，于斯三者何先？'曰：'去兵。'子贡曰：'必不得已而去，于期二者何先？'曰：'去食。自古皆有死，民无信不立。'"
④ 《孟子·公孙丑下》："天时不如地利，地利不如人和。"
⑤ 詨：叫晓。《旧唐书·徐彦伯传》："以号詨为令德。"
⑥ 燮理：调理。《尚书·周书·周官》："惟兹三公，论道经邦，燮理阴阳。"

辅,而是非予夺之权仍操诸一己,则主不必尽尧舜:苟惟视民言为向背,虽中主可蒙荣,而安相不必尽皋夔①;苟视众论为从违,虽操莽何致有觊觎之祸? 如汉之外戚,晋之宗藩,唐之宦官,宋之朋党,明之蠹谏,一切窃权暗②于之弊,举无由生,则富强之大本大原在握矣。特是旋乾转坤之略,仍赖有开天继圣之人,借君政之余威,乃可垂万世之国法必也。以君主之权开其始,以君民共主之政守其成,如此则君权虽有限制,反能常保尊荣;民气得以常伸,乃益不忘爱戴,而国家亿万年有道之长在此矣。如此虽子孙相继为王,世世不绝,可也。吾故为天下正告之曰:欲中国之富强,当自参民政始。

(1888 年 7 月 8 日,第 1 版)

**点评:**

这篇评论说得真好:"理胜于权,则天下治;权胜于理,则天下乱。"

一国之人,虽然有职位与地位之不同,但若能"情相通""心相通",通国衡之以理、制之以法,上权服务下民,下民真心拥戴上权,则社会孚洽、全民和谐、团结奋进的局面就不难实现。相反,最怕出现以权服人,而不是以理服人的局面。如果权大于理,更大于法,则必然会导致上下欺蒙,民心涣散。如此一来,不仅民难富,国亦难强,从而极大地增加社会的治理成本与国家的发展代价。

作者指出,中国存在的问题恰在于此:"权势相压,上下相蒙,一切相承以伪,人人图便其私,事事利归中饱,则是九州十八省势同胡越,人各一心,不啻瓜分瓦裂为百千万国。"这些都被掩盖在各种追求富强的表象之下。全社会既如此,则国势安得不削弱?而敌国外患又安得不相凌相逼? 所以中国急需的不是仅有补苴功能的治标之举,而是关乎国家盛衰大计的治本之策。易言之,不是追求富强的"术",而是实

---

① 皋夔:传说皋陶是虞舜时的刑官,夔是虞舜时的乐官。后常借指贤臣。韩愈《八月十五夜赠张功曹》载:"昨者州前捶大鼓,嗣皇继圣登夔皋。"
② 暗:昏昧。《荀子·君道》:"主暗于上,臣诈于下,灭亡无日矣。"

现富强的"道"。

那么，其"道"何在？该文作者"为天下正告之曰：……当自参民政始。"

何为"参民政"？作者提出像英、德等国一样，设立上下议院，实现"君民共主"。认为推行议会民主制度，可使"法制相维，庶上下之情相通，合中国五百兆人之心为一心，合中国五百兆人之力为一力"，从而使全国人民"利害与共，而忧乐与同，不营谋一人一家之私计"，而这正是"国势强弱、民生休戚之大关键"。

在作者看来，西方的民主制度，是调动民心、畅通民气的必由之路，而民心与民气对于政府治理与国家发展的意义非同寻常："民心者，国家之命脉也；民气者，国家之呼吸也。呼吸通，血脉固，而身不强者未之有也。"

可见作者强调，通过民主政治的推进，能调动民众"当家作主"、共谋国是的积极性，从而极大地降低国家治理成本，提高社会发展效率，加快中国实现富强的步伐。正如该文题名所言，"重民则国以富强"。

本文议论精辟，语句畅达，运词雅法，集文学性与思想性于一体，值得一读。

## 能为地方上办事即系好官论

孔子有言："为君难，为臣不易。"知为君之难，一言而可以兴邦。又曰："予无乐乎为君，惟其言而莫予违也。"如不善而莫之违，一言而可以丧邦，然则亦视乎其所为而已。

古者，公侯皆地方百里，今州县地且不止百里，故县官称为邑侯，盖即古百里诸侯。州县虽七品官，而为亲民之最，民间利弊惟州县官知之，民间好恶惟州县官审之，以故州县一官其责独重，而吏治之美恶、人材之兴衰皆系焉。或以才见，或以德名，才者有为，德者有养，舍此无见长之处矣。

或者谓，逞才者遇事辄多纷更，往往致闾阎纷扰不安，不如务德者之慈祥宽厚，足以造苍生之福。此一说也，余尝疑之，以为地方上随时变迁，为之上者所宜随时制宜，非仅以萧规曹随为足以了一官事也。

然而近来之牧令则其品类大不同矣。余每见今之州县官有能办地方上事者殊不多见，如近日报上所登海城县之民情畏服，丹徒县之强项不屈；上海则如陆大令之捉赌禁淫，不为西人所慑，袁大令之以正言折服西官；宝山则陈大令能举数年未兴之水利，一旦创而兴之，此皆不愧乎"为"之一字。此外未及备详，而总以能办事者乃为好官。无论事之大小，苟能办之，即非俗吏所可同日而语。其如当今之世，俗吏多而好官少，是独非世道之忧乎哉？

夫所谓俗吏者，亦不一品矣。有嗜利者，则联绅士为羽翼，令胥差为爪牙，以宾友为腹心。一呈之收，需费若干，内外皆有分也；一尸之验，需费若干，上下皆有获也。此犹其显然者也。至于中夜苞苴，暗室贿赂，竟可使曲直倒置，是非混淆，若此者亦在所不免。平日则爱财如命，得尺则尺，得寸则寸，虽有至亲好友，或有缓急相求，漠然不动于中，一概屏之，不闻不见，而令亲信之人营菟裘置产业。一旦其亲信人反噬，则举其所铢积寸累者而付之流水，亦无可如何，而其嗜利之心则直与一官相终始也。

有好色者，广购婢女，遍置姬妾，金钗十二，分列两行，不止内嬖如夫人者六人。而犹不知所止，见猎辄心喜，甚有娶部民之妻女，以藏之金屋中者。其部民或反以为荣，而不知其有干例禁，有玷官箴，若此者亦所在多有。上官虽或知之，以为此等乃细故，但能资其大才，以为地方办事，又何必毛举其小失，以为苛求。顾此等行为只便其身，而不恤乎人言，以此存心，即使其小有才，卒未闻君子之大道，其施为亦可想而知也。

有好名者，孳孳焉务求名，凡有可以颂德歌功者，不惜巨费，多方钻营，竟有如某县令所言德政牌、万民伞亦本县亲自捐廉，并不耗费民间一文者。若此者，其为好官乎？不知鹜乎外者遗乎内，彼专意于求名者，必其实之有不足者也。

有好倾轧者，自称其能，且必指摘人之短以见己之长，己实无所长，而借人之短以形之，则稍觉其长。于是乎，以此为得计，而专以此为先务，于地方上公事则置之脑后，若此者又不乏人。

有好巴结者，无论为上司，为同僚，为本省，为客官，凡有所见无不竭力应酬，以百姓之脂膏供一人之挥霍，手臂则日见其阔，精神则日见其疲。

而地□［方］上诸事废弛，亦不之问，若此者又比比皆是。

呜呼，州县为亲民之官，民之疾痛疴痒，州县官得以深悉之，亦州县官得以上达之；有灾报灾，有歉报歉，例行公事，亦何尝不照例奉行？而于地方上应为之事，问之而茫然不知，按之更百废不举，以为烦剧之故。则终日在宅门以内，究不知其所为何事，所用何心。前者余曾论及州县官之有帮审委员，前所未闻，近来则竟视为常例。夫簿书、钱谷、狱讼，本地方官之事，若以为地处繁剧，不能兼顾，则是才力不及，理当告退，何得禀请帮审？若上司资其才干，恐重劳其神，而委一人以相助，则是上官以我为才力不及也，此可耻之甚者。而今时州县官全不为怪，下则请之，上则从之，试问狱讼而可委之于人，则所贵乎州县官者又安在耶？其为轻狱讼耶？其为轻民事耶？抑自知才力不及，不得不借他山之助耶？揆之孔子为君难之义，似大有舍难而图易者矣。吾故曰：能为地方上办事即为近今州县中之好官，岂易得哉？岂易得哉！

（1891年6月4日，第1版）

**点评：**

为君难，为臣不易；做官难，做小官更难。县官即为典型的"小官"，能做好一名县官，或做一名好县官，其实并不容易。好县官的标准何在，该文提出"能为地方办事"。

难就难在"办事"之上，该文列举的县官之所以被称为俗吏或恶吏，而非良吏或循吏，就是因为他们不为地方办公事，而是将主要精力用于办私事，以满足个人野心，扩大个体利益。他们有的嗜利，有的好色，有的好名，有的好斗，有的阿谀奉承，有的拉帮结派，以官场为媒介，以职务为平台，蝇营狗苟，损公肥私，不仅不为地方办好事，而且做出许多坑害地方的坏事。

对于地方应办之事，县官们也确实不一定干得了，他们或能不在此，或心不在此，或权不在此，于是只有招人扩编，实行项目分包，使行政队伍越来越庞大，权力结构越来越复杂，办事流程越来越烦冗，结果正常的办事流程又被有意无意地拉长,办事效率更加低下。科层制与行政雇员制在西方是为了提高管理效能,在中国则演化成替主官分忧,俾其有更多时间"办私事"。对于地方公事,县官既可以不亲历,更可以不亲为,整天高高在上,高高向上,唯上是亲,唯上是从,于是"父母官"再不像"父母"了。

不为地方办"好事"也就罢了,怕的是地方官将行政资源私有化,使其成为自己"办私事"的得力帮手。不仅如此,主官还与同僚及下属达成腐败默契,形成利害共同体,一起策划实施"地下规划",以牟取更大的私利,从而使裙带之风日益严重,集团腐败愈演愈烈。

县官之所以越来越远离民众,与晚清的政治制度和社会风气有关。鸦片战争之后,中国虽然屡受西方冲击而产生应急性改变,但主要表现在经济与文化方面,政治领域则因权力的附加效应扩大,而使既得利益集团更加维护既有体制,旧体制与旧文化的优点(比如注重自律等)得不到发扬,新时期的问题反而更加突出。自上而下的制度设计与实施,在新旧权力机制、新旧思想观念的对决之下,一直徘徊犹疑;官员价值标准与思想趋向远离传统航道,行为规范与职业操守日渐沦落,制度与道德对官员的约束力不断松弛,官风日下也就成为必然了。

## 治术篇

今之天下,中外一家之天下也。前此为中国谋者,辄曰闭关绝使,大申海禁,不与外人通往来,乃足以为自守之计,今日之时势则有所不能矣。中国乍见西人,避之有若浼者,习而久焉,喜新厌故之念起,争奇斗异之意生,遂竞步乎西人之后尘。顾所以步西人之后尘者,非必能默察西情、遍通西法,于西国之风土人情、山川道里无不熟,于西人之语言文字无不谙也。不过爱皮西提、温土的里,略能辨之于口,即以为我善西语西文也;口含雪茄之烟,日饮巴德之酒,即以为我同西人之嗜好也。等而上之,非西人之衣不衣,非西人之食不食,非西人之医不医,非西人之药不药,一似西人未入中国,则中国之日用行为无一是处。此其性情之怪僻为何如乎!夫中国既与泰西通商,则自当效其所长,以补我之所短,而亦不可效其所短,反舍我之所长。即如此时，中国大兴矿务，讲求制造，通行电报，广置轮船，议兴铁路，此皆泰西已成之美举，中国仿而行之可也，即所谓舍己之短效彼之长也。至于中国所自有之长，则亦不可为其所夺。

大都谈治术者，不过分治内、治外两端而已。治内者如鼓琴，我自调其七弦，和其五音，凝神壹志，按律循声，一弹再鼓。此其得失，惟自知之，旁人之听者其为知音耶，为非知音耶，固不必辨之，但自定其心。虽闻他人之所弹者有新声可以悦耳，有手法新奇可以动人，□［而］我不能舍其所习者而学之。盖彼有彼之弹法，我有我之弹法，我只自信于古法，律吕无所舛讹，则无负于琴矣。治民者亦惟以问心无愧为第一要义，更章变法皆无益也。琴瑟不调，则改弦而更张之，从未闻有本调也，而犹欲更张者，此则治内之理之通乎琴者也。治外之道，譬之于弈步，步随人之后，未有不败者。盖弈者所争先着，虽一处势极危险，而忽焉举头四望，心中为之一清，何处有隙可乘，何处有罅宜补，一占先着，而他人皆为后着矣。先后不并立，胜负无当情，内度己力，外察敌情，其中变幻不测之处，有非旁观所能逆料者。且惟恐旁观为之道破者，得先则胜，落后则不胜，此中所争止在一着半着之间。

而今之谈洋务者，动辄谓西国有治法、中国无治法，中国此时而欲急求治术，非如日本人之尽弃其旧习，而幡然改图不可。吾则请以琴棋观之，同一琴也，善弹者弹之而娓娓动听，不善弹者弹之而艰涩异常，此曰琴之不佳也，弦之不调也，在门外汉或者信之，个中人则不之信；同一棋也，满盘筹算，同时下子，黑先白后，车蹢炮攻，善弈者独占先筹，不善弈者徒生后悔，此而曰棋枰①之不妙也，棋子之宜易也，即门外汉亦且闻其言而嗤然笑之以鼻矣。故吾谓治内者莫如以琴理为法，我自求其音之和，不必笑人之不成声，亦不必羡人之易动听也。民者，我之民；国者，我之国。则我行我法，但能不轨于法，而国无不治，谱之同异、调之古今，皆不必计也。迨至心平调和，而取人之长，补我之短，而我之琴乃无遗憾矣，而我之治内者乃竟全功矣。治外者当以棋为法，他人所著者此棋，我所著者亦此棋，并无异

---

① 棋枰，即棋盘。

同也，而他人所著纵横莫当，我之所著顾此失彼，此其病在乎致于人而不能致人焉耳。我但按部就班，开局布势，极为整严，而乘他人之隙以制其死命，乃为胜算；若一着偶错，即心慌手乱，则未有不溃败决裂者。兵法云："千里而趋利者蹶上将。"又云："行百里者，半九十里。"① 中国之古人早已先我言之矣，其如滔滔者之不一思及何哉！

时听桐逸客正在鼓琴，奏绿主人正在围棋，闻余言皆敛手而起曰："琴棋小道也，而子乃推之于治术，不亦夸乎？"余曰："非为公等贺也，其理则然耳。老子言天道，其犹张弓乎？盖不过取其张弛之义，非竟以弓为天也。然则余之以琴棋言治术，是遂以琴棋即治术也哉！触类而引伸之，是在秉国之钧者。"

（1892 年 8 月 11 日，第 1 版）

**点评：**

该文虽然没有点明，但实际上是一种典型的"中体西用"思想。在作者看来，"治术"分为对内、对外两块。对内则弹好本国的"古琴"，对外则下好博弈的大棋。对内表现出较强的文化与制度自信，"我只自信于古法，律吕无所舛讹，则无负于琴矣"。作者主张对内不可轻易更章变法，因为琴瑟本调，无须改弦。凝心静气，心平调和，使琴瑟和鸣，其效乃彰。治外则如弈棋，须审慎决策，出奇制胜，使能制人而不制于人。

作者对当时极端保守与盲目崇洋两派的思想都不赞同，尤其是对后者多所批判。指出中国既然不可能再闭关自守，不得不与西方通商，"则自当效其所长，以补我之所短"，"不可效其所短，反舍我之所长"。就技术层面，诸如"大兴矿务，讲求制造，通行电报，广置轮船，议兴铁路，此皆泰西已成之美举，中国仿而行之可也，即所谓舍己之短效彼之长也"。至于那些不解西方山川地理、不明西方民情风俗、不懂西

---

① 语出《战国策·秦策五》。

方历史沿革、不究西方语言文字、不考西方名物制度，只会说几句"爱皮西提、温土的里"，"口含雪茄之烟，日饮巴德之酒"者，即以为了解西人、理解西方，"等而上之，非西人之衣不衣，非西人之食不食，非西人之医不医，非西人之药不药，一似西人未入中国，则中国之日用行为无一是处"，则是典型的崇洋媚外，不应提倡。

古语云，"治大国如烹小鲜"。文中将治国比作弹琴与弈棋，也算别具一格。

## 论出于战必持之以久

亚洲之国以中日为强大，中则地广物博，其幅员之恢廓轶汉超唐，远过宋明，惟元代疆域所至可与颉颃；日本则地势利便，仿效西法以来，思勤远略，居然欲以岛国之雄，西向以与天下争。而抑知深维亚洲之大局，中日两国宜和而不宜战，固有如辅车之相依、唇齿之相毗者也，如是则亚洲之兴乃可翘足而待。而日本则殊昧乎此也，深信浮浪之说，一倡百和，专喜与中国为难。其凌侮我中国、欺藐我中国亦太甚矣！于此而不战，将乌乎用我战夫？我中国万不得已而出于战，踌躇审顾，原思计出万全，盖非有以大加惩创之，安肯低首下心，改其箕踞慢视之态哉？用兵之初，当勿以小胜喜，亦勿以小挫忧，师之壮老先在理之曲直，此役也，盖以理而不以势。而欲免以不战而屈人之兵者，莫如闭关绝使，停止贸易。日本国小地瘠、财尽民穷，其在国中俱用纸币，泰西诸邦通其国，货物交易率以现银；我国商人所得，则皆通行纸币也，一出其境即不可用，势不得不仍购货物。彼与我通商如药料、海参、鲍鱼、海带不过消流于中国，泰西诸邦勿尚也。一岁中华商货物出入所纳关税独成巨款，是则中日两国通商，彼之所益者大，我实大有造于日本也。今日之举，其曲在彼，设于此而我尚隐忍姑容，则不以为原彼，而反以为畏彼，跋扈飞扬益不可制。我国家在今日先文告以示之信，后甲兵以示之威，遣使折之以正理，彼果能从，两国并受其福；如或不然，衅由彼启，当即召回驻日公使，而停止通商。

夫日人侵我台湾，县我琉球，二十年间迭事弄兵，所以开罪于我者非一次矣。今又将攘我藩属，离间其间，言将俾其自主，实则踞为己有也。朝鲜都中，皆为日兵所驻扎，其心叵测，岂堪复问？昔有明当阉寺擅权之日，而平秀吉入朝鲜，据平壤，犹且兴师往援，至兵燧将蹶而罔悔；赫赫圣清，威德正隆，藐兹日本，其敢侮予！况乎朝鲜属我，恭顺夙闻，为数千载自立之国，三百年贡献之邦，平日受其共球，至今日坐视其内外交迫、危若累卵，而绝不援救，拱手撤师，甘心退让，返之寸衷固所未安，布之四海亦未免怀惭。朝鲜地介辽东，势连北海，隐然为东三省之门户，备我藩封，即为厚我屏蔽，所系于边圉之安危者非浅鲜也，救朝鲜亦即所以自固东方也。故此一役也，有战而无和，有进而无退，问曲直而不问胜败，问是非而不问强弱，天地祖宗之灵实式凭之，率土普天亿兆臣民之愤实式偕之。诚如是也，果出于战，安有不胜者哉？

今局外之为日本计者，谓日本近在东瀛，地势若长蛇，不过以形胜自雄，按其幅员不足当中国二三省，仿效西法亦徒袭皮毛而已；迩来国用浩繁，帑项日绌，外强中槁，上下并竭，公私交困，是国不可为国也；练习海军向不盈万人，陆兵向不过三万，近效西国寓兵于民之法，可以调遣出外者其数较多，然譬诸驱市人而战，殊不可用也；火轮兵舰向不过二十四艘，今益以购造，可至三十二艘，其间亦未免张大其词，竟同虚设者。使我以十倍之地、百倍之众临之，日其能堪乎？故我今日于朝鲜，一在速战，一在缓战，而断不可不战。何为速战？当如迅霆飞飙之不及备，以朝鲜作战场，而尽驱日兵出之境外，使之一甲一骑毋许淹留，事定则我与之绝，以观其后。何为缓战？时当炎夏，姑缓其师，以筹厥备，固我海防，修我戎政，励我军旅，整我兵舰，先自立于不败之地，一旦猝发与之决战，日人愿博而志奢，今既有此大举，必不肯一战而北，而遽卷甲释兵以与我讲好也。一战不已，必再战；再战不已，必三战。必有以服其心，然后肯俯颈帖耳，以就我范围也。故战事一兴，未能料其究竟，然不战不足以惩日。使今日虚与委蛇，则后日借端发难，必仍在眉睫间。譬之封豕长蛇，逞其奔突，势不能以大度包容之也。我在今日既练海军，具兵舰，铁甲战船纵横洋面，风轮火琯衡涉波涛，况备之已三十余年，问罪之师岂不能至其境上？或谓日人近时讲求边防，申严守御，备极周密，神户、横滨两处尤称雄固。要之，中日通商，日人之利大，一旦中日商人并行停止贸易，则其国中当必有变，持之既久，日人当必悔祸之延,而将与我修好不遑,未可知也,若在今日则犹未也。日人恃强肆暴,非能以口舌争之,岂可徒以玉帛见?示之以文告不如震之以武功,而彼自慑也。军舰之制,水师之练,海防之严,曷可缓哉?此外,数言以蔽之曰:行之以坚忍,持之以恒久,简任大员,付之以重畀专任,不摇于群说,不惑于众议,而后日人可制也。

(1894年7月24日,第1版)

**点评:**

《申报》发表这篇社评的时候,中日之间正剑拔弩张,濒于决裂。次日,即爆发丰岛海战,清政府运兵船在牙山口外丰岛海域被日本舰队袭击,两国战事开始,8月1日双方正式宣战。这一年是农历甲午年,这场战争打了没几个月就结束了,但其影响却巨大而深远。

战前国内舆论如何,那年头没有民意调查,但《申报》社评有一定代表性。从该文看,当时国内确有人认为,日本必须被绳之以武,使其学会自尊,懂得谦和,俾正义得以伸张,东亚日臻和平。

该文指出,中日两国本来唇齿相依,同为亚洲大国,和则两利,战则俱损,但少数日本野心家与阴谋家则别有用心,昧乎大势,专倡"浮浪之说",鼓惑煽动,一味欲与中国为难。"其凌侮我中国、欺蔑我中国亦太甚矣!"中国"于此而不战,将乌乎用我战夫?"所以,"不战不足以惩日",因为日本欺人太甚,是可忍孰不可忍。

作者指出,此战不是为胜败而战,而是为公理而战,为正义而战,为是非而战,为亚洲安宁而战。对恃强肆暴的日本,虽然应讲究外交策略、和平攻势,但从根本而言,"非能以口舌争之",你对它宽容,它不仅不以为你宽厚,反认为你软弱可欺,它是吃硬不吃软,只能以实力胜之。对日作战,不能仅仅挫其锐,必须彻底折其心,使其痛定思痛,低首下心,彻底反省,永远放弃侵略野心。

本着这样的考量,该文作者提出对日作战的方略:"行之以坚忍,持之以恒久。"此论也算是对日持久战的较早提法。

《申报》此论代表了不少国人的心理,他们普遍认为日本踞傲太过,以小欺大,以下犯上,无理太甚,不打不足以惩其过,不战不足以平民愤。但中日实际开战之后,事实与想象截然相反,从海战到陆战,虽然不无奋勇之师、忠义之将,但难挽大局,清朝军队节节败退,惨不忍睹,令国人痛心疾首。甲午战争的失败也使清政府三十年的"自强"努力付之东流,不得不与蕞尔小邦签订空前屈辱的《马关条约》,丧权辱国的条款如同一枚枚钢针扎进了国人心窝,刻入了中国历史。

这回,该中国人"低首下心",痛定思痛,卧薪尝胆了。于是在国民反省运动不断高涨的推动下,近代中国进入了以戊戌维新为标志的第二轮改革时期。这是后话。

## 论中国有转移之机

中国之积习何在乎?上下内外皆有隔绝之势,有弊而不知救,有法而不知变,一若病者之麻木不仁也。是故小民之疾痛君相不知焉,君相之患难小民亦若漠不相关焉。非特此也,邻邦与国,其中强弱盛衰、治乱兴废之要,我不克知彼,而彼竟能知我也。甚且我国地势之险夷、将士之优劣、军械之利钝、饷源之充乏、民情之向背,敌人能知我之确实,而我国之臣民或竟昧于是,兵法所谓知己知彼者,中国几若反其道而行之。其积习如此,则安得而不受侮于外人?嗟乎,锢蔽已深,非一朝夕之故,而莫甚于今之世也。

自泰西互市以来,凡有交涉之事,西人必多方以挟我,多端以误我,必使利权操之于彼,而中国得不偿失而后已。近二十年以来,朝野亦渐知其弊,稍事讲求,始有西学之目;凡军政、商务、制造、工艺一切皆有振兴,骎骎乎有转移之机。然而整顿者什一,废弛者难计,以为是者几何人,而以为非者不可胜数也。所以有补于军国者甚少,积习仍在牢不可破,所益不可凭,所损实亦多,则仍为有名无实之举。于何见之?今岁倭人入寇,蹂躏至鸭绿江之西,我国用兵之法相形见绌,节节退缩,金州失守,旅顺随之,其弊立睹矣。

然而中国非小弱也,倭人非强大也,不足患也。中国之所以不能富强者,非果不能富强也,因不变法之故也。目前之胜败利钝,岂足据哉?道在乘机以转移之而已。是故今日之所患者，不患见败于倭人，窃恐将来事平之后积习仍在，锢蔽依然，强邻之窥伺方殷，我国之元气难复、振兴无术、善后无方，则虽有智者亦无如之何矣。

或者曰，中国之仿行西法亦已久矣，水师则购铁甲，战士则执洋枪，平时有自强学堂、格致书院立其本，水师学堂、武备学堂致其用，又有船政、制造等局，同文、方言等馆，后先林立，措置经营，凡此皆特创之举，为国家富强之基，虽岁费数百万之帑藏而不惜。由是观之，尚言中国之未尝变法也，毋乃过欤？

曰：非也，变则变矣，不得其要领，虽变犹之不变也。此等变法尚不足以治今日之中国，并不能云仿行西法。盖西国之所以能富强者，不外乎群策群力，能立尽善尽美之法也。此等法度，不论贵贱贫富，人各能守之；有所以为法者，即有所以制其法中之弊者，于是有相济之道焉，有相克之理焉，此非一端所能程其功，亦非一言所能尽其意。诚能周咨博访，将其实事求是之处融会贯通，准乎人情，合乎天理，得其大纲而不遗其细目，则庶几乎可以变法矣。

今中国之仿效西法，枝枝节节而为之，不免顾此失彼；即以一枝一节而论，亦未竟其功。如是以为变法，虽变法百年，我可决其无益也。此非我之所谓变法也，我之所谓变法者，有大于此者焉。然而大变，必先有大创，革故始可以鼎新。以中国积弊之深且多，固知非创巨痛深不足以惊人人之心，而动人人之魄。乃今忽有倭寇之变，犯及我根本重地，凡食毛践土者莫不痛心疾首，思所以挽回而补救之，此乃中国绝大转移之机，正天之造福于我国家，而倭寇终不能为我患也。

何以知其然也？中国之患不在于不能，而在于不为。即以海军而论，近十年来中国所竭力整顿，不惜重资以讲求者，其成效乃如此，则其他更可知矣。然无今岁之事，则国家方恃以无恐，不知武备之废弛至于如此，如在睡梦之中，酣卧未苏，今欲使之起，则必大声疾呼而后可。今之见败于倭寇，正天之所以大声疾呼也。自经此番一战之后，上而君相，下而臣民，莫不晓然于人才之未出、兵力之不厚、统领之无材、粮饷之未裕、军械之未精，而奋然有振作之志，欲然有不满之心，则必大变其从前粉饰因循之积习，竭力整顿，渐臻于富强，而其转移之机则固伏之于今日也。况今天子圣明，赏善罚恶，一秉至公，加以英武之年，励精图治，中国之兴可计日而待也，区区倭奴之入寇，曷足患哉？曷足患哉？

(1895年1月5日，第1版)

**点评：**

中日甲午一战，实为近代东亚历史的转折点，影响深远。但日本何以能战胜中国，也着实令时人与后人费解。答案当然很多，不外乎日本明治维新之后，走上资本主义的发展道路，国力增长很快，军国主义野心也开始膨胀，对外扩张，侵略邻邦，欲壑难填，变本加厉。

甲午战败，刺痛了多少仁人志士之心，他们痛定思痛，加大变法，于是有了以戊戌变法为高潮的全国性变法运动。该文是较早进行这方面鼓吹的媒体文章，对此前中国"不得要领"之变法，以及"粉饰因循之积习"进行了深刻的检讨。在作者看来，当时的中国无异于一个"散装"的社会，在对外战争中遭受失败亦属必然。

失败不可怕，怕的是不知道因何失败。所以作者提出，国人若能"痛心疾首，思所以挽回而补救之"，则甲午一败亦不失为"中国绝大转移之机，正天之造福于我国家，而倭寇终不能为我患"。但可惜的是，近代以降，世界整体发展加快，日本等列强岂会坐等。近代的世界历史早已进入相对主义时代，沉浸于"忆苦思甜"式的"个体主义"发展迟早要吃亏。甲午战争之后，中国又屡次遭受日本侵略，正说明了这一点。

## 变法以求实效说

尝读《易》曰："化而裁之谓之变，推而行之谓之通。"又曰："变而通之以尽利。"又曰："物穷则变，变则通，通则久。"是则变也者，固古圣人相传之道也。而当世士大夫读圣贤之书，以圣贤为法，拘牵成格，不知变通，是何故欤？且夫治天下犹医也，医者设药于市，有来治者必察其病之为凉为热，而分投之以药；未有病不一，而药不知变者。且不特数人之身为然也，即一人之身，昨日之病如此，今日之病如彼，则病已变矣，药亦宜变。倘病变而药不变，则不得谓之良医，而病亦无由而愈。医人然，医国何独不然？然则居今日而言变法，诚哉亟亟乎不可缓也已。

中国自与泰西各国通商之后，未尝不以富国强兵自务，讲求格致，研究测算，创设制造局，建立海军衙门，取法欧洲，不遗余力，日新月异，非复从前，亦可谓善变矣。乃今且见侮于倭人，丧师失地，几转不如前数十年之尚知自奋，如是而犹言变法，不几为有识者窃笑乎？曰：是不然，中国之变法但知变其末，而未知变其本；但知变其流，而未知变其源。源何在？本何在？曰：是不可以更仆数也，而试为约举其大略。

一曰变资格。资格之弊既足以埋没真才，而又不能收（得）人之实效，泰西各国无是也。人果挟其一才一能，则无不可起匹夫而登之上位，且其人而长于理财也，则即畀以钱谷之任；其人而善于治兵也，则即畀以军旅之事。各量其人以为授，故一人能收一人之功。中国则不然，或由荫袭，或由正途，无不有资格以相限。自问于此非所擅长，而资格既至，则不得不勉强从事；自问于此实所优为，而资格未至，则不能越俎以代。积习相沿，安望吏治之日有起色？此不可不变者也。

一曰变捐纳。夫纳粟得官始自汉代，而其患实不胜言，虽其中亦自有铮铮者，不可一概抹倒，然总之害多而利少。何以知之？吾以理知之。譬之于贾，既出资本若干，必思图利若干，官非贾也，而以贾行之，则有资本必思图利，固犹是人之常情，无足怪者。于是朘削百姓之脂膏，侵吞国家之公费，但知肥己，尽昧天良，种种贪婪，不堪言喻。吾不敢谓正途中必无是人，而求之此辈中为尤甚；甚且有未读诗书、不甚识字者，亦居然得享高官厚禄。夫泰西即妇人小子无不读书识字，而我中国之官反不如之，可耻孰甚焉！是不可不变者也。

一曰变取士。夫取士以时文，识者皆知为无用，今宜改时文为策论，以明孔孟之理。国初时曾经行过此举，并非创闻也。而别用格致、测算专门考试。夫大学首言格致，六艺终之以数，是古圣贤亦未尝不讲究此二者。但当今之世，则不得不推西人为精，我欲学之，不能不读其书。今各处虽有学习西文者，然率皆未能贯通华文，其故由于不以此为考试。倘得兼试以西文，则人皆专心学习，而一切天文、测量、格物、化重、交涉诸学，无不能了然于心，日后由熟生巧，由巧益精，虽西人亦将有退让不遑者矣。此不可不变者也。

一曰变武员。方今武将大率尚是荡平发捻诸公，特恐再数十年，无从得此老成宿将，而中国知兵之人愈少，则莫若即于武备学堂、制造局中求之，不论学生、工匠，有能创一新法、制一利器者即以为武员进身之阶，庶我之军械日出不穷，而行之既久亦必自有心得之处，既免购自外洋，落人后着，而又不为中饱者所欺蔽。然非荣之以官，则心思必不能日出，武备必不能日精也。此又不可不变者也。

凡此四端，皆宜变中之本源也，本源先清，而后讲求格致而格致有实效，研究测算而测算有实效，创设制造局而制造有实效，建立海军衙门而海军有实效。吕不韦之言曰："不敢议法者众庶也，以死守法者有司也，因时变法者贤主也。"不韦之人无足取，而其言适足以救今世之敝，断章取之，勿以人废言可也。

(1895 年 3 月 21 日，第 1 版)

**点评：**

此文写于中日甲午之战临近结束之际，清朝军队接连失败，北洋海军已经全军覆灭，包括辽东半岛在内的大片土地被日军占领，举国震惊，痛愤之情迅速弥漫，检讨反思成为思想主流，此文即是当时代表性言论之一。

众所周知，作为一个优秀的民族，中国历来就有善于应变的传统。《周易》中的"穷则变，变则通，通则久"等隽语，被视为古代圣贤知时善变的证明。但是，在后来的发展中，圣贤的制度渐被固化，视为常经，中国的发展模式遂由创新演变为守成。历代士大夫只知读圣贤之书，以圣贤为法，拘牵成格，不知变通。而另一方面，在相对隔绝的西方世界，资本主义革命之后，创新则成为驱动发展的主要方式，遂其国力日强。相形之下，中国的"落后"日渐明显。在强势的西方面前，中国只得拼命追赶，其办法只有学习西方，改变自己，以期实现富强。

这种变革思想也不是甲午战败才有，鸦片战争之后，魏源就提出"师夷长技以制夷"的口号，洋务派官员将这一理念付诸实践，创办了一系列军用企业及民用企业，并推动了晚清军事、经济及教育等方面的初步改革，可以说，洋务运动开启了晚清对于富强梦的追求。

洋务运动又被称为"自强运动"，包括奕䜣、李鸿章、张之洞、盛宣怀等开明官员，甚至光绪皇帝在内的晚清国人莫不对其寄予厚望，而这场改革也确实取得不少物质与技术成效，这些又被作为洋务派学习先贤、应时善变的产物。

但是，对于变法成效的检验是多方面的。随着洋务运动的不断推进，中国的经济与政治生态固然"日新月异，非复从前"，然而这只是内部效应，那么外部效应又如何呢？甲午战争就是对此前中国变法自强运动的一次最大检验。但战争的结果出乎国人意料，洋务运动并没有使中国实现"自强"。数十年的强国努力与对日战争的惨败形成强烈反差，刺激着每一个有担当意识的中国知识分子，他们不得不痛定思痛，深刻反思。

反思的结果是，中国不是没有变革，而是变革实效太差，甚至徒有虚名。不是自己不"自强"，而是别人强国的速度更快，结果，自己的"自强"就不啻"自弱"了。

洋务自强运动之所以会出现"自弱"的结果，原因之一就在于中国的变革停留于器物等硬指标层面，而未能深入用人、育才等软实力层面，官场旧有的所学非所用、所用非真才、真才皆埋没等积弊依然未除，政治与行政机制仍岿然未动，所谓的变革成效，顶多体现出一些"旧瓶装新酒"的效果，这与日本明治维新之后的脱胎换骨完全不同。

该文作者认为"变资格"、"变捐纳"、"变取士"和"变武员"四项，"皆宜变中之本源也"，是对于变革人才培养、选拔和任用制度的具体建议。随着维新运动的开展，相对议题也渐成为有识之士的共同话题之一。

## 中国宜行新政论

《易》有之曰："穷则变，变则通，通则久。"自古以来，图治化民，行政施令，未有久而不变者也。盖法积久而大备，而所以斟酌损益，因时制宜者，历代相参，岂能一致？为政大纲，不外乎内修外攘而已。今日者，强邻日逼，时事益艰，积习相沿，积弱不振，倘仍听其因循苟且，粉饰蒙蔽，虚骄之气中于人心，浮夸之敝浸成风尚，则国是愈不可为矣。

南海何君沃生有慨乎此，目击兵祸之由来，不能终忍，谓中国弊政宜及此时改革，因以西文著一书，胡君翼南译之以华文，出以问世。其所以主内治者，大旨在任贤能，黜浮伪，核名实，洽君民。夫安危有相反之形，祸福有倚伏之势，苟不揣其本而齐其末，则其所谓更革者徒饰乎外观而已，似变而非变，非徒无益，反有所损。至其极，必有偾事①者矣。曰改，曰革，必求实济，勿事虚名，必出真心，勿徒伪作。譬诸建屋者，见宗②桷③之朽蠹、墙壁之倾颓，必移而再易、毁而重筑，不得徒事丹艧黝垩④，谓可蔽风雨而勿败也；譬诸琴瑟不调，甚者必解而更张之，乃可鼓也。治国家者，亦如是。何君条列《新政要略》，所以复古者，其纲有七，曰"择百揆以协同寅""厚官禄以清贿赂""废捐纳以重名器""宏学校以育真才""昌文学以救多士""行选举以同好恶""开议院以布公平"；所以因时者，其纲有九，曰"开铁路以振百为⑤""广轮舶以兴商务""作庶务以阜民财""册户口以严捕逮""分职守以厘庶绩""作陆兵以保疆土""复水军以护商民""理国课以裕度支""宏日报以广言路"。夫此十有六纲者，实为用人行政之大端

---

① 偾事：败事。《礼记·大学》："一家仁，一国兴仁；一家让，一国兴让；一人贪戾，一国作乱，其机如此。此谓一言偾事，一人定国。"
② 宗：房屋的大梁。
③ 桷：方形的椽子。韩愈《进学解》："细木为桷。"
④ 黝垩：涂以黑色和白色。《礼记·丧服大记》："既祥，黝垩。"孔颖达疏："黝，黑色，平治其地令黑也。垩，白也，新涂垩于墙壁令白。"
⑤ 百为：多种作为。《尚书·周书·多方》："乃胥惟虐于民，至于百为，大不克开。"

也。天下惟能用人乃能行政，亦惟能行政乃能用人，二者体用相合，终始相成。"曲台①记"不云乎："其人存则其政举，其人亡则其政息。"② 前古帝王所立之法有善而无弊，得人则理，失人则乱。前之七事意在乎得人，得人乃所以行政也；后之九事意在乎行政，而行政必资乎得人也。新政之兴，宜不止此，而莫先于此矣。

即吾昔者亦尝以此为言，且屡言而不一言矣。朝廷之上知洋务之必当讲求、时政之必当变通，沿海各省督抚亦渐知西法之必当仿效、西学之必当肄习。因之制造则有厂，船政则有局，水师武备则有学堂，纺纱织布则用机器，修葺兵轮铁甲则有船坞，备御险阻则有炮台，扼守海口、巡缉洋面则有海军，一切皆欲师法西人。无如名是而实非，貌似而神违，仅能袭其皮毛，肖其面目，有时反蹈其所短，而不能尽其所长。每成一物一器之微，辄嚣然自足，自以为能驾乎西人之上，不知其所作者仅具体而已，且皆取材于西国，至于精微之处不能为也，悉购自西人，而必由西匠为之指授，乃能用底于成，譬如水母目虾③而后能行。虽局厂林立，而离西匠则难成物，遑论其他。如欲创一新法，成一艺，自出心思，异于庸众，亦复安可得哉？

即如今之自负为清流者，每鄙夷洋务为不屑谈。或者谓天算、格致之学皆我中国之所固有，彼特得而深思精造之，以引伸我之绪余耳，如借根方之为东来法，地图之说出于管子，重学、光学出于墨子，璇玑、玉衡早已创于虞廷，指南车行于姬公，木牛流马汉代有之。至于刻鸢能飞，公输之巧，未尝逊于西人；祖冲之之千里船，施机自运；虞允文之霹雳车、元代之法郎机，皆由中国流入西土。旁征博引，无非欲攘人之美，以掩其拙。不知欲盖弥彰，益形其陋，虚骄浮伪，若出一辙，此其故坐不能平心以察之也。

苟其能反本以探原，虚心以受益，见夫西国器用之精良、货物之丰阜、民情之畅达、众志之辑乎，是必别有道焉，以默相感化；且观其内治如此，而其外则兵卒精练，营垒森严，属地联络，藩封完固。即如英国境上无敌国

---

① 曲台：著记校书之处。沈约《〈梁武帝集〉序》："笃志经术，究淹中之雅音，尽曲台之奥义。"
② 语出《中庸》。
③ 水母目虾：比喻没有主见，随波逐流。

外患者将及千年，恃三岛以为城、大海以为池，环以铁甲战舰，屹然有若金城汤池，虽遣使至数万里外，恪恭将命，一无所私。国中诸员各守其职，各任其事，毋得干以私焉。其用人也，因才器使；其任官也，责实循名；其行法也，雷厉风行；其办公也，公尔忘私。此其所以能安民和众，保邦定国，生财阜物，格物阐微，类皆能实事求是，与时变通，而追溯其由来，实与我古先哲王之道隐相吻合。然则古先哲王治法之昭垂，固有贯古今而一致、合中外而可行者矣。外国行之，其效之可睹已如此，倘我中国能复乎古昔，则可以君臣相维，上下相洽，官清而民乐，远至而迩安。何畏乎强邻？何忧乎乱民？是则新政之行，正古法之复也，吾不禁翠然①望之矣。

（1895年6月10日，第1版）

**点评：**

此文是作者有感于何启、胡礼垣两人合写的《新政论议》而发表的评论。《新政论议》是何、胡两人关于中国改革系列论著的第二篇长文（此后两人又合写了《新政始基》《康说书后》《新政安行》《劝学篇书后》《新政变通》，加上此前写的《曾论书后》，于1902年结集成《新政真诠》出版，是中国近代宣传改良主义思想的一部著名作品）。何、胡在文中提出了中国深化变革、推行"新政"的十六点建议，其中，"复古者"有七，"因时者"有九。何、胡在文中说道："惟能复古，乃能因时，愈欲因时，则愈思复古。故欲行九事于后，必先行七事于前；能行七事于前，必能行九事于后。夫然而后中国地则不负其为至灵，民则不负其为至善，学术则不负其为至正，治术则不负其为至纯，易危为安，转祸为福，一转移间耳。"② 从另一个方面而言，何、胡所言前七项主要谈人，后九项主要说事。何、胡主张做人要"复古"，事业则须"创新"。依此文作者的理解，前七项"意在乎得人"，而后九

---

① 翠然：高远貌。
② 何启、胡礼垣：《新政真诠》，郑大华点校，辽宁人民出版社，1994，第180页。

项则"意在乎行政"，两者关系密切，"得人乃所以行政也"，"而行政必资乎得人也"，都是"新政"的基础和关键程序。

作者紧接着从两个方面批评了中国此前在"因时"与"变通"方面存在的问题。洋务运动虽然渐次推广，有声有色，一切皆欲师法西人，但究其实际，多半"名是而实非，貌似而神违，仅能袭其皮毛，肖其面目，有时反蹈其所短，而不能尽其所长"。具体而言，各厂各局，"每成一物一器之微，辄嚣然自足，自以为能驾乎西人之上，不知其所作者仅具体而已，且皆取材于西国，至于精微之处不能为也，悉购自西人，而必由西匠为之指授，乃能用底于成"。以至于"虽局厂林立，而离西匠则难成物"。说明洋务企业存在严重的技术与工艺依赖，如同水母目虾而后方能前行。结果导致自强新政不啻使中国自弱自困。相对于不思创新的"拿来主义者"而言，那些以"清流"自居者，则鄙夷洋务，大谈西方的各种学术、工艺与设备，但这些中国古已有之，西人不过窃中国先贤之智慧加以发挥而已，他们"旁征博引，无非欲攘人之美，以掩其拙。不知欲盖弥彰，益形其陋，虚骄浮伪，若出一辙"。这种盲目自大的"井底之蛙"心态肯定不会使中国强大起来。

作者指出，正确的态度当为"反本以探原，虚心以受益"，认真研究西国器用精良、货物丰阜、民情畅达、众志辑孚的根本原因，分析其国强民富兵威之"道"。通过考察英国的强国历史，作者指出，其强在"用人"。具体而言，"国中诸员各守其职，各任其事，毋得干以私焉。其用人也，因才器使；其任官也，责实循名；其行法也，雷厉风行；其办公也，公尔忘私。此其所以能安民和众，保邦定国，生财阜物，格物阐微"。在此基础之上，出以实事求是之风，辅以与时变通之法，使英伦三岛终成世界强国。而英国的强国经验在一定程度上则"实与我古先哲王之道隐相吻合"。以此论证"古先哲王治法之昭垂，固有贯古今而一致、合中外而可行者矣。外国行之，其效之可睹已如此，倘我中国能复乎古昔，则可以君臣相维，上下相洽，官清而民乐，远至而迩安"。

其实，西方强国经验与中国古代先哲治法相合的部分仅在于提高个人道德修养，以提高"行政"的公共性与公益性而已，即提高"治人"绩效而言，至于"治法"，则远非中国古先贤之法所能蔵事。何启、胡礼垣在著述中就详细论述了"开议院以布公平""宏日报以广言路"等新政应行事项，这些虽有古意，但绝非古制。从这一点看，此文的思想高度很难超出何、胡所著《新政论议》。

## 论策富强须求其本

今之言时务者，辄曰富强。问其所以致富致强之道，则曰非仿从西法不为功。问其何以能仿从西法之至于尽善也，曰讲求格致、精于制造，必通国之人咸知制造，一切工作皆以机器为之而后可；广置铁路，遍国中如星罗棋布，风驰电掣，往返神速，以省舟车之力而后可；多购轮船，并置铁甲快艇，无论御敌、通商，洪涛巨浪中务使尽废帆樯而后可；振兴矿务，无论金银铜铁煤铅，凡山岳之所蕴而未宣者，皆度量地势，探测矿苗，开禁挖取，务使取之不竭、用之不尽而后可；水陆之军按法训练，务使枪无虚发、子不虚糜，蹈火赴汤，有进无退而后可；遍设学校，培植人材，凡一切电报、武备、水师、天文、地舆、汽学、声学、光学、电学等，分门习学，精益求精，并使人人能识西文、能通西语而后可。于是中国之科名可废也，中国之舟车可废也，中国一切力作之事均可废也。

泰西富强之道不外乎是，岂中国富强能外于是哉？抑知泰西富强之道固不外是，而其所以致富致强之道，固不尽在于是乎！今之策富强者，是犹但知其末，而不知其本者也。

夫一国有一国之治法，而治法又各有其本，各务其本则各臻于富强，一务其末即变为贫弱。泰西务本之道在乎议院，所谓智者千虑必有一失，愚者千虑必有一得。凡一事之变更，必众议佥同而后举行，故无偾事之虑，其权虽操之君相，然必博采舆论以定可否，无论下民均可置喙，无粉饰，无忌讳，上下一心，绝因循苟且之风，祛蒙蔽欺饰之习，聚众财，合众力，集众议，是以百废俱举矣。人但见泰西制作之精、军旅之强、人材之盛、商务之旺，而不知皆本议院之无私。

中国虽断不能行平权之法，效泰西设立议院，然蒙蔽因循之习当思有以变革而挽回之，庶民情可通，民力可纾，民志可齐，民财可聚；否则，即广设制造，而工逊于泰西，费则倍之又倍，且层层剥削，较之购之外洋者反不得便宜，亦何贵自行制造哉？现在所筑铁路大半仍借重西人，尚不如各国办理之速。俄国西伯里亚之路绵亘辽远，亦已告成；中国之路旷时日久，延迟一日即多一日之费，此中办理情形，外人虽不得而知，而浮费终在所不免，将来获利尚属虚悬，此时之浮费不已掷诸虚牝乎。至于矿务，向以开平、漠河为首屈一指。开平之煤虽日有起色，而漠河矿务以提饷太多，有江河日下之势，矿局亏空情形见之前报所登《徐孟翔观察禀稿》。著名获利之矿尚且如此，而他何论焉。

总之，中国办事用人太多，薪水太少。人多则良莠不齐，能办事者十中二三，坐食者居其六七，于是而倾轧，于是而夤缘，即能办事者亦必至袖手旁观，因循苟且；薪水太少则不敷所用，必至多方朘削，而粉饰蒙蔽之弊生焉。方今局面，非不可以挽回，惟在整顿风俗，固结人心耳。整顿风俗在去其奢侈，固结人心在布之诚意。使人人有振兴之志，无浮伪之习，虽不能遽臻于富强，亦不致骤然贫弱。破除情面，实力实心，即不能取效西法，而西法亦不外是矣。

(1899年6月17日，第1版)

**点评：**

这是一篇"义理"与"辞章"俱佳的评论，不过，读罢似觉意犹未尽，个中原因可能与当时的政治环境有关。

此文写作的1899年6月，戊戌政变发生不久，国内政治空气仍很肃杀，议院与议会政治仍在"不准妄议"之列，以故此文作者虽然对西方议会制度极尽赞美之辞，但仍言不由衷地道出"中国……断不能行平权之法，效泰西设立议院"。那么，西方的议院制度到底有什么好处呢？作者在文中写道："泰西务本之道在乎议院，所谓智者千虑必有一失，愚者千虑必有一得。凡一事之变更，必众议金同而后举行，故无偾事之虑，其权虽操之君相，然必博采舆论以定可否，无论下民均可置喙，无粉饰，无忌讳，上下一心，绝因循苟且之风，祛蒙蔽欺饰之习，聚众财，合众力，集众议，是以百废俱举矣。人但见泰西制作之精、军旅之强、人材之盛、商务之旺，而不知皆本议院之无私。"可见，议院的基本功能就在于"议"，其功能至少有如下几端：其一，可以使通国公民有表达意见的机会与场合，无论直接还是间接；其二，由于民众能通过议院获得"当家作主"的感受，所以建言献策，一无粉饰，二无忌讳，既不因循苟且，也少蒙蔽欺饰，有利于形成求真务实之风尚；其三，举凡国政大事，通过议院，可实现"集体决策"，以防智者千虑之失，俾收愚者千虑之得，使政府在兴利的同时，亦能最大限度地防弊；其四，因为议院决策代表众议，所以有利于调动社会资源，即"集众议"有助于"聚众财""合众力"，后两者则是国家实现富强的必由之途。

鸦片战争之后，清政府洋务派官员孜孜于仿求西方强国富民之道，在器物、工艺、军备建设与人才培养等方面做了大量工作，举凡西国之"长技"，似已均能有所仿行，但距离"自强"的国策目标，仍瞠乎其后。原因何在？作者一语点明：泰西各国的富强之道固然离不开雄厚的物质基础、先进的技术设施、卓越的管理制度与优秀的人才队伍，"而其所以致富致强之道，固不尽在于是"。国内那些向西方学习富强之道者，"是犹但知其末，而不知其本者也"。那么，西方各国务本之道何在？作者明言："在乎议院。"

议院制度在发挥其基本功能的同时，有利于形成一种全社会的情感沟通机制、信息反馈机制与约束纠弹机制，有助于全社会诚信文化、力行文化的发展，从而提高国家建设与社会发展的安全性与稳定性。

中国基于确保"中体"的需要，虽然不可能效法西方设立议院，但西方议会制度的某些功能则当加以借鉴，借以消除中国官民根深蒂固的蒙蔽之习，激发其诚孚力行的实干精神，如果能够实现"民情可通，民力可纾，民志可齐，民财可聚"，则虽不设议院，亦能收议院之实效，从而极大地裨助国家富强之大计。如果人人有振兴之志，无浮伪之习，国家即使不能立即臻于富强，亦不致骤然贫弱。否则，社会诚信文化与实干精神缺乏，不仅发展的内耗严重，富强的成本巨大，即使真的"富强"了，其可持续性也不会太强。

## 论衙署积弊

赌风日炽，天下皆然，惟粤东为尤甚。然赌局之盛设，未有不由门丁、吏役之纳贿舞弊也。前阅香港来信，载有议论广州府城禁赌复开一事，云："城内赌馆前月经臬宪与广府尊出示严禁，当皆闭歇，论者谓此次严禁后城中赌风断不敢再行。岂料两县自差役以至门丁把持包庇，冀得陋规，劝令各赌馆冒禁复开，并令另加陋规，以作谢仪，否则不准再开。现南海县前赌馆十余间，不但仍复开设，而且更盛于前。或询诸赌匪曰：'上官前严禁赌，何以遽能复开？'赌匪曰：'尔亦知钱可通神乎？但得县署中人肯收陋规，上官之禁虽严，耳目亦不能及，赌馆特其一端耳。'"

夫赌风日甚，民之趋赌者亦日多，负者计穷，必至流为盗贼，否则势急走险，而拐卖出洋之计行矣。赌之为害大矣哉！臬、府两宪严禁赌博，实能知所先务矣。然官宪严禁之，而门丁贿纵之，吏役更从而包庇之，安得不赌局之日盛也？故谚有之曰"清官难出猾吏手"此等之谓也。夫吏役之能作奸犯科者，因其皆属土著，地方之情形熟而利弊周知也。盖官之于地方亦犹骚客雅人之游胜境，多则数年，少则数月，断不能久于其地，老于是乡也。故情形必访闻而后明，利弊必咨询而后悉，而官之莅临斯土也，往往不欲询问于绅耆，反多询问于吏役，何也？盖吏役常近左右，官以其亲近可信，而绅耆常远门墙，官以其疏远难倚，故虽廉明主宰尚为吏役所蒙蔽播弄，况其下焉者乎！

若门丁之与吏役固无一时一事不通同作弊也，又况利之所在者乎！官以一人之心力而制一署之奸科，安得思虑常周，防闲遍及耶？且世之为官者，断未有中立不倚者也，非廉即贪，非明即昧。廉明者多好名，吏役即以名歆动之；贪昧者必好利，吏役即以利蛊惑之。故至廉明者往往受其欺诈，贪昧者往往受其挟制。复有门丁为之羽党，助其游说，而官不堕其术中者鲜矣。迨至坠其术中，能使无言不听、无计不从；视其官也，始则玩孺子于掌上，终则置土偶于庙中。惟彼辈肆行无忌，而官反惟命是遵矣。公门中之行为大

· 157 ·

概如此也。即有贤能之官不为门丁、吏役所摇惑，然耳目有时不及察，公私有事或少疏，彼辈即乘间舞弊，伺隙纳贿，使其官不能觉。如粤东复开赌禁之事，亦岂少哉？

吁，门丁、吏役之为祸，即令严密约束，尚恐不能禁止，况复有宽纵之者，其为祸于地方也，尚可尽言哉！尚堪设想哉！

(1873年12月6日，第1版)

**点评：**

该文主要以广东禁赌之政有名无实为例，论述衙署之积弊，尤其是门丁、吏役之为祸，读罢令人深思。

该文所言"门丁""吏役"，充其量只不过是各衙门的勤杂人等，尚谈不上做"司机""秘书"等关键职务的资格。但是，就是这么一帮"小人物"，他们在官场中的能量却不可小觑，他们不仅可以遮蔽政令，扭曲法制，甚至可以要挟官员，在某种程度上就是官场的"地头蛇"，是官场的"第三只手"。说他们是"地头蛇"，是因为他们在当地势力强大，寄生在官场，一呼百应，能耐非凡；说他们是"第三只手"，是因为他们揣摩官员心态，投其所好，代办官员不好出面的事情，以通同舞弊，进而掌控官员。

可见，门丁、吏役对官场权能之发挥影响实深，他们通过种种伎俩，对其所效忠的官员，始则视如孺子，玩于掌上，继则待若土偶，置于庙中，从而变相绑架官员，为己所用，反而使官员对他们"惟命是遵"。至此，官风焉能清正？官场焉能不腐败？

宜乎，治吏当先治役，吏役俱良，官风自正。

## 论上下相隔

尝读《周官》□[一]书，至"大司徒"之属，窃怪民间财用货贿皆官为经理之；至《考工记》一篇，又怪民间车服器具亦皆官为创置之。何三代民风之厚可以任官理治，而六属设官又若是多而不嫌其烦耶？继而思之，凡事一利不兴，则一弊不出，三代之世风气固为朴厚，而民间尚不知重金银，粟布相通即为交易；又以封建之多，数十里地而君卿、大夫、士各有所掌，民间之事又有乡官，故至车服器具皆可官为创置，所谓奇技淫巧不粥[鬻]于市者，职此之由。井田既废，而车甲之赋改而钱漕，于是金银重，而上取诸民，民间亦各自为谋矣。封建既亡，而郡县之官不由世守，于是号令纷而官与民隔，民间乃自成风气矣。一二千年之间，官体愈尊，民情愈隔，国课愈重，民财愈私。

宋王荆公创行新法，取《周官·地官》之制试行之，其学非不有根柢，故当时盈廷交荐，咸以为安石有经世达变之才。无如积重难返，故行之数年而天下已大乱，后世且指为口实，痛诋其奸。可知事在审势，苟非其时不能行也。自熙宁、元丰迄今又七百余年，海口互市，泰西各国踵接而至，与中人聚处有年，渐而知其风气矣。其理财也，于大司徒之法有取焉；其制器也，于《考工记》之法有取焉。

吾岂敢谓泰西今日之风如中国之三代哉？但观其二端，似亦不得谓之非道也。泰西国家凡有大费，告贷民间，数千万可以立致，君民上下以信相孚。若中国不然，国家岁取于民，钱漕、关税当全盛时充牣于内外库藏，而绝不运动；及至多难之秋，藏者既耗，收者口[莫]继，不得已而始劝捐。咸丰时赭寇鸱张，尝见有持簿劝捐者，见殷户拱手作揖乞取而已矣，何云劝也？见平户则威吓势逼勒索而已矣，何云劝也？盖平日君民各私其财，而至临时而欲其量力乐输，诚哉其难矣。若泰西各国，有若是之民情哉？

至于制造器械，由工艺可以入官，既官而仍不废业，此周官百工列一职之遗意也。《书》曰："工执艺事以谏。"工苟非官何以能谏？后世四民之中，专重一士，农、商与工日渐卑贱，故古制尽废。为士者自居清高，不屑与鄙琐齷齪者游。今之身居显要者，苟持一衣而问其几块布所成，指一屋而问其几根柱所构。则皆茫然不知，而犹诩诩曰"君子务其大者、远者而已"。此之不知，无怪营造、开浚诸工程一任吏胥、匠作浮报冒销，而总司者无从知其弊窦也。官不知民事，无论民间身家所系、日用所习，则官概不问；苟为代谋，则已指官为多事，而细微之务即可起衅。此由于上下相隔之太甚也。

泰西人所居之地，设工部局修筑街道，粪除尘秽，每户输捐，以民之钱理民之事，中人亦尝羡之。前闻苏、杭两处有清道捐之举，大户日五六文，小户日二三文，收不数日，而店铺群有怨言。即此一端，已可见风气之不能相强也。余为此论，岂谓中人之不可法泰西哉？第思官理民财，官知民事，自古为然，岂若今日之上下隔阂哉？凡事随运会为变迁，易三代而至今日，即可变今日而为三代。方今互市既久，当道倡议仿效泰西诸法已非一端，苟或数十年后而令人不专美［羡］泰西，固未可知；或易今日之中国为三代，本别有道焉，亦未可知也。惜人生数十寒暑，未及亲见其盛耳。

（1875年10月23日，第1版）

**点评：**

这是一则关于官民关系、干群关系的精彩评述。三代之际，官以养民为目标，民自然爱戴官，官民一心一德，共建和谐社会；后世官风渐变，官气日浓，官渐虐民以逞，民何敢与官靠近，官民自然疏远，不啻成为两个世界。

既然平时官民如此相隔，主要是百姓从官府得到的太少，或付出的比得到的多，那么"君有急"时，指望百姓"量力乐输"，诚哉其难矣。官府遂不得不行使其强制权，或哄骗，或威吓，或势逼，或勒索，如此一来又使本来就互不信任的官民更加对立。

如何才能使官民互信呢？办法有很多，但根本的一条就是政府一定要是真正的"人民的政府"，尤其是在政治上与经济上。政治上，政府是人民选出来的；经济上，政府是人民共同投资的。前者就是民主政治制度，后者就是现代公共财政制度。

## 论官民隔阂之弊

伊古以来，治乱盛衰之道，其在官民通塞之分乎。官无私意，民无隐情，上下相孚，不待告诫而自喻，则官民之情通；官易民而贱之，民畏官而远之，上下不接，貌合而心违，则官民之情日塞。通则治，塞则乱，其在《易》"下天上地之卦"曰"泰"，"上天下地之卦"曰"否"。夫以恒情论之，天宜在上，地宜在下，而二卦之名乃舍彼而取此，非通与塞之谓乎？

乃吾观近今官民有不胜扞格之患者，堂高廉远呼吁不闻，一纸呈词，差费不齐，终莫由达。两造俱备，各执一词，问官非身与其间，何从而判其曲直？欲密访而详查之，又必假手于差役，由是以言，官之于民近乎否乎？朝廷设官置吏无非为民耳，乃卿贰位高，外情未必周悉；大僚责重，细事未必躬亲。亲民之官，厥惟州县，而近日州县之亲民者能有几人？入则深居邃室，黄绸被里何由见百姓痛瘵；出则后拥前呼，蓝呢轿中何由闻斯民号泣。试寄耳目于图董，而图董未必皆贤；或取谋划于吏胥，而吏胥半多奸猾。譬诸一身，气血周流，毫无沮滞，则呼吸灵而神气充；若偶有抑遏，则郁郁不乐。

今官之于民，一似恐威之不立、势之不尊，而故增壅蔽窒碍之人，以崇其威势。是犹滞气血，以求却病焉，安可得乎？民之畏上久矣，临民者开诚布公，示以可近犹恐其或远我，而崇威势以相恐吓，民何由亲？州县为亲民之官，犹扞格如此，则民间疾苦又将谁诉？

夫人有抑郁不平之气，得所宣泄，亦易消释，苟蓄之既深，则其发必甚。古今来斩木揭竿之辈，刀锯鼎镬不足畏，虔刘夷灭不足畏，未必轻法网而薄身家，无非积愤之所致。民之鸣抑郁于官，初非必欲损上以益下，亦非欲损人以利己，不过期在上之一言，以求其平允耳。乃控诉无门，判断无日。食于人者治人，养廉禄俸所由来何，莫非农工商贾所自出？而竟尊高自安，不关民瘼，一任蠹役、劣董狼狈为奸，情郁而不能达，愤积而不能伸，聚众抗官，殴差拒捕犹其小焉者矣。俟官县役持票下乡催索粮欠，乡民不堪其扰，群起而殴，其事备详前报。

夫乡民之畏差无异于畏狼虎，且持有官票，安敢逞□［凶］？激成众忿当必有不可忍者。幸邑令明察，不为偏袒；设信其一面之词，行其肤受之诉①，乡愚何知，必受其祸，此非官民不通之所致乎？金陵沙洲圩先时易遭淹没，十岁九空，当丈量升科时，有主、无主一听董事指派，某某等遂将有主之低田五六百亩以无主报册，官以荒地故不问，民又以免科为德已。及圩

---

① 肤受之诉，指谗言。肤受，谓浮泛不实，或谓利害切身。《论语·颜渊》："浸润之谮，肤受之诉，不行焉，可谓明也已矣。"

埂修固，瘠地变沃岁时，贡献任其勒索。不意官府以无主故，竟将此田拨为公田，愚民被其播弄，无可伸诉，心虽不甘，而造册已久，漏科已多，势难追悔。其实某某等岁时所勒索且浮于国课，前之漏课漏于某某等，实未尝漏于业户也，此非官民不通之所致乎？然此皆其显焉者也。

乡人纳粮，岁必一至，而怕见官长，往往受人之愚。犹忆越郡上虞乡民，每苦"垫完""活串"等弊，其弊皆由钱店而起，小民不愿见官，粮票出入皆由钱店，而不肖之徒即于此中作弊。所谓"垫完"者，串通差保，压迟开征告示，而先为垫付，待乡人来完，限期已过，则拆息、银色、加价等名目繁多，任意勒索；所谓"活串"者，兑换之际，故为少完数分，乡人贪小，以为爱己，不意事后谓其有心短漏索诈，乡人以怕见官府之故，往往忍气吞声，不敢与较。此非官民不通之所致乎？

夫知一县之事谓之知县，知一州之事谓之知州，乃官民隔阂，致民愿受人之欺凌而不敢见，则一县一州之事将何从而知之？诗云："弗躬弗亲，庶民弗信。"民既弗信，而欲治民，而民治不亦戞戞乎难之哉！

(1892年2月11日，第1版)

**点评：**

官民关系的讨论是一个老话题，历来不乏精辟之论，荀子有言："君者，舟也；庶人者，水也。水则载舟，水则覆舟。"此语后来被唐朝名臣魏征说给唐太宗李世民听："怨不在大，可畏惟人；载舟覆舟，所宜深慎。"后者对此深加领悟，终成一代名帝。

官民关系如同舟水关系的道理，历代执政者也不是不懂，也从没有一个统治者会说不"爱民如子"，不"以民为本"，甚至有些亡国之君对于"爱民""恤民"的论调还要更多些，那么何以历代官民关系还会屡屡紧张，频繁决裂呢？至少说明两点：其一，官民关系的处理，说起来容易，做起来难；其二，官民关系好坏，不能听"官"说，主要应由"民"说，甚至不能由百姓口头言说，而是要用行动表达。

官民是一个组合，一个关系链。无民焉有官，有官必有民。在这个链条中，官因其权而威，官因其位而重，处于天然优势地位；相反，民则处于天然的弱势地位，故有时自称"小民""草民"。但占大多数的"小民""草民"则构成了可沉覆官威、官权与官府的"水"，所以"官"又不得不重视"民"的反应。

由此就决定官民关系互通的重要性。官民之间的有效沟通，不仅有利于维护民众权益，而且可以降低社会治理成本，减少社会发展的风险。但要做到这一点，非从官场风气、政治文化的彻底改革入手不可。历来，官与权、官与利相连，官者，管也。百姓由敬官、畏官，渐至避官，甚至发展至仇官、恨官。

因民不解官事，而官不解民情，官民关系相背而行，越来越僵，其结果则是官民皆受其损。正如该文作者以赋税征收为例所言，百姓所出不见少，官府所得未加多，官民之间的"中间商"上下其手，大发其财，终使官民皆受其害。

如要减少"中间商赚差价"的现象，首先需要政治透明，使官情民意一目了然。其次需要整肃吏治，消除政府"代理人"阶层，具体而言，就是各类假借官威欺上瞒下、损公肥私的胥吏、差役以及其他刁绅劣监。当然，如果政治透明，此类人群自然会逐渐消失。

从文化层面改善官民关系的途径较之于政治、法治更为重要，孙中山提出了著名的"权能"理论，即官员看重的是其"能"，而非其"权"，这是对于历代政府治理理论的一次革命性改变。但奉其理论为圭臬的国民党之所以败退台湾，也正是因为被人民抛弃。

水能载舟，亦能覆舟。说起来，谁不知道，但何以令之载舟而不覆舟，则不是一件容易的事。

## 论衙蠹

古人有言："衣食足而知荣辱。"又云："礼义生于富足。"可见齐民①尚且如此，何况下等之人哉？夫下等之人，即使衣食富足，尚难望其生礼义

---

① 齐民，指平民。《庄子·渔父》："上以忠于世主，下以化于齐民。"

而知荣辱也，况使之朝不谋夕哉？如今时文官之书差、武官之营兵论者，皆谓之为猾蠹，皆谓之如虎狼，亦无怪其然也，其弊皆由于既不能得名又不能得利之故也。夫人能不求名利己，具圣贤学问，世有几人？乃欲责备于书差营兵，是欲望下等之人而立上等之品矣，能乎不能？试先以古者之书差、营兵分论之。

古之书吏，三代以上姑且不论，自两汉以至唐宋皆出于乡举里选之法，苟非其人皆不能为，地方亦不公举。其禄俸之厚薄，历代各殊，难以详考。惟役限既满，即可登进则一也。故其时之书吏，皆以士人充之，上下各官均可以本署之书吏使为耳目手足心腹焉。虽其中亦间有刁狡之徒，然究系善良多而恶莠少也。有明一代，仍沿旧制，又加有文生考列四等者罚为书吏之例，故明代由书吏出身官至六卿与方面者不少，如徐尚书晞、况太守钟，其最著者也。由曾为书吏登甲科官至宰辅者亦不少，如曹文忠鼐亦其最显著者也。是书吏何尝无人哉？

古之将帅则不分文武，古之营兵亦不分兵农，有事则聚之以为兵，无事仍散之而为农，故将兵者易于秋毫无犯，又何至作奸犯科也？自唐废府兵之制，立募纩骑之法，无事则坐食饷银，有事则立致贵显。在唐则有李西平晟、马北平燧诸人，在宋则有狄武襄青、韩忠武世忠诸人，元明之间亦常不乏均由行伍以至封拜者也。是营兵何尝无人哉？惟差役一类最为下贱，故良莠世少记录，然官虎差狼传为谚语。读杜子美诸诗，未尝不废书而三叹也，惟其中亦有绍兴之皂隶木龙成全汤太守绍恩之志，捐其躯血以筑成三江闸者。又有江夏之快役赵大闻，因营兵夏包子之变，伊保全城中之官民不少，众皆感之至今，犹祀之于江夏县城隍庙中。云是差役，亦何尝无人哉？

而今则异是矣。书差则皆为世业，犯案革役，则缺底仍为其所有，或令子弟以继之，或倩他人以代之，故能革其名不能革其实也。定例虽亦设有书差役食一项，在州县地丁留支项下开销。为数本属无几，而且又经本官折扣，给发所得更属不多。遇大缺，州县书吏则有数百，差役则有数千。即系小缺，书吏亦有数十，差役亦有数百。在书吏满役之后，尚可得一从未双月，若差役则更无出头之日，彼等果何所图而为之哉？不过欲遇事生风，设法取财。故至无弊不舞，无恶不作也。然则如之何其可乎？惟有本管之官裁减其人，力杜其患，无使其狐假虎威，无与之猫同鼠眠，则庶乎其可也。

至于营兵本有一定额数，若遇有事则立功可致显荣，无事则积资仅得千把，其于名则所得甚微。马兵之饷月得数两，守兵之饷月得数钱，而且本官刻扣科派，所领有几？其于利则所得亦少，事畜无资，饥寒可虑，又安能不讹诈陋规也？凡此者乃古今之异也。夫不得名利之事，士大夫尚且不为，乃欲责备于书差营兵，是欲以下等之人而望其为上等之事，不亦慎乎？于以见古人之体恤人情也，必曰"衣食足而知荣辱"，又曰"礼义生于富足"，不肯妄责人以难能之事也。

(1878年1月1日，第1版)

**点评：**

这是一篇力求对书吏与差役给予"理解"与"同情"的社评，作者指出书吏、差役并非皆为"衙蠹"，至少古代不是。时至近代，二者之所以"无弊不舞，无恶不作"，与其地位卑微、待遇菲薄有直接关系，作者反复引用"衣食足而知荣辱"和"礼义生于富足"等古语，并强调"即使衣食富足，尚难望其生礼义而知荣辱"，何能"望下等之人而立上等之品"？"欲以下等之人而望其为上等之事，不亦慎乎？"也足以说明其对于改善书吏、差役待遇的重视与呼吁。可见，这一评论并非简单地批评晚清"衙蠹"，而重在分析产生"差狼"的经济与社会原因。是不是提高了待遇之后，书吏与差役就不再为非，不再舞弊，那倒也不一定；但总体而言，职员待遇越低，越经不起舞弊获利的诱惑。

## 论地方官之难

士人束发受书，莫不有志于经济，所谓藏器于身，席珍待聘，此志固夫人而有之。幸而月桂高攀，镜蓉献瑞，乙榜甲科，联翩直上，正大丈夫得展骥足之时，借乎有为之日也。于是从容飏拜，跻秩清要，得以拾遗补阙，为朝廷收言路之效；或扬葩摘藻①，掌握文衡，和其声以鸣国家之盛，皆所以抒其幼学壮行之志也。顾两榜科名未必皆木天②清望，间有人不能与于侍从之班，出而得膺民社③之寄，一麾④出宰，墨绶临民，为保障，为茧丝，司刑名，司钱谷，抚字心劳，催科事剧，用是才干，获知于上宪。卓异名重者，朝廷一再推升，绶假由州县而府道，由府道而监司，由监司而督抚，亦意中事，无是深异也。

然外臣之与内臣，其责均其事似分难易。内臣运筹帷幄，外臣宣力封疆，而一举一动，每关系乎民生国计之大。督抚总其成，州县分其任，两者相较，似州县之责较轻于督抚监司。而不知州县之难，盖亦有更仆难数者。其在简缺虽亦有案牍之劳，而政简刑清，但须静镇，尚不至于竭蹶；若在繁剧之区，民情刁悍，政务殷繁，实有不胜覆𫗧⑤之惧。

即曰刑名、钱谷分任幕友，然幕友未必质堪倚任。至于胥差、吏役则尤属不易照顾，稍有一事，略假事权，若辈即从中舞弊，防之不胜防，备之无可备，时时留心，事事详察，犹恐清官不能逃猾吏之手。倘无疑难案件、命盗重情，尚可勉为奏绩；若一旦巨案迭出，报劫报杀，盗犯□扬，凶手潜匿，则其事更有不易措手者矣。盗案或尚可以做手脚，讳盖为窃，赔赃了案。至于命案，则众目昭彰，断难匿讳⑥。地保邻近荐引⑦寄顿⑧，皆不得不传案讯鞫，其中又不无牵扯拖累之人，应押者押，应释者释，必不容稍有差误。

---

① 摘藻：铺张辞藻。
② 木天：翰林院。唐寅《贫士吟》："宫袍着处君恩渥，遥上青云到木天。"
③ 民社：州、县等地方，亦借指地方长官。张孝祥《后土东岳文》："下臣虮虱，天子使守民社。服事之始，敢敬有谒。"
④ 一麾：一面旌麾。旧时作为出为外任的代称。杜牧《即事》诗曰："莫笑一麾东下计，满江秋浪碧参差。"
⑤ 覆𫗧：本意指倾覆鼎中的珍馔，喻力不胜任而败事。《易·鼎》："鼎折足，覆公𫗧。"葛洪《抱朴子·臣节》载："君必度能而授者，备乎覆𫗧之败；臣必量才而受者，故无流放之祸。"
⑥ 匿讳：隐瞒。
⑦ 荐引：推荐引进。《后汉书·王符传》："自和安之后，世务游宦，当涂者更相荐引，而符独耿介不同于俗，以此遂不得升进。"
⑧ 寄顿：积存，积压。蒲松龄《聊斋志异·伍秋月》："王入，见房舍颇繁，寄顿囚犯甚多，并无秋月。"

其有案外之人，而所关在本察者极为紧要，则不得不暂押以待质。其或有案中之人，而实系无关证佐者，设亦一概久羁，则平民废时失业，受累匪浅。若刑求一节，则其弊尤滋。古云：三木①之下，何求不得？设有身膺民社，而动辄以鞭扑从事，则其祸尤烈。盖匪徒愍不畏法，虽熬刑而仍执前供，平民不能受刑，一□责而即行诬服，若是者往往而有。故古人听讼，不妄用刑，实亦有鉴于此。然不用刑，则□顽之辈又无所畏惧，而狡展不承，此其中实有两穷之势焉。

案中诸犯虽曰厥罪维均，然或案内正犯未尽获到，则从犯供词或有不可尽信之处。罪名出入所系非轻，倘就案论案，而偏听一面之辞，转致死者含冤，生者漏网，殊非明慎用刑之道。然正犯未获，而于证、荐、保诸人不能开释，辗转日久，不但家破业废，甚且有久押瘐毙者，其情亦殊可悯，此其中亦必当筹两全之策，不可执以一见也。

幕友办案，多拘救生不救死之说，以为如此可以免于罪戾。此言也亦似有理，但窃以为置生者于不问，则死者决不能瞑目九泉。而且凶人意存侥幸，转以长其凶横之性，而恣行无忌，效尤者势将日众，其为患于世风者实非浅鲜。然则避重就轻之法亦有时而不可行，而罗织锻炼更不敢出，此地方官之难为，往往若是。况县讯初供最关紧要，一经录详，遂成铁案，于此而稍一不慎，功名□[声]望败坏决裂，犹属小事，并且近则有身命之忧，远亦为子孙之祸。古人言刑官无后，非刑官之定皆无后，为刑官而不慎用刑乃必至于无后也。谚有之曰：公门里面好修行。所谓修行者，非世俗所称茹素念经，以及优柔姑息之谓。

盖尽心民事，无枉无纵，始足称"修行"二字；偶一疏忽，祸不旋踵矣。夫一行作吏，谁不自顾考成？而考成之殿最，惟听讼为尤甚，其可不慎之又慎也乎？慎之之道安在？则亦曰凡遇讼事，两造互呈，务须息心静气，察言观色，不为旁人所惑，不为成见所拘，准之以情，酌之以理，可释者早为开释，勿使无辜者多受讼累；可结者速为之结，勿使有罪者久稽显戮，平

---

① 三木：古代加在犯人颈、手、足上的三件刑具。

其心以平天下之不平，而天下乃无不平矣。孔子言：听讼犹人①。此言惟圣人可言之，下此则贤如子路而亦以折狱擅长矣，谁谓地方官而易于为也哉？

(1883年1月8日，第1版)

**点评：**

该文对位卑责重的基层（州县）官员的为政难处进行评述，内容偏重于刑案审断。依作者之见，基层官员当"平其心以平天下之不平"，期使天下无不平。不过，欲达此目标，诚难矣。因为在此种制度条件与社会环境之下，基层官员自当具备多种素质，施政过程中既须通情，又须酌理，更须依法；既要管事，更须管人。可谓全能，几近完人。而随着中国社会的发展，基层官员的职责又进一步加重，除了审慎司法以"维稳"之外，发展地方经济的任务也越来越重，地方官员的难处也就更多了。好在官制改革也逐渐推进，全能的道德型官员越来越向制度化的专业官员过渡。

## 经办军火宜惩流弊说

自西人肯以军火售中华，凡绿营、额兵、防营、勇丁，无不练习泰西军械。通计天下各标、各镇协诸营常额之兵，与夫从前军务省分招募调拨之勇，事平之后，遣散未尽，酌留几成，盖不下百万之众，以例定抬枪、鸟枪、藤牌、刀矛诸器酌改十成之二或十成之三四，其习西国枪炮者，又不下二三十万。加以海防练军、南北洋各口兵轮之所增设，尽习西器，不可谓之不雄。每年所费国帑及随事筹款，今年此省明年彼省，委员购办者接踵而来，皆汇齐于上海。自同治三四年至今已及二十年，外洋之易诸中国者何止千万。宜乎，以西器帅西法，皆臻纯熟，一旦强敌交绥②，几几可以战矣。

---

① 语出《论语·颜渊》，原文为："子曰：'听讼，吾犹人也。必也使无讼乎！'"
② 交绥：交战。

然历数天下诸军，果何处足恃以御敌也？微特技艺未能精熟，即器械之款式、价目，在西国分其等差者，我之统兵大员尚不知何者为优、何者为劣。如购炮则但总名为炮，购枪则但总名为枪，购火药弹子则但总名为火药弹子而已，此何故哉？盖在上者并未目睹其制器之法与用器之能，虽置炮与枪与药弹于其前，挈摩拂拭，审视终日，而不知其所以然。苟告之曰此为某某炮、某某枪、某某弹药，则领之而已矣。有领兵之责者，大率皆然，无怪经办者之欺罔掩饰也。

西国军火精益求精，有林明敦枪，逾年而云者士出矣；有格林大炮，逾年而克虏伯来矣。华人耳食能详，一闻新出名目，即不惜□□之资，从而改置，要其究竟，彼固茫然不解；欲其指出前不如后，后愈于前之故，而亦无从也。故西人之器愈精，则中国之资愈费。前年英将戈登谓华军如能以实力搏战，而不于海中而于岸上，但当购置次等之器，已尽足用，不必视泰西之所出以为风尚也。噫，此言诚中华军之病，奈何出自西人之口也？

夫西人有精益求精之器，而华军能用之，岂不甚善？取法乎上，仅得其中可也。苟谓不得其上，而取法乎中，奚其可者？然而戈登确见，华军不能善用西器，其屡屡改置者，徒闻西器之名，而并不识其器之果为何等也。

上海通商大埠，百业称雄，十数年来，乃增出军火掮客一行生意，其人非洋行之小伙，即游闲无业之徒。始而各营购办军火委员到沪，人地生疏，掮客遇之，逢迎交结，纳贿亲随，为之称誉，于是奔走于洋商指货定价，订期付银，委员以为洋商交易，公正无欺，深信勿疑。彼掮客则不出数年，而已成巨富。迨后则官场微知其事，掮客之底蕴，约略可窥，渐有攘之之意，而为掮客者亦因此日众。于是委员之来，掮客与之互为狼狈，□［得］肥分润，两无所伤，而军火之弊愈滋矣。继而洋商之业此者，亦日见多，兜揽荐斡，又与掮客、委员相为表里。终且洋商与洋商彼此攻□，委员与委员张李挤排，于是统帅疆吏又明知军火帐目如此之圆通灵活，亦思有以弥缝而掩节之，而其弊乃至于不可问。

呜呼！国家整饬边防，修明武备，而上下交征、内外盘剥，惟私利之是图，此何等罪名也。所以敢于为此者，窃忖中朝柔远休兵，敌衅虽开，终以一和了事，不至于战，即诸事之覆，不至于发①也。前年有某防营委员在上海与某西人订买洋枪，仅二两钱一杆，言明系旧式废枪，所立合同，委员以摹写者呈之统领，统领微有所闻，方召洋商将以质明其事，忽奉旨撤防，遂不果问，此则几几发觉而幸不发觉者也。一事如此，余事可知，防堵如□［此］，平时可知。七月初，法兵猝犯马江，官军预设水雷，法船过之，督师者喜其中计，急命拨机发动，竟不轰击，再试他雷，亦然。继而剖雷验视，则中贮炭屑石子等物，始悟造雷者之奸。闽事糜烂，大都此辈误之。现在左、杨二公到闽，闻有查□［办］之事，此言果确，不知如何处分。窃意此种弊病，何止福州，即他省之办海防者，所用军火岂能一无差误，平日之经手侵蚀，事犹可恕，临时之贻误军机，罪无可逃也。中国积习本在上下相蒙，然则事尚无大碍，而此则兵事之得失，即国家之荣辱，且有泰西各国笑睨于其旁。安得穷原溯流，一痛惩之，而使知所儆畏也耶。

（1884年10月30日，第1版）

**点评：**

两军交战，军情紧急之际，所用军火不能发挥作用，不是哑弹，就是哑雷，其影响何其大也！然而，此事在甲申中法战场与甲午中日战场都出现过。由此说明，晚清在军火采办方面的弊端何其严重也。军火之弊源于人为，采办军火之掮客，伙同有关官员，通同舞弊，俾从中获取暴利。

军火舞弊，性质恶劣，罪责深重，何以不易被严惩？其一，军火舞弊案链条较长，不仅涉及官场角落较多，而且有洋人卷入，盘根错节，深究不易。其二，军火案利润丰厚，涉案者往往不择手段，使查办成本加大。其三，照该文的说法，军火与战役相连，而战役很少长久持续，军事行动一结束，军火采办也就一同被了结，所以军火舞弊不易被揭破。

---

① 发覆：揭除蔽障。《庄子·田子方》："微夫子之发吾覆也，吾不知天地之大全也。"

从根本上而言，军火舞弊是政治腐败的产物。上下相蒙，是国人积习，腐败本属难免，有些腐败事例，可能只损及国人政治或物质权益，而军火舞弊则直接关系到军人的生命安全，影响到国家权益，所以实为各类腐败中最不能容忍者。

## 论中国理财治兵宜先除其弊

中国自汉唐宋明之世，皆以富厚强盛为四裔宗。虽政治不能上媲古帝王，而声教所迄，实已过之。至于我朝，疆域益廓，乾嘉以前，富强莫与京焉，二百五十年来成法犹具在也。近者海氛告警，师徒①挠败②，以致相臣秉节海外，屈志和戎，振彼虚声，忘我实效，一若典章制度皆不足恃。于是中外上下，人心皇皇，几欲改弦更张，尽弃所长而学彼。噫，何其值也！

中国近日所患在官方不肃，仕途庞杂③，士不务正学，而希捷获，人心汩于功利，吏治习为揣摩，虽欲振作精神、扫除积习，其如虚名鲜实，卒无异于因循。窃恐日求富强而转日趋于贫弱，则未知成法具在，病不在利之不兴，而在弊之不除耳。何则？中国二十二行省民数计四百兆，人满患贫，自当以足民为第一要务。旱潦灾荒宜赈恤，农田水利宜兴修，风俗奢靡宜禁革，通商惠工必先之以务财训农，古之训也，其责在于亲民有司奉法无私，其权在于封疆大吏因材器使。皇上高拱法宫，下情讵能尽悉？得一贤督抚，则一省治矣。督抚无不贤，则二十二行省皆治矣。第察吏在乎简贤，而储才尤在乎养士，则变通学校，实与澄叙官方并重。惟知人而后能安民，其效非可以旦夕期也。

此外，则税厘有侵吞之弊，工程有浮冒之弊，银钱有流耗之弊，仓储有蠹蚀之弊，官吏有贪墨之弊，市井有垄断之弊，苟得其人而治之，如距斯脱，少一私弊即多一公利。商务宜归户部，丝茶各设分司，政固有利于用，而无伤于体者。至于开源节流，自有大臣谋国，不在其位未敢轻议。惟闻各

---

① 师徒：兵士。《左传·昭公四年》："凡克邑，不用师徒曰取。"
② 挠败：同"桡败"，战败。《左传·成公二年》："畏君之震，师徒桡败。"
③ 庞杂：多而杂乱。《新唐书·李吉甫传》："方今置吏不精，流品庞杂，存无事之官，食至重之税。"

省例贡方物，岁縻金钱以亿万计，其实内府所藏，都致朽腐。近有某侍御奏请停止，惜未蒙谕允，疏亦留中不发。此事若行，公私为益不少。以视折扣俸廉，下及微员末弁，徒滋嗟怨，而为数甚微，无补于事者，其得失为何如哉！国用既足，养兵不虞无费。

至以目前而论，则亦当以除弊为先。各省绿营习气太深，近且染及防营：自统领以下各派空额饷若干名，相习成风，毫无顾忌；及期简阅，则驱市人以充数，或且以绿营之兵兼食练军之饷，上下相蒙，视同儿戏。是在各省知兵督抚，平时随事整顿，务厚将弁之俸，弗空兵勇之额。及奉命巡阅，尤宜破除情面，认真厘剔，庶几旌旗变色。刻下绿营既拟裁并，宜悉改为练军，俱照湘军营规，以归划一。平时无事，宜责以剿捕盗贼、搜戮会匪、巡缉盐枭等事，以地方安谧与否，程其功过，俾各习于战阵，自不至临事逶避。他日铁路造成，则征调既易，不必纷纷召募，诚为莫大之益。然使有兵而不能战，虽瞬息千里，与无兵同。至于绥靖地方，尤当解散会匪，安插流亡，约束棚民，抚辑苗回各种，使内忧既弭，而后可专力于外攘。若夫武试，改用枪炮，视文视尤宜决计。盖以弓矢刀石之不适于用，固人人共知也。

此外，购船械则弊在克扣，造药弹则弊在偷减，司电报则弊在漏泄，前车可鉴，实为寒心。执兵柄者，奈何不悬为厉禁耶？或谓理财、治兵二事，洵皆当今急务，虽不必尽弃成法，要不妨参用西法。不知法无中西之异，特西人行法异于中国耳。泰西各国大率造邦未久，气运方新，较之中国尚在夏忠商质之世，以故人情坚忍朴直，法易行而弊未滋。若以中国而仿西法，恐多一法，转多一弊，即以西人而行西法于中国，亦未必能无弊也。要之，言富强者自当以除弊为本，而谋富强于历朝积累之余，尤当以除弊为先。此理固合中西，通古今，而莫之或易也。秉国钧者幸弗河汉斯言。

（1896 年 1 月 9 日，第 1 版）

**点评：**

该文中心观点为中国"病不在利之不兴，而在弊之不除"，如果本末倒置，则恐"日求富强而转日趋于贫弱"。作者胪列了当时国内各弊，涉及政治领域、经济领域、军事领域，言之凿凿，发人深思。

作者指出，"若以中国而仿西法，恐多一法，转多一弊，即以西人而行西法于中国，亦未必能无弊也"。何以至此？作者认为，这是中国"历朝积累"的"气运"使然。相较而言，泰西各国造邦未久，"较之中国，尚在夏忠商质之世，以故人情坚忍朴直，法易行而弊未滋"。其实，泰西何以行法弊少，同其立国久暂的关联度倒不是首要因素，而主要是它们经过资本主义革命，不仅确立了民主法制——相对而言——基础之上的制度体系，而且令国民产生了普遍的制度信仰与制度精神。而这是"礼崩乐坏"、上下相蒙的晚清根本不具备的。

一国之所以舞弊难除，根本原因在于公私关系失衡，私利大于公益，以公共权益满足私利，损公肥私在所不惜。所以要谋公利之发展，必须减少私弊，正如作者所言，"少一私弊即多一公利"。

## 论中国防弊之无益

法者，先王创制显庸，以范围后世者也；弊者，后人因心变幻，以挠乱乎法者也。是故有一法，即有一弊，立法愈严，其弊愈甚。自秦迄明二千余年，禁令日密，政教日衰，君权日尊，国威日替，泯泯棼棼，至于今日，而中国遂一弱而不复强。窃尝推原其故，而知防弊之为患甚矣哉。

夫人之有弊也，非必巨奸大恶而显与法违也，亦因为势所迫而不得不然耳。即如中国盗贼一事，责成地方有司，未尝不法禁森严，然法立于弊之外，弊即生于法之中。以三日内有两起劫案，县官即有处分，然以某日之晚，移至某日之晨，而已非在三日之内矣；附郭十里内抢劫之案，两月内不破者，即照例严参，然苟与原告商通，于禀报时稍移一二里，即已逾乎十里之外矣；盗案至四参，限满尚不破获者，立即撤任，然苟与他县互谋对调，则均为协缉，官而可以安然无事矣。夫定以三日，约以十里，严以四参，其立法非不审慎详密，似可以清盗贼之源，而地方有司于捕务亦断不至任意废弛。孰知其弥缝掩饰，灵幻百端，一转移间，即可置身事外，人非至愚，孰不愿为趋吉避凶之事乎？且更有可异者，监犯之越狱也，县官、典史皆有严谴，然观各省奏报越狱之案，必称知县有事，先期公出，于某月日四更时分，风雨大作，更夫、禁卒人等避入他室，困倦睡熟，该犯等乘间扭断镣铐，越狱脱逃。追狱卒等惊觉，报知典史，会营勘验，查拿无获，据情禀报后即将典史撤任，同卒禁人等一并提讯。据供依法看守，一时疏忽，并无松刑贿纵情弊，应即将管狱官、典史某某以疏于防范，照例革职。有狱官知县某某因先期公出，免其参处，云云。此种奏牍，千篇一律，几可以刊板印行。

夫县官之倒填年月，捏报公出，其伪固不待辨，而该典史之甘心受过，嘿嘿无言者，岂果有德于县令乎？盖县令之捐实缺也须万金，典史之捐实缺也只千金，与其明言之而两败俱伤，孰若独任之而尚可代为捐复。在各督抚亦深知此中情伪，非必甘受其欺，然悉彻底根究，照例严惩，恐有惩不胜惩者矣。

窃尝想之，中国开辟最早，人之智慧亦最灵，故夫作奸犯科之事亦遂层出不穷，莫可究诘。国家知其然也，于是严定以律例。律例者，防弊之书也，纲举目张，有条不紊。然朝廷之设例益严，吏胥之奸谋益巧，变乱曲直，混淆是非，士人学古入官，读书万卷，而未尝读律，案情之稍异者，辄瞠目咋舌，而不知所措，于是其权不得不授之吏胥。昔人谓"今日之天下，一吏胥之天下"，虽系激言，实亦确论也。

夫今之言治国者，动言效法泰西。泰西之设律也，删繁就简，不过扼要数言；且折狱必须衡情察理，不尚刑求，骤而观之，似其法失之太宽，然犯法者亦未见多于中国。盖泰西之法虽不苛，而凡事必须察核情伪，使人无所逃遁，故为律也似宽而实严。中国之法虽密，而多可以附会迁就，避重就轻，故其为律也似严而实宽。古语曰："琴瑟之不调，甚者则改弦而更张之。"昔汉高入关，与父老约法曰："杀人者死，伤人及盗抵罪。"其余繁琐之令悉去之，以是民心悦服，寰宇安宁。今中国诚能一洗上下相蒙之习，立法尚简，而苟有犯者必严惩无赦，如是则弊不必防而法亦不至虚设矣。岂不盛哉？

(1897年9月19日，第1版)

**点评:**

立法的本意在于防弊惩弊,以期生产和生活秩序得到保障,助推社会发展。但如何防弊,则是一个极为复杂的问题,并非法行弊除,有时立一法反而生一弊,法立与弊生成正相关,这在中国历史上并不稀奇。

诺贝尔经济学奖获得者弗里德曼有一本名著叫作《货币的祸害》,专门讲述货币发展历程以及因为对货币理论的错误理解与运用而带来的种种"祸害"。读罢此文,则会使人本能地想到"法治的祸害"。正如作者所言,"有一法,即有一弊,立法愈严,其弊愈甚"。立法原为防弊、惩弊,何以会产生这种悖论?原因固极复杂,也极简明。语其复杂,在于法的不同体系、不同部类,作用与性质不同,外部效应自然有异;说其简明,法与弊互相为用,实际上是共生关系。此文作者说的明白:"法立于弊之外,弊即生于法之中。"

"弊"如何生于"法"之中,此文列举了许多案例。照律,某县三日内若发生两起劫案,县官即受处分,若果真发生,即将最后一案的发案时间移至次日之晨,这样就不在三日之内矣。府县附郭十里之内发生抢劫之案,若两月内不能破获,官员照例受到严参,若与原告商量,令其将案发地点稍移一二里,超出十里之外则无事矣。再如,盗案限满未破获者,照例官即撤任,然苟与他县互谋对调,"则均为协缉,官而可以安然无事矣"。甚至发生越狱等重大案情,也可以由地方官员"大事化小",导演"丢车保帅"之剧。

何以各级官员会想方设法规避"法"的制裁呢?一言以蔽之,"人非至愚,孰不愿为趋吉避凶之事哉?"当官员个人或团体利益因面临法律的制裁可能受损之时,设法钻法律的空子,自然是常规想法;趋利避害,人之本能,固不足多责。但若无他人助力,要想"成功",恐亦不易。唯官场本为一体,官员互为调剂、协同抗法,则法弱弊强,法小弊大,势所必然。最后必然导致法自法,弊自弊,猫鼠相安,习为固然。

凡为官员,口头上也莫不拥护立法,誓言守法,实际则玩法、枉法，甚至亵法，导致法律的威严越来越弱，直至被弃如敝屣。善因何以生变果？作者归因于清代的胥吏舞文弄法，作奸犯科。此说法有一定道理，但不全对。根本原因在于，法者，公也，弊者，私也；公者，无也，私者，有也；公者，虚也，私者，实也。在一个没有公共意识、公共信仰的社会，法制再多，在人们心目中，总会或多或少让位于私权与私利。况且，私权与私利还可以让渡。于是，在抗法护弊过程中，官场中人互相庇护，彼此照应，避重就轻；上级官长虽心知肚明，也因身处情网，不得不援情入法，法内容情，法内护情，以情代法，纵弊抑法。结果，官场关系网便成了法制与法治的沼泽地，使其失去应有的威力与活力。

在法治文化不健全的社会，立法愈多，滋弊的机会愈多，反不如汉高祖入关与民约法三章有效。法治文化建设的核心在于"诚"，一方面是政府诚心立法，另一方面是民众诚心守法。这是此文的结论。

文章最后一句话尤令人深思："中国诚能一洗上下相蒙之习，立法尚简，而苟有犯者必严惩无赦，如是则弊不必防而法亦不至虚设矣。"

## 论泰西人和

### 热肠冷眼翁

海外之国莫强于泰西，亦莫富于泰西。夫泰西之人必非有管乐之才、陶朱之术也，而所以能富且强者，在练兵，在通商，而实则在于人和。何以见之？昔发贼之犯沪也，西兵助守者数十人，贼逼城半里，我官军催其燃炮，但摇手笑；渐近屡催之，笑如故，官军疑变，至呕血；及贼近数十步，乃曳炮而下，开城发两炮，毙贼无算，而数万人倒戈以北矣。贼踞太仓，西兵助攻者百余人，夜半直逼城下，每见城上炮开火闪，能避不伤；贼出城迎敌，屹立不动，近至十余步，忽洋枪叠发，当者辄毙，贼急退，闭城固守。西兵乃从容安置炮位，天微明轰之，每队五炮，去城二三尺，轰五队，而城已及肩，鼓噪而进，偶伤一人，战气愈奋，城中万余贼各鸟兽散矣。雍雍乎好整以暇，真有一静足以制百动者，此兵之和也。

夫根深者叶茂，源厚者流长。我中国之为贸易者，动曰"合偷一牛，不如独偷一狗"。泰西则不然，其设一公司也，集本必数十百万，合股至数千百份，以一二人主之，赢无所私，亏无所怨；其司货、司银、司帐诸人，悉由主其事者举所信，而诸司又各取所信之人以分其劳：忠而力者重用之，听其自为，获利而无少猜嫌；贪无能者摈斥之，虽或谊属亲交，而不容包庇。故各东永无异议，各伙又莫不协力同心。恢恢乎多钱善贾，真有一胜可以偿百负者，此商之和也。

尤可异者，他国有兵事，则商必受其害，而泰西兴兵，一切军需粮饷皆谋之于商，而偿其利；一战而胜，所获什倍，则与商共之。是即以战为市，寓兵于商，此又见兵与商之和，而朝野上下无不乐其乐而忧其忧也。《传》曰"师克在和"，《易》曰"利者，义之"。和也，泰西有焉，其富强之甲于天下也，不亦宜哉？今闻东洋之国，通商练兵，亦皆取法泰西，则凡为兵为商之人，亦必有道焉：以使之和，度勿取其貌而遗其神，画其肉而忘其骨，或为泰西人所窃笑也。吾习闻泰西人之论，熟知其情状，故著为论如此。

(1873年7月17日，第1版)

**点评：**

依该文所述，泰西不仅"兵和""商和"，而且兵与商亦和，从根本上讲，泰西"人和"，故举事容易奏效，事业不难成功。那么，泰西何以"人和"？其因固不可概论，例如兵和可能成因于战备先进、战略科学、战术高明与战争观念熏陶；商和则是因为公司制度可收众擎易举之效；商与兵和则在于两者可互资利用，两得其赢。其实，泰西人和的前提在于"政通"。现代政治、经济与军事制度为西方塑造了强大的公共意识，营造了"团结就是力量"的社会氛围。

中国传统文化一直很注重"和"，诸如"家和万事兴""和为贵""和而不同"等格言，几于妇孺皆知。但中国注重的"和"以强调个体内修为出发点，强调的是"无争"，一直未能解决"和"的技术支撑与制度保障。在发挥"人和"优势方面，泰西无疑走到了前面。但国人的"合作"意识，在西方的冲击下，也在不断滋长，这是后话。

## 论中国日本效行西法事

连阅《循环日报》所载日人善贾、寻觅煤矿、金矿宜采三事，而叹中国与日本凡事之不同如此。

其言日人善贾，大略云：日本近日志在通商，而耕种一事尤极讲求。凡有荒岛无不垦辟，故谷米甚饶，贩运及［极］远。兹有勿稣公司，以帆船载米八万包，由长崎开行，前往美国。夫贩米之区向推西贡，今日本亦有米出口，则其储藏之富饶可见矣！

其言寻觅煤矿，大略云：日本咽深美省，闻有一地方寻出煤矿，极为美盛。日廷将往开采，已派员弁偕西人前往查勘。倘能适于用，即工费浩繁，亦必鸠工从事。盖日本自效法泰西以来，专以富强为务，凡土地之利，无不设法取之，以供国用而便民生云。

其言金矿宜采，大略云：烟台递到消息，谓是处附近之山，金矿甚多，现有土人寻得金块，约重八斤有零。闻见者虽皆心生钦羡，然例禁所关，不敢公然挑掘。故西报谓：当此东省饥馑成灾，饿莩满野，为地方官者正宜奏请朝廷，大开例禁，雇其饥民，俾就采取，而设官以抽其税，招商以运其粮，上可富国，下可利民，正一举而两得之事也。其言如此。

夫中国之与日本邻近之国也，其与西人通商，中国尚在于前，日本方继于后也。至于土地、人民，则日本仅有中国十分之一，而其富强之效，亦有不可以道里计者，何也？盖中国信西法不笃，而日本效西法维谨也。故中国自遭兵燹以后，已熟之田，听其荒芜［芜］，尽为废田，而地方各官亦未有议及开垦者，动则诿曰：土民无多，客民不便也。若人众田寡之区，无可谋生，听其相率出洋，以求衣食于数万里之外，否则即听其相率为盗，以求衣食于有余财之家，而莫有为之筹划者矣。果使地方官肯视民事若己事，善立章程，筹拨款项，止方欲出洋之穷乏，化初次为盗之凶顽，使之开垦废田，立限升科，庶可望复旧观。不然，年复一年，听其荒废，恐数十年后，依然仍为荒田而已。

夫日本凡有荒岛，无不开垦。其开荒岛为良田与垦荒田为沃壤，究有难易之殊。乃日本能开荒岛，而中国不垦荒田，无怪日本以数千里之区，尚有米八万包运往美国，而中国以数万里之地，反致一有偏灾，竟不能互相接济，真所谓事在人为也。至若采煤一事，日本于前岁已开一矿，获利已属不菲，今又欲开一矿。中国于此事业，已议论多年，而成功获利者尚无著名之矿，余均尚未举行也。若烟台之金矿苟在日本，不待如此之灾荒，早已开采，何能迟延至今，尚不过饥民偷挖而已。

予思子之述《中庸》也，其言山则曰宝藏兴焉，言水则曰货财殖焉。曰宝藏兴、货财殖者，不过言其可以供人之用，欲人知所取用而已。乃士人入学即读此书，至老死不明此理。西国知而行之，日本知而效之，故能日异而岁不同。中国知而不行，而仅欲以帖括一事，为平治修齐、诚正格致之要道，成古往今来天地四方之绝学，又安望有过人之时也？噫！

（1877年1月29日，第1版）

**点评：**

　　日本国土面积小于中国，其仿行西法又晚于中国，却能后来居上，成效显著，何以如此？这是一个时代命题。原因固然复杂，但有一点是肯定的，正如该文作者所言，"中国信西法不笃，而日本效西法维谨"。中国人是不得不仿行西法，而日本是实心实意学习西法，其践行路径与发展质量的差异，慢慢就拉大了。中日两国仿行西学的不同成效，与两国官员的态度有很大关系。"日本自效法泰西以来，专以富强为务，凡土地之利，无不设法取之，以供国用而便民生。"而中国官员则沉湎于官事，耽耽于官权，漠视民命，罔顾民生，满口仁义，一心谋私，敷衍塞责，欺伪成风，讲得高大上，行为多猥琐，做人不能表里如一，办事鲜能实事求是，其行政能力与成效自然大打折扣。相形之下，对于发展实业以富国富民之道，西方率先"知而行之"，日本则"知而效之"，其发展差距自然逐渐拉大了。

## 论中国官场与泰西情形不同

泰西之于中国土地相去数万里，人民风俗大都不同者居多。其所同者，不过饮食、起居、服御等事而已。饮食之宜，亦未必同也，而渴思饮、饥思食则同；起居之适，亦未必同也，而倦思寝、觉思起则同；服御亦未必同也，而冬知寒、夏知热则同。仆初未见西人之时，闻人之谈及西人者无一不与华人异，甚以为手足耳目位置亦若有殊异之处。及既见西人，则见其所殊者不过衣服之长短宽紧，不与华同；发之种种、须之鬖鬖①、言语之碌格②钩辀，一望而知其为欧族。迨徐而察之，其笑声、嗤声、咳嚏声、呼痛叹息声，凡莫之为而为者无不同也；喜形、怒形、劳逸形、安舒窘迫形，凡不期然而然者无不同也。他若小儿之啼哭、妇女之娇柔，或为上等之人，则类多和平精细；或为下等之人，则类多粗暴狭隘。凡若此者，固莫不皆同也。其所以娱耳悦目、别声被色之事，无一同者。而耳之欲娱，目之欲悦，声之能别，色之能被，则又无乎不同。故几疑前此人言中西人之大异者，实属无稽之谈，中之于西，殆亦闽粤与江浙，齐鲁与滇蜀，限于道路、山川，故殊其人情、风土而已，非有所谓甚不同者在也。

而孰知观于中西官场，则实有大不同者。泰西之官除日行公事不能旷废外，倘有暇晷，皆可以畅游，无论登山临水、观乐评花，初无人为之纠弹，但于政事无误，则忧天下之忧，不妨乐天下之乐，初不必效范文正公之分其先后也。公余之暇，不车不马，屏去随从，或与一二友人携手并出，持一逍遥之杖，相与访友，情话于山巅水涯；或乘马车载驰载驱③，往来于寻声选色之场，不肯辜负良辰美景；或偕其内子，同坐并肩而出，相与行乐，初无人耳而目之，其意甚自适也。

中国则不能。一出门必命舆马差役跟随，旗锣前导，其气象殊煊赫也。而正以有此仪节，而不得轻易出门。即如中国之良辰令节，如元旦、元宵、端午、中秋，或逢天气晴明，星月皎洁，此固万民同乐之佳景，而官场则于

---

① 鬖鬖：须发稀疏。《乐府诗集·相和歌辞三·陌上桑》："为人洁白皙，鬖鬖颇有须。"
② 碌格：象声词，指难懂的语声。清夏燮《中西纪事》："两洋人先后行，方碌格语笑，后者忽无声，回视之，已失头而仆；前者大骇，僵立若槁木，俄顷又失其头。"
③ 载驰载驱：形容车马疾行。《诗·墉风·载驰》："载驰载驱，归唁卫侯。"

此数日中仆仆拜贺，迎送终日，不胜疲倦，至晚而虽有美景，不愿赏矣。中国之地，如苏则有虎邱、莺脰①，杭则有三竺②、六桥③，皆极天下之名胜；旷远绵邈则又有如天台、雁荡之间，幽人逸士所以访道寻真之境，而官其地者则皆望望然去之，不敢于斯留恋，恐贻人以讥弹也。至于游览之外，别有嗜好，则更惴惴焉惟恐人知。噫！中国之官其苦至于如此，则虽有鼎烹之食、蟒缎之衣、官署之深邃、仆御之呵导，亦何足以为乐哉？昔陶宏［弘］景隐居不出，称为山中宰相，有敦劝出山者，则画两牛之图以示之，其一牛散放于水草之间，一牛戴金笼头，一人执策随其后，见之者知其欲为曳尾之龟④，遂不之强。李邺侯亦不欲以金紫自缚，谋画于帝前，亦着白衣，人称之曰"白衣宰相"。彼古人何故而不乐于显荣哉？亦以居官之束缚，不若在山之得以纵恣自乐也。唐宋之时官场体制尚不若今日之严，苏东坡在冷泉亭判事，至今传为佳话；欧阳修《醉翁亭记》，尝自述其乐境。迄于今日，则并此而无之，一举一动，辄徘徊审顾，恐贻人以口实：官小者虑上宪之纠绳⑤，官大者亦惧言官之弹劾，虽曰起居、服御、饮食大异乎齐民得以安享富贵，其实富贵逼人来者尚不及齐民之得以纵游无忌也。

西官则可以请假数月或至年余，以自适其身志；华官则一日且不得自适。宜乎西官有废事，而华官无旷功矣。抑知华官终日碌碌，大都耗其精神于酬应之场，而政事或托之幕友，或付之书差，竟有公务懈弛之日。西官并不拘拘于不遑逸豫⑥，而事多身亲，初不闻其有一废事，孰得孰失必有能辨

---

① 莺脰，即莺脰湖。
② 三竺：杭州灵隐山飞来峰东南的天竺山，有上天竺、中天竺、下天竺三座寺院，合称"三天竺"，简称"三竺"。
③ 六桥：杭州西湖外湖苏堤上之六桥，分别为映波、锁澜、望山、压堤、东浦、跨虹，宋代苏轼所建。亦指西湖里湖之六桥：环璧、流金、卧龙、隐秀、景行、浚源。
④ 曳尾之龟：比喻与其显身扬名于庙堂之上而毁身灭性，不如过贫贱的隐居生活而得逍遥全身。典出《庄子·秋水》。葛洪《抱朴子·博喻》："故灵龟宁曳尾于涂中，而不愿巾笥之宝；泽雉乐十步之啄，以违鸡鹜之祸。"亦省作"曳尾"。
⑤ 纠绳：督察，纠弹。《魏书·高恭之传》："自顷以私铸薄滥，官司纠绳，挂网非一。"司空图《成均讽》："掖庭弦吹，先罢赏于材人；司隶纠绳，次申严于权右。"
⑥ 逸豫：闲适，安乐。《诗·小雅·白驹》："尔公尔侯，逸豫无期。"欧阳修《新五代史·伶官传·序》："忧劳可以兴国，逸豫可以亡身，自然之理也。"

之者矣。李广、程不识俱为汉之名将，而李广军中不设刁斗，士卒任其就水草自便，而军无失事；程不识则刁斗以时，部伍必肃，人皆乐广之宽，而苦程不识。后人谓治军者宜学程不识，毋学李广。夫军行以纪律为重，固不得不舍宽而从严。若居官行政，则与行军不同，择便施行，但取官无废政，政无废事，于职为已尽；公余之暇，偶焉逸豫，以养其心志，以适其精神，似亦无害于政治。而顾沾沾焉，拘拘焉，不敢一日或肆，以视西官，不且有爽然自失者哉？

(1883年10月29日，第1版)

**点评：**

  大凡做官，中西有共性，也有差异。如同中西人种一样，虽然体格、语言、习俗不同，但生理习性、情绪反应则无差别。那么，中西做官的相同之处何在？既曰官，必然有两种功能属性，其一曰权，其二曰能。而权与能的不同配置，决定了中西官场的两种文化。西人做官重其能，中国官员重其权。重其能故以办事为主，重其权故以交结为主。两种做官方式，必然决定了官员的活动轨迹不同。前者围绕自己承担本职工作而行事，后者则致力于培养和扩大人际关系。可以说，前者做官的资本是其办事的能力，后者做官的土壤是其人脉关系。从某种意义上讲，西人做官只有职能，没有"圈子"；中国人做官既重"圈子"，更重"中心"，其"中心"何在，权力是也。

  西人因为没有"圈子"与"位子"意识，只有"在其职，而服其务"的观念，所以官场生活简单，该工作就工作，该休闲就休闲。工作的时候全神贯注，兢兢业业；休闲的时候纵情山水，彻底放松。中国官员则因为不得不应付"圈子"，顾及"面子"，突出"位子"，所以不得不为之劳心费神，疲于交际应酬，一定程度上缺乏自由，也谈不上西方官员那样的享受。

  中国官场文化其实是一种圣人文化，但是圣人文化不容易度量，极易形成一种道貌岸然的假象。中国官场的权力游戏往往假托于一些高尚的议题，这些高尚的议题也形成了对于官场的一种普遍的约束，例如必须在表面上严格约束自己，以为民之表率。这也在一定程度上增加了官场生活的枯燥与乏味，在一定程度上降低了官员办事效率。

## 中西官场体制同异说①

客有自泰西游历而来者，造庐为余言西国风土人情，历历如指诸掌，谈至官场体制则曰："即此一端而知泰西风气之厚，盖直与我中国上古之间相仿佛焉。泰西之官亦有品位之不同，大都任事者权尊，位高者望重，此亦与中国不相殊异。惟其出入起居，一切规模，往往乔野无文，简朴之极，旁人见之不知其为官也。迨各事其事，各在其位，则出一令也无不应之如响，创一举也无不从之如流。至其衣冠服御，则或者亦有区别之处，我辈异邦人不能深知而详辨之，然较之中国则华实之间大相径庭。故泰西各官其于民间之情形、民事之底蕴皆莫不了然若观火，而无廉远堂高之虑。虽以一国之主，皆得与齐民相晤谈，初无赫声濯灵②，难于一见之势，此其风气直与古人无异。自昔我中国何尝不如此？三代之君或遁于荒野，或学于儒臣，如商王武丁谅阴③不言，梦赉良弼④，求傅说于版筑之间而举之相位。说者谓其求贤之诚，感格苍昊，而不知其实则高宗遁荒之时，早知傅说之贤，特恐来自田间，举登口［于］位，朝臣或有不服之意见，不欲创此异数为他人先，故托为应梦旁求之事耳。迨至秦汉而后，犹有此等异闻，然君之体则渐尊矣。至于官则犹未若今日之尊严也。夫人主一身岂能综理庶务？势不得不委任臣下。而大臣又不得事事躬亲，亦不得不分任其责。内而宰相部臣，外而督抚大员，皆其位尊而权重者也。惟其位尊，故其威仪、礼节皆与人不同；惟其权重，故其下属亦莫不尊之敬之。而体势之崇高、仪度之阔绰更与人迥乎不同。自

---

① 此篇正文与郑观应《盛世危言·典礼下》基本相同。见夏东元编《郑观应集》上册，上海人民出版社，1982，第378~380页。
② 赫声濯灵：语出《诗·商颂·殷武》，"赫赫厥声，濯濯厥灵"。
③ 谅阴：同"亮阴"，帝王居丧。《尚书·商书·说命上》："王宅忧，亮阴三祀。"
④ 梦赉良弼：语出《尚书·商书·说命上》，"恭默思道，梦帝赉予良弼，其代予言"。另见刘基《巫山高》诗："君不见，商王梦中得良弼，傅岩之美今安匹！"

是而大员之一出一入，卤簿①繁盛，扈从众多，伺候其门者咸伛偻足恭有不敢仰视者。一轿马也，绿呢绚烂，舁者少则四人，多则八人，顶马、跟马，前后拥护，肃静回避，除道清尘，其体统有如此者。一舟车也，或乘轮船，或坐兵舰，舟中则不敢搭客，不敢装货，开轮系缆，必升炮隆隆然，络绎不绝，骡车、套车极其高大，前扈后从，其显赫有如此者。夫体面显赫至于如此，则凡有民间冤抑苦情，欲赴诉②于大人之前者，谁不有所畏缩恐惧？求其下情得以上达也，乌可得哉？且不独大员为然也，即州县各官亦莫不自以为尊严。一州一县彼独称尊，除口［见］上司时不敢不致敬尽礼外，若在衙署或下乡催科、踏勘相验等事，亦复扈从如云，威仪煊赫。以州县亲民之官，而［尚］且不能俯察下情，躬问疾苦，则封疆大员更无论矣。即在各镇分司巡检，亦且夜郎自大，不肯降尊。中国之官其体制如此，则其异于西国者远矣。西国虽以将相大员握重权、掌兵柄，指挥如意，措置裕如，而其出入之间坐不过马车、轮船。而轮船除水师提督等官自有坐船之外，往往附坐公司商家之船，即挈眷同行亦与诸客杂坐，随行之人亦不甚众，护从之辈益复寥寥。即有德政及人，或当临行之时纷纷饯送者，亦初无中国之所谓万名衣伞，以及一切匾额、衔牌之类。但以杯酒为寿，并致祝词而止。夫中国之官场其体面也如此，泰西之官场其简陋也如彼，以此见中外之所由分。而中国之文有不如泰西之质者矣，中国之华有不如泰西之实者矣。然则中国而苟欲驾乎泰西各国而上之，则必于此等处稍稍变易而后可。子以为然乎？否乎？"

余曰："子之言诚是矣！然吾则以为各国之风气固不可以强同，若于此时而必欲使中国之官尽去其从前之体制，而一反乎古初，亦与泰西各国同其简易，其势决乎不能，惟有以中国之道治之而已。昔陆清献公③宰嘉邑时，自坐大堂课其子读书，其孺人亦于堂右置纺车亲自纺织；凡有词讼之投诉，随时批阅，立予判断，县无废事，案无积牍，至今人犹艳称之。此其人固中

---

① 卤簿：古代帝王将相出行时扈从的仪仗队，唐制四品以上皆给卤簿。
② 赴诉：控告，上诉。《孟子·梁惠王上》："天下之欲疾其君者，皆欲赴诉于王。"皮日休《忧赋》："民之胥怨，无所赴愬。"
③ 陆清献公，即陆稼书（1630~1692），浙江平湖人，名陇其，康熙进士，曾先后任嘉定、灵寿两县知县，讲理学，有惠政，受民爱戴。

国之人也。今而欲令中国之官变于西国之俗，固所不能。若令中国之官而仍效中国先贤之所为，则不得以'不能'谢矣。夫近日中国官场其所有之排场体制，要亦无非取法前人而又踵事增华，以至日增月盛。倘即以前人之贤砭今时之俗，苟得其千百中之一二，于民情无所壅蔽，则虽尊其体制仍无伤也。请以子言为当道诸公正告之。"

(1885年9月2日，第1版)

点评：

该文对于中西官场体制之不同极尽描写，概括起来，就是"中国之文有不如泰西之质者矣，中国之华有不如泰西之实者矣"。中国官场讲究场面，注重威风，脱离民众，其施政绩效自难与西方相比。不过，该文并未停留于比较中西官场之后的感慨，而是企图揭示中西两种官场文化形成的"路径"。作者指出，"今而欲令中国之官变于西国之俗，固所不能"，必须从中国古代亲民传统入手，"令中国之官而仍效中国先贤之所为"，则官员自当无话可说，"不得以'不能'谢矣"。作者分析道："近日中国官场其所有之排场体制，要亦无非取法前人而又踵事增华，以至日增月盛。"所以还得"以前人之贤砭今时之俗"。榜样的示范，固然能促进制度的诱致性变迁，但因借助于受众的意识自觉而发生作用，所以很难产生规范性与规模性效应。该文作者也注意到这一点，指出"苟得其千百中之一二"，已属难能了。

## 中西会议情形不同说

泰西各国有民主者，有君民共主者，其君主之国盖不多焉。故凡作一事、举一谋，必会议而后定。盖即中国古时询谋佥①同之意。第中国之所谓会议者皆官，而西国之会议则有官有民，此其所以异耳。

客有言及此事，若不胜慕悦乎西人者曰："仆见西人之会议矣，无论大

---

① 佥：众人，全部。

小，无论多少，聚集一处，皆肃肃然无敢错以游词闲语。有自上议院议定而后交下议院公议者，设所议有不尽妥当之处，下议院诸人皆可以驳回，上议院不敢固执己见也；有下议院所议而未当者，上议院亦可重申前说，平心论定，初无成见在胸也；有数国则但有一议院而不分上下者。总之，不离乎周爰咨诹、周爰咨度①者。近是当众人既集之时，各就其位，静坐凝神，会议时必有一主者，由主者宣明此日会议之事，并陈说所以会议之故，如有意见各异者，请各以所见对。于是各出笔札，即其所议之事而书之，各自思索，各自书写，其所欲为之意而呈之主者，然后由主者检阅。盖所议必有是非两端，言是者人众则从而举之，言非者人众则从而罢之。若是者，可不谓之公乎？又有不用笔札，但以一事宜行宜止询诸众人，有谓宜行者即举一手以为应，否则作袖手旁观。主者见举手者多则从而行之，见袖手者多则从而止之，此尤为便捷公允。或者军国大事，则须各书所见，小事则仅以举手为准。仆观于此，而知西人之心齐，不若华人之人各一心也。前者游于京师，适闻有某事，命王大臣会同六部九卿妥议。仆以为此盛举也，因往观之。然机事秘密，不得近观，仅从门前遥瞩之。届时各官纷乘舆马，陆续而至会所。大都官之小者则其至也先，官之大者则其至也后。相见之后，拱揖入座，并未及所议之事也。相与闲谈，或曰今日天时颇佳，近日风来稍凉，将见霜雪乎？则应曰唯唯。仆闻之以为此或调燮②之理，寅亮③者所宜知，同于丙吉之问牛喘④也。继而出鼻烟互奉，则拈以入鼻，嗅数四，各啧啧赞不

---

① 语出《诗·小雅》。全文如下："皇皇者华，于彼原隰，駪駪征夫，每怀靡及。我马维驹，六辔如濡，载驰载驱，周爰咨诹。我马维骐，六辔如丝，载驰载驱，周爰咨谋。我马维骆，六辔沃若，载驰载驱，周爰咨度。我马维骃，六辔既均，载驰载驱，周爰咨询。"
② 调燮，调和阴阳，调养，调理。陆游《冬夜作短歌》："衣裘视寒暖，日夜自调燮。"
③ 寅亮，恭敬信奉。《尚书·周书·周官》："贰公弘化，寅亮天地，弼予一人。"班固《封燕然山铭》："寅亮圣皇，登翼王室。"
④ 丙吉之问牛喘，语出《汉书·丙吉传》："吉又尝出，逢清道群斗者，死伤横道，吉过之不问，掾史独怪之。吉前行，逢人逐牛，牛喘吐舌。吉止驻，使骑吏问：'逐牛行几里矣？'掾史独谓丞相前后失问，或以讥吉，吉曰：'民斗相杀伤，长安令、京兆尹职所当禁备逐捕，岁竟丞相课其殿最，奏行赏罚而已。宰相不亲小事，非所当于道路问也。方春少阳用事，未可大热，恐牛近行，用暑故喘，此时气失节，恐有所伤害也。三公典调和阴阳，职当忧，是以问之。'掾史乃服，以吉知大体。"程登吉《幼学琼林》第4卷："楚王轼怒蛙，以昆虫之敢死；丙吉问牛喘，恐阴阳之失时。"

· 186 ·

止，谓购自何处。谅非西洋无此妙品，是且陈矣。一面频嗅，一面手把烟壶玩赏不置，则又赞叹，以为膛子颇大、色泽颇佳，言之刺刺不休，闻者则又应曰唯。仆以为此殆格物之道，将由小以及大，所谓一物不知儒者之耻①，是亦不容已者乎。继或瞻顾四周开言曰：某人何尚未来？则又咸应曰诺。仆以为其人必系要人，会议中所必不可省者。如是者，阅数时而初未一言提及所议何事也。久之，王公大臣相继毕至，闲谈者乃止。以次坐定，亦稍稍叙寒暄、敬鼻烟一如前。又久之，王公大臣开言谓：今日交议之件应如何办法，诸君其各抒所见。于是大官顾小官，亦如其说；小官则谦让未遑，彼此推诿，仍属之大官。大官亦不敢出一言，异一议，转以请之王公大臣。王公大臣则又正容，谓此系朝廷交议之件，各官理宜各抒所见，幸勿推让。各官又曰唯唯诺诺，仍无敢出一辞。然后王公大臣侃侃而谈，谓今日之事惟有如此办法，未识诸君以为何如？一时诺诺之声雷动，一则曰王爷明见，再则曰中堂高见，遂出一纸自上而下，各官莫不签押于其上，以俟次日覆奏，而会议之事毕。上坐者顾日影欠伸而起曰：时不早矣，命驾先去。各官亦次第皆去，其有异议者，则不与会，盖其人亦寥寥焉。是则有会议之名，而无会议之实。乌用是虚文为？且不但官场中如是，即商人中亦有如是者。前者某业董事邀众议事，同业既集，则并不言及所议，而谈之娓娓不倦者无非无关紧要之语。大都亦如问天时、讲烟品之类，甚且述及笑话。有某董事不能忍，谓之曰：夜已央，说大书者亦将散矣，盍示以所议之要领乎？夫然后书归正传，议毕而散。以视西人之会议，其相去几何哉！"

余谓之曰："客无然，西人之会议者，会而后议者也，华人之会议者，议而后会者也。夫既议矣，则会亦可，不会亦可；会而言及所议也可，会而不及所议也亦无不可。官场、商务其揆一也。大约商务则尚有会而后议之事，官场则无不议定而后会，故异议者日即不与会，而另自拜折，是亦足以证之矣。非然者，盈廷唯诺，有都俞②而无吁咈③，世运且远过乎唐虞矣。

---

① 语出扬雄《法言·君子》，原文为"圣人之于天下，耻一物之不知"。
② 都，赞美；俞，同意。
③ 吁，不同意；咈，反对。

夫彼王公大臣无非老成练达，其于事变之来早已胸有成竹，天下事曾不足措意，又必待诹咨于众，而后资以运筹也耶？虽然客之为此言也，初非有慕乎西人而讥讪夫华人也，只以西人事事认真，虽一会议，而未尝虚应故事；华人智谋才力皆足以迈越西人，而徒以虚夸因循之弊，不能一时净绝，而反贻西人之笑，此则心有不安而故为是愤言也！则请为客存此说，以听采纳，何如？"客曰："幸甚。"

(1887年1月18日，第1版)

**点评：**

中西开会情形迥然有别，西人开会旨在议事，中国人开会重在晤面。就"会议"一词分解而言，西人偏向"议"，中国人注重"会"；或者说，西人先"会"后"议"，中国人"会"而不议，或重"会"轻"议"。两种会议模式，反映的是两种政治文化。西方会场中，可见独立自主的个体，中国会场中则多等级制度下的奴仆与应声虫。

## 论邮部收回电报商股

自邮部收回电局商股之议起，外间论者均以中国电局成立，实有商人竞投资本，乃克底于有成。及此电路大通、商利甫赢之际，政府不当心艳其利，猝以巧取豪夺之手段，求遂其垄断罗致之素心。即曰各国电信机关多归国有，而既仗其财力于始，必善保其信用于终，亦不当收缩限期，不问时值，而以每股一百十元，强人缴归官有。乃邮部不察乎此，而贸贸焉议收回，贸贸焉定价值（市价股票每股值一百九十元者强作一百十元），不特怀有电报股单者类多怒于目而发于声，即局外人亦不能不从而议其后。一言蔽之，无非以邮部之权为绐臂夺食之计而已。颇闻部中草拟折奏有"光绪二十八年改归官办奏案不可不遵，且商家入股至今已获有盈余五六百万，日后展线、大修、减费三项一一照办，必无盈利可获，不得不改归官办"等语。呜呼，果若所云，则是邮部之收回商股非牟利也，非忌商也，非借口于电信应归国有之说，顿翻成局也。乃正虑将来之利不克如前之丰，且预算自展线、大修、减费以后，并至无利可图，而不忍以此累商民，且不忍以国家应办之政使商人代受其亏损，故不得已而筹付本息以收回之，其为民谋也忠，其为商计也厚，当恤商仁政举未施行之际，而邮部竟能从收回商股发其端，得不谓邮部诸公之善顾大局耶！顾为财政充裕之国家计，则不妨损国以益商；为财政奇窘之国家计，则商家既无异词，又孰肯为商而病国？

今吾国中央财政之现象果何如乎？行新政则筹款维艰，兴海军则度支不足，建边省则挹注无从，各项要举之阻于财力不逮者，实不仅以一二数，以故改外官则不免嫌于糜费，造铁道则不许动用正款，经济困穷势应尔尔。乃此次独于电报巨万之商股，不惜罗掘库款，急急焉购回，则其目的物之所存，固已如司马昭之心路人皆见。而犹曰展线、大修、减费以后必无余利，不得不取而归之官本，欲取其赢[赢]，而俨若承其负；既欲收其实，而犹不居其名。呜呼，邮部斯言欺商人乎，抑欺天下乎？

夫使电局股本而果无利可言也，则邮部关怀国计，虽商人自愿缴归官办，犹恐深闭固拒而不肯收，又安肯发之自上？且即展线、大修、减费后确无赢利之希望，而商人既获益于往日，自不至抱憾于将来，亦何烦邮部预体商艰而为是曲意成全之策？是则邮部此举其为利于官办起见，虽有百喙而难辞矣。

虽然邮部所以欲易官督商办之局而纯然为官办者，盖以官督商办而利仍分于商，纯然官办而利乃归于官耳。不知商股多，则商有监督财政之权，电局员司虽欲丛弊于其中，而究不能毫无顾忌。若一旦全归于官，则官吏之舞弊徇私自必较前加甚，而以后获利与否，乃真无成算之可操。即如日前宁夏志都奏称，电局自归官办，百弊丛生，约计每年短收银五六十万。夫宁夏不过一边远之境耳，电信往来当不若内地各省之烦数，而其短收固已如此之巨。设各省统归官办，弊亦如之，则每年收入之短少必有什伯[十百]倍于此者，又安望有倍称之息邪？天下事与其贻悔于后，毋宁致慎于先，是则邮部诸公之不一致思，而徒搜索府库之财，以为孤注之掷，固亦非计之得者。况自展线、大修、减费同时并举，以还资本，又骤增数倍也，不计其弊，而但歆于利，衮衮诸公亦曾顾及之否？

(1908年5月18日，第2版)

**点评：**

1908年，清政府邮传部强行将优质资产电报局（初名津沪电报，后改为上海电报局）收归国有，引起社会关注。为了掩饰其巧取豪夺之嫌，邮传部官员表示电报经过展拓线路、大修设备和减低电报价格之后将"必无盈利可获"，所以"不得不改归官办"。这种欲盖弥彰的表态，更加激起民众的强烈反感。该文就是当时的媒体舆论之一。

电报局由此前为"官督商办"被改为"官办"性质，虽然只是一次企业产权变更，但因为涉及官商关系，所以媒体自然站在商人一边，质疑并警惕政府之不当行为与不当得利。该文有一段话讲得很精彩："邮部所以欲易官督商办之局而纯然为官办者，盖以官督商办而利仍分于商，纯然官办而利乃归于官耳。不知商股多，则商有监督财政之权，电局员司虽欲丛弊于其中，而究不能毫无顾忌。若一旦全归于官，则官吏之舞弊徇私自必较前加甚，而以后获利与否，乃真无成算之可操。"事实上，电报局在此后的官办历程中，也并非全不及商办。但因在民众看来，政府的形象早已固化，无官不贪几成普遍共识，所以举凡政府出面经营之事业，皆有舞弊之嫌。

在这种情况下，政府如何与民间进行产权交易，不仅需要考虑资产定价，而且需要注意协商方式。如果政府一意主导，单向强推，在民众看来，不啻一种"非合作博弈"，会产生一种强烈的不公平感。在这种情况下，即使政府真有善意，也容易被民众的愤怒淹没，从而使交易产生较为严重的负面社会效应。

# 张守常未刊稿选辑

张燕赶 整理[*]

**说 明** 2021年4月,著名史学家张守常先生之子张燕赶给太平天国历史博物馆邮寄书信若干,信中称其在家中整理出若干张守常未刊文稿。今选《太平军克高唐州二事》《太平军北伐失败和方言分歧的关系》两篇辑录,以飨读者。原文作于1957年,钢笔稿,署名"钟欣""刘钟欣"为张先生当时的笔名。原注释都很简单,由整理者补充完整。另,当时文字规范与今日不同,且此为张先生未刊稿,尚未仔细校对,内容恐亦有错误。今在改正明显错误的基础上,尽量遵重原文,少做修改。

## 太平军克高唐州二事

太平天国北伐部队自天津被阻之后,被迫步步南移,死守待援。1854年5月末,李开芳自连镇分兵突围南入山东境,迎接增援部队。但此时由黄生才等率领的援军,已在临清失败,向南溃退了。李开芳部队就近攻入高唐州(今山东省高唐县),和来围攻的胜保军相持九个多月。至次年3月,林凤祥部在连镇失败。清政府命僧格林沁自连镇移军代胜保攻高唐。李开芳见僧格林沁移军至,知林凤祥已失败,遂率余众突围走入茌平县境之冯官屯,被僧格林沁围住,引水灌屯,全军牺牲。这是太平军北伐最后失败的情况。在北伐军最后失败之前死守待援的过程中,以在高唐守的时间最长,且使清方的钦差大臣"胜保以师久无功,逮京治罪"。[①]

---

[*] 张燕赶,张守常之子。
[①] 中国史学会济南分会编《山东近代史资料》第1分册,山东人民出版社,1957,第30页。

## 一　知州魏文翰是怎样死的

太平军克高唐时，清方的高唐知州是魏文翰。姚宪之《粤匪南北滋扰纪略》说："（太平军）由僻道窜入东境，突陷高唐州，知州魏公文翰骂贼不屈被戕。"①

又朱阴培《高唐州知州魏大夫传》说：

> 粤匪（按，指黄生才所部援军）自江南渡河，连陷金乡、巨野、莘、冠等县，直逼临清，屠其城，旋自相杀，大军灭之。而北路贼匪，自破临洺关扰天津，退踞连镇者以万计，分股突出扑高唐。先临清之围也，知州张君积功，禁民迁徙，为坚守计，及陷，老幼男女数万人无一脱者。大夫监于是，闻贼至，谓幕客曰："为上者不能除民之害，何可禁民之避害，官有守土责，城亡与亡职耳，民何罪而聚肉以待虎也。"乃听民出避，又出狱囚杀之，罪不及死者纵之。贼近，束冠带佩剑，复于靴中藏短刀，奋骑出，而贼已攻城入，骂贼不屈死焉。②

又马振文《粤匪陷临清纪略》附"粤匪北犯纪略"诗《贼陷高唐》一首之附注说：

> 州牧魏公文翰鉴临清屠城之惨，城门不闭，分库银与民，令出衣冠升堂以待，被戕，事闻，以城未守恤典仅如其官。③

以上三项记载都说明：魏文翰是未筹城防而被太平军杀死的，死的情况是"从容"而又"壮烈"，死的动机是怕老百姓遭殃，真是颇"好"。但以上三项记载中有了矛盾。《粤匪南北滋扰纪略》仅简单地提及魏"骂贼不屈被

---

① 《山东近代史资料》第 1 分册，第 23 页。
② 《山东近代史资料》第 1 分册，第 24 页。
③ 中国史学会主编《中国近代史资料丛刊·太平天国》第 5 册，上海人民出版社，1957，第 188 页。

戕"。《高唐州知州魏大夫传》说："贼近,束冠带佩剑,复于靴中藏短刀,奋骑出,而贼已攻城入,骂贼不屈死焉。"而《贼陷高唐》诗注则说："令出衣冠升堂以待,被戕。"都一致说魏是被太平军杀死的。但魏是怎样见到太平军的？是骑马迎上的,还是升堂等来的呢？为什么记载不一样呢？

原来这都是"表扬"魏之死事而编造的,既系编造,那么你可以说是骑马,他也可以说是升堂了。其实魏文翰之死的实情并不是这样的。

我原籍高唐,自幼即不断听老人谈及这位"魏大老爷"（沿清制呼州县官为"大老爷"）吞金投井的故事；近年来因业务关系留心史事,更有意地再询问过家乡老人,知道魏文翰死的真实情况,虽然是简单的,然而是确实的。

按魏文翰死的情况是这样的：当太平军逼近的时候,他估量州城守不住,便开城让居民逃避。他自己则在太平军入城之前,投井而死。他死的地方叫"三面井"（即三眼井或三口井之谓）,在城东门内迤北不远,是成三角形排列的三口井。井北不远有一"魏公祠",是清方事后为纪念他而修建的；直至清末,每年旧历五月初三日他的"忌辰",还要在祠前唱戏祭祀他。（现在那祠已改为当地的革命烈士祠了,这当然是一个很好的措施）

根据当地老人的口述,可知魏文翰之死并不"从容"或"壮烈"。他并没有和太平军碰头,当地老人十分肯定这一点。太平军先占高唐西北之恩县,故自恩县来高唐时是进的西门（高唐城只西南东三门,无北门）,而魏是跑在东门内死的,可以想见其仓皇逃避的情况。至于"骂贼不屈"云云,显然是鬼话。按在反动的封建统治集团之内,那种死硬的顽固分子并不是没有的,但是不多的。因为反动的剥削阶级统治集团分子的灵魂深处,总是自私自利的,连在他不得不死的时候,也是从自我打算出发的,这从魏文翰之死上也能得到验证。

魏文翰之所以不敢筹划守城,是因为他估计到守也守不住。当地老人还传述着这样的说法,说魏文翰如果守城是可以守得住的,因为原来太平军到高唐时人数已经不多了,而且后面还有追兵（指从连镇跟来的胜保军）。但这些是事后才知道的。在太平军逼近高唐的当时,魏文翰震于太平军北伐以来攻克许多城镇的声威,特别是西距州城不过百里之遥的临清失守的教训,使他感到小小的高唐州城是守不住的。同时他也意识到,当地人民是无意和他一道死守州城共命运的,所以不如索性作个人情,开城听任居民逃避。但他自己是不能逃跑的,因为守土有责,他若逃跑,"是要掉脑袋的"(当地老人语),而且连其家属也要连带倒霉。当地老人始终不曾听说关于魏的眷属的事,大概是他的眷属此时并未随在任所,那么这更减去了他为自己眷属筹划安全的顾虑。据当地老人说,他在投井前,匆忙间还揪下衣服上的一个金质扣子来吞入腹内,因为据说吞金可以防止尸体腐烂。可见这个清朝州官在仓皇就死前,还不忘记为自己的尸体作一番打算。他若逃跑,则即使不被逮捕问罪,也一辈子再出不得头,而且连带其子孙也将受罪;他若死事,则反而可取得清朝皇上的恤典,死后得些"光荣",使子孙也借此沾些便宜。前引《贼陷高唐》诗中道出了魏的这种想法:"爱民贤司牧,恤典望兰台。"① 然而"事闻,以城未守恤典仅如其官",他所望于死后者,也并未得到充分的满足。魏文翰死的情况和动机,其实就是这样的。

至于前引记载中说魏文翰出狱囚和分库金于民的事,在当地老人口碑中绝无谈及者,那么这大概也是文人记载中的"溢美"之词了。

## 二 在歌谣中反映的当地人民的态度

> 李开芳的姑〔鼓〕,
> 胜保的姨〔旗〕。
> 打的什么仗?
> 对的什么敌?

这是高唐老人还记得的四句歌谣。这首歌谣本来颇长,还有"僧王爷……"如何如何的句子,从胜保说到僧格林沁,可以想见是一首记述太平军这次高唐—冯官屯之战的首尾始末的叙事歌谣。可惜我只能打听到这样的四句了。

前两句"李开芳的姑,胜保的姨",一定有讹误。因为照歌谣说来,李

---

① 《中国近代史资料丛刊·太平天国》第 5 册,第 188 页。

开芳和胜保成了姑表兄弟了，而这是本来没有的事，而且也没有产生此二人是姑表兄弟的传闻的可能。我推想"姑""姨"二字是"鼓""旗"二字的口头传唱之讹误，是以"旗鼓相当"的套语来形容李开芳和胜保的相持的。

值得注意的是后两句，"打的什么仗？对的什么敌？"这说明当地人民对这一战役采取了旁观的态度，采取了与己无关的态度。人民对反革命方面的清军不予支持，是可以理解的；但为什么对太平军也发出了为什么对敌打仗的疑问呢？为什么不理解太平军的斗争与人民自己的命运有关反而采取了这种旁观者的态度呢？

太平军北伐失败，论者都指出是由于孤军深入。以一支不过几万人的部队，从南京出发，要一直攻取清朝的首都北京，兵力确是太孤弱。但太平军一年以前从广西出发向南京进军时，开始也不过只有几万人，这又何尝不是孤军深入呢？然而沿路人民群众的踊跃参加改变了这种情况，不到一年的时间，便打到南京，兵力激增至百万之众。那么，为什么这一支北伐的太平军在深入北方的时候，竟而仍然是一支孤军，竟而未能像在南方那一路获得大发展呢？也就是说，为什么北方人民没有像南方人民那样起来积极支持和参加太平军呢？这原因是多方面的。例如清朝在北方的统治比较巩固，北方人民革命发动的条件不如南方成熟，以及来自南方的太平军，不惯北方的地形、气候、生活、风俗、习惯，不通北方语言，因而不易于和群众接近，等等。其中未能很好地接近群众从而发动群众，该是重要的原因。按太平军在向北进军的过程中，多少还是有些发展的。林凤祥、李开芳从扬州统率一军一万二千五百人出发，吉文元从浦口带后队到凤阳会合，沿途增加新兵，到河南时才发展到二万人，到天津时，发展到最高峰也不过四万人。以四万之众，当然还改变不了少于清军的兵力上的对比，还改变不了孤军深入的困难形势。但太平军在天津遇阻之后，困屯静海独流不支，一路南撤，其兵力连北进时少量增加的情况也保持不住了，而是日益减少了。撤退至连镇时，还有万余人；分兵突围赴高唐时，只分得了二千人；从高唐突围走冯官屯时，还有八百余人；到在冯官屯全军覆没时，只剩下了二百数十人了。为什么会这样呢？当然，不支南撤的客观形势和胜利北进时不同，这对群众对待太平军的态度是会起消极影响的。但在太平军的主观方面还有很重要的原因。这就是，太平军先撤阜城，后据连镇，又分兵占高唐，都是采取死守待援的办法。把自己保护在据点之内，而同时也就使自己和广大人民群众隔离了。这从李开芳占高唐的情况看来最明显。李开芳之克高唐是忽然而至的，而在以后九个多月的长时间内，一直据守在州城之内，和四乡群众无接触，而且城内居民也多在事先逃避了。这样就无从争取地方群众的支持，从而再发展自己的兵力了。高唐当地老人口中关于太平军的传闻并不多，没有什么好的或坏的批评意见，这就是因为当地人民和太平军没有什么直接接触的关系。因此，像在上述歌谣中所反映出来的，当地群众对太平军采取了事不关己的旁观者的态度，也就不足为奇了。

由此可见，太平军孤军北伐之所以失败，和未能很好地接近人民群众从而发动人民群众，是有着不小的关系的。尤其是在南撤过程中，采取了死守据点等待援军的办法，把希望寄托在远在南方的援军上，而未能从北方人民群众中争取支持，反而把自己封闭在所坚守的据点之内，和据点以外的广大群众隔离了。援军失败了，这支北伐军便也逃不了全军覆没的命运了。革命的军队，是必须活动在广大人民群众之间，才能获得源源不绝的新生力量并求得自己的发展壮大的；如果离开了群众，那就等于走向了死路。高唐民间歌谣中所反映出来的那种旁观者的态度，是可以作为一种批评、一种教训来记取的。

## 太平军北伐失败和方言分歧的关系

第一届全国人民代表大会第五次会议批准了"汉语拼音方案"，认为应该继续简化汉字，积极推广普通话。这样我国的文字改革工作就进入了一个新的阶段，它是我国人民文化生活中的一件大事。无疑地，它将推动我国劳动人民的文化迅速提高，加强全国各方面的团结和统一。我国是一个人口众多的大国，说汉语的占绝大多数。汉字是统一的，但汉语却存在着严重的方言分歧。这种方言的分歧，对于我国人民的政治、经济、文化生活都带来了不利的影响，在我国历史上也是长期存在着的。例如太平军北伐之所以失败，就和来自南方的太平军战士不通北方话大有关系。

历来论述太平军北伐之失败者，都指出是由于孤军深入。太平军于1853年春攻克南京时已发展到百万之众；但林凤祥、李开芳、吉文元等受命北伐，领众不过几万人，① 直捣清朝京城的任务来衡量，兵力确是分配得太少，如果派遣二三十万大军，由像石达开那样的一流将领统率北伐，那么当时的局面一定会大为改观的。不过，我们若进一步研究，当太平军1852年6月冲出广西时，也才只有几万人，而一直向长江下游进军，这又何尝不是孤军深入呢？然而沿路广大人民踊跃参加，下武汉，克南京，不到一年的时间，从原来的几万人迅速发展到百万之众，比初出广西时增加了三四十倍。若以当时这种飞跃发展的情况来估计北伐，派几万人出发，即使不能像在江南那样兵力发展之快，估计得保守些罢，则从几万人滚成二三十万人，也还是一支大军。太平天国定都南京以后，杨秀清为了巩固天京，故把主力放在西征上，而以少数兵力北伐。这看来是把直捣清朝都城的任务太轻视了。但北伐军是在攻克南京后的胜利气氛中派出的。自广西到南京一年来的飞跃发展的胜利局面，加强了太平军的信心和锐气，这会是杨秀清等以自广西到南京的情况来估计北伐的前途，因而便以自广西到南京的作战经验指导北伐军：师行间道，疾趋燕都，毋贪攻城糜时日。自广西到南京一路作战，杨秀清就是这样指挥而取得巨大胜利的。不但毋贪攻城糜时日，例如对待桂林和长沙；甚至已经攻克的重镇，如武汉、九江、安庆，也都舍弃，而集中兵力指向前面的目标——南京。如此勇往直前取得了南京，为什么不可以同样勇往直前地"疾趋燕都"呢？罗大纲"悬军深入"的顾虑在当时的那种飞速跃进的胜利气氛中，反而显得谨慎得过分了。

　　杨秀清此时派主力西征以巩固天京为根本，这说明了他在取得了一定胜利之后的谨慎的一面；而以几万人北伐，要"疾趋燕都"，又说明了他保持

---

① 范文澜同志在他著的《中国近代史》中，说林凤祥等北伐时率兵五万，一路血战，兵力消耗，至山西境内时，便余众不过二万了。罗尔纲同志在他著的《太平天国史稿》中，说林凤翔、李开芳自扬州出发时，带兵只一万多人。吉文元率后队继至，到河南时发展到二万人，到天津时最多发展到四万人。范说不知何据，罗说是经过考证的，但不论根据哪一个说法，从一万多人到四五万人，太平天国当时已拥有百万之众的情况，和北伐攻取北京的任务看来，这支北伐军的人数总是很少的。

着自广西出发以来的大胆进取的一面。然而以后军事局面的发展，谨慎的一面成了保守，而大胆进取的一面成了冒险。问题在于杨秀清根据从广西到南京的经验来估计和指挥北伐。然而为什么从南京"疾趋燕都"的北伐军，没有打出从广西到南京的那样的胜利局面来，而竟陷于孤军深入的困境而失败了呢？原因是多方面的。范文澜同志曾经做过分析："北伐军不惯北方冬寒气候，耳鼻冻裂，手足溃烂，粮食又缺，清军四面围攻，兵力大受耗损。……北方大平原利于兵马；地近北京，满清统治比较巩固；北征军多是广西、湖南山乡人，不惯北方的气候、地形、面食；又不通北方的言语、风俗、习惯，再加宗教隔阂，难与民众接近；这些，都是北征军的劣势。"① 范文澜同志已经指出了"不通北方的言语"，"难与民众接近"是太平军北伐失败的原因之一。本文就想在这一点上，试做进一步的研究。

就当时全国革命条件成熟的程度来看，南方是比北方更为成熟的。这是因为：北方在四五十年前有过较大规模的白莲教起义和天理教起义，起义失败后所形成的革命低潮的消极影响还多少存在着，南方则无此影响，而是正在会党起义要走向高潮的时候。北方，特别是所谓畿辅地区，清政府控制较严，不像南方湘桂边远地区容易发动起义。鸦片战争后开了五个通商口岸，都在东南沿海，因而南方各省社会经济最先受到资本主义入侵的震荡，而北方此时则还未直接受到这种新的震荡。所以，太平天国革命运动先从南方兴起。但这只是就革命条件成熟的程度比较而言，北方较南方差些，而不是说北方没有革命条件，实际上北方的革命条件是相当成熟了的。四五十年前所以爆发白莲教起义和天理教起义的阶级矛盾，既然未有解决，那么起义失败后的低潮时期，实际上也必然是再一次高潮到来的酝酿时期。在太平军北伐前十八年（1835）山西赵城有曹顺起义。在太平军北伐的当时，苏鲁皖豫之间已有捻军、幅军等在活跃着。太平军北伐失败后不久，北方的起义就逐渐走向高潮，一直形成后来捻军的大规模斗争。由此可见，北方人民此时是也相当普遍的具有了发动革命的要求了的。但是太平军一路打来，为什么他们没有起而参加呢？

---

① 《范文澜全集》第9卷《中国近代史》（上），河北教育出版社，2002，第90页。

是由于宗教隔阂吗？拜上帝会的教义，深刻的体现了人民的革命要求，并且具有较完整的理论体系。三合会的"反清复明"的口号太浮浅，白莲教的"官逼民反"的口号太简单，天理教的"真空家乡，无生父母"的口号太渺茫，都远不如拜上帝会的教义能够吸引人们的信仰，并且在这信仰的基础上提出了和贯彻了较严格的组织纪律，所以由拜上帝会组织起来的太平军，在遍地都是三合会的南方能够异军突起，很快地成为革命的主流。皇上帝固然是"外国神"，但他此时是被用来为中国人民的革命斗争服务的，所以，南方人民会那样热烈地信仰他，北方人民怎见得就一定拒绝他呢？当然，也不能否认，"皇上帝""耶稣"究竟是"外国神"，由于广大人民对他们生疏，由于鸦片战争后开始产生的反外国侵略的民族情感，乍闻之下是也会感到隔阂的。问题在于宣传。南方人民之踊跃拜上帝，证明宣传是满可以打消这种隔阂的。

那么，是不是太平军北伐部队未作宣传动员工作呢？不是的。太平天国一直是把宣传教义当作头等重要工作来奉行的，实质上这是太平天国的政治工作，不但在军队中奉行，在群众间，也是二十五家设一礼拜堂，定期"讲道理"的。据当时江都人徐廷珍记载说太平军"所到必刻伪经示众"。①山西临汾一农民李登峦家中发现一块"幼学诗"封面课本，据罗尔纲同志考订当是太平军北伐部队路过晋南时留下的。可见这一支北伐部队是以随军携带画板沿途做宣传的。但是在广大劳动人民都不识字的情况下，仅靠路过时做一些文字宣传工作，那效果是不会多大的。太平军是革命部队，纪律是很好的，必然会得到人民的欢迎。进抵怀庆时，济源、孟县人民踊跃犒军，供应粮食牲畜；路过晋南时，赵城、霍州人民开城出粮迎接。可见北伐军是满有机会接近群众的。既然注意文字宣传，自然更不会忽视口头宣传。那么在南方曾那么吸引群众，迅速参加革命的拜上帝会的教义——革命理论，为什么太平军带到北方来之后就会不起作用了呢，为什么十八年前在先天教徒曹顺领导下凑齐二百多人就敢孤军起义的赵城、霍州的人民，此时一方面开城储粮迎接太平军表示亲近，但又不积极参加横扫江南、占领南京且派出数

---

① 罗尔纲：《太平天国文物图释》，三联书店，1956，第304页。

万军队北伐的太平军呢？再广泛些说，为什么北方人民几年之后参加捻军和其他起义军的斗争，而此时则不积极参加在革命道理上、在组织纪律上、在胜利声势上都比捻军强的太平军呢？

于此，我们说是由于太平军的这一支北伐部队都是南方人，说一口南方土语，使北方人民听不懂，无从了解太平天国的并不简单的革命道理，不易了解当时太平天国革命的胜利形势，我们有理由认为这是北方人民未能被广泛动员起来参加和支援太平军的一个重要原因。

我国语言，大体说来，秦岭和淮河以北为北方话地区，虽然北方各地方言语音也有不同，但差别不算太大，人们交谈起来，大概的意思总能懂得。但南方和北方话的差别就大了。林凤祥等领导的北伐军是太平军的精锐，也就是说来自广西、湖南的老兄弟多，这就更增加了和北方人民通话的困难。在李秀成留下来的文件中就有出自他的笔下的广西方言。罗尔纲先生是广西贵县人，熟悉那些方言，曾为我们做过解释。例如：" '张国樑与向帅拜为契爷。'案'契爷'就是两广人叫义父的称呼。" " '自成知情之事，具（俱）一全登，少何失漏。'案'少何'是广西梧州、浔州一带的方言，作'少有'解。"① " '竟不意尔乃反骨之人。'案'反骨'即反复无常，这是广西浔州、梧州一带方言。……在广西浔、梧一带真是家喻户晓，童叟皆知的口语。" " '本主将事事包荒。'案'包荒'……现在广西浔、梧有些地方有这一个方言做包庇解。……'包荒'一词，在浔、梧方言说来，是一听就懂的口语。"② 像上举四例，"契爷""少何""反骨""包荒"，对于北方人来说，仅从字面上看来就难以明白，若再加上南北语音语调的大差别，听来就更难明白了。李秀成遭擒后被审讯时，曾国藩幕僚庞际云录供词中有一部分是由李秀成自己写的，即所谓"忠王亲笔答词"，庞际云说这是因为忠酋口操土音，语不可解，"际云令其自书者"。③ 庞际云是什么地方人？我还不清楚，但这一事例证明李秀成的广西土音已使外乡人不可解了。又据马振文

---

① 罗尔纲：《忠王李秀成自传原稿笺证》（增订本），中华书局，1957，第20页。
② 罗尔纲：《忠王李秀成自传原稿笺证》（增订本），第89~90页。
③ 罗尔纲：《忠王李秀成自传原稿笺证》（增订本），第50页。

《粤匪陷临清纪略》中记载了这样一件事："胜大臣（胜保）分所带川勇四百名入城协守。贼（按指黄生才率领增援的太平军）用红巾裹头，川勇用蓝巾，在城上每与贼语，守城者不知其为隐语也。……是夜贼攻扑西南角……忽川勇倒戈作内应，横杀守堞者，城上大乱，贼乘势蜂拥登城。"[①]可见川勇在临清城上和太平军商谈倒戈内应，而守城的当地人都听不出来。这都说明来自南方的太平军，在深入北方之后，在语言上和北方人民的距离是很大的。

我们前面谈到过太平军的纪律是不坏的，是有条件和群众接近的。但有材料证明，北方人民群众对于太平军不如对北方的农民起义军亲近。汪伯岩写的《关于太平军和宋景诗的传说》中说："宋景诗住的地方，离我们家乡很近，太平军也曾到过临清，传闻很多……（当地人民）对官兵感情最坏，对太平军不见好坏，对黑旗最好。"又说："一般传说，太平军的纪律并不坏。"[②]但是为什么群众对太平军不如对宋景诗的黑旗军那么好呢？这当然因为宋景诗是当地人，太平军是远自江南来的。随地区不同而来的方言的不同，是造成群众的这样态度上的差异的重要因素。

我们可以这样设想，如果太平军在深入北方之后，没有这种语言上的障碍的话，那么就会很方便地向北方人民进行宣传，使拜上帝会的革命道理在人民群众中获得广泛的理解，就必然会更好的动员北方人民起来支援和参加太平军的斗争，从而使这一支太平军在北伐途中继续获得发展和壮大，即使不能像自广西到南京那样一下发展到一百万，能发展到二三十万，也就能改变深入北方后的那种孤弱无援的困境了。在这样一支二三十万人的大部队中，来自南方的老弟兄做骨干，部队的多数成员是北方人，像范文澜同志所分析的，造成北征军的劣势的那些因素，不惯北方的气候、地形、面食、风俗、习惯等等，也自然就不成问题了。兵力增多，就能打开局面，不至于困屯一隅而闹粮荒了；就不至于像到天津被阻，步步后撤那样因就粮待援而在战略上处于被动了。清政府当时能凑集在京津地带的兵力也不过十几万人，

---

[①] 《中国近代史资料丛刊·太平天国》第5册，第181页。
[②] 《山东近代史资料》第1分册，第260页。

且多腐朽怯战，则太平军攻克北京打翻清朝的中央统治机构也就会成为可能了。

当然，我们不能过分的夸大了方言不通在太平军北伐失败上的作用。统率北伐军的林凤祥、李开芳、吉文元等人冲锋陷阵，十分勇敢，但却不具备指挥军队独立作战，针对形势以设法开展局面的"帅才"，自天津遇阻之后，便只是死守待援，不知从被动中争取主动，也是失败原因之一。此外，清政府在北方的统治比较巩固，且要尽全力防守北京，使北伐军比在江南时遇到的清方阻力大。如此等等，而太平军北伐失败的最根本的原因还是在于杨秀清的错误的指挥，如果杨秀清以主力北伐，则根本出现不了孤军深入的败局。但是既然把这一支孤军派出来了，到深入北方之后，仍然是一支孤军，那么沿途未能吸引群众踊跃参加，把这支孤军变成为十万人的大兵团，从而改变孤军深入的困难处境，就该是这支孤军终遭败亡的主要原因了。而太平军一路北上，沿途人民群众之所以未像在南方那样踊跃参加，其中太平军之"不同的言语""难与民众接近"，当是很重要的因素。

北伐军的成败，关系着太平天国革命运动的成败；而南北方言的分歧，又关系着北伐军的成败。如此想来，方言分歧所给我国历史上的人民革命斗争造成的损失，就不容忽视了。我们所以在这里特为揭出这一点来，是为了要把这作为一个历史教训来记取：方言的分歧，妨碍了我国各地人民的亲密团结，妨碍了太平军北伐部队，发动北方人民积极起来支援和参加革命斗争，从而这竟成为导致太平军北伐失败乃至太平天国革命运动失败的一个原因。

纪念太平天国起义170周年

# 念兹在兹 如是我闻

## ——亲历"太史"研究二三事

曹志君 陆 嘉[*]

**说 明** 2021年适逢辛丑牛年,是一个特殊而有纪念意义的年份。是中国共产党成立100周年,是辛亥革命110周年,还是太平天国金田起义170周年、太平天国史研究一代宗师罗尔纲先生120周年诞辰。回顾既往,心潮澎湃,作为一名太平天国史学工作者,总想把所历所感之事写下来,与大家分享。本文挑选了几件亲历之事,权作太平天国金田起义170周年之纪念。

## 一 筹建太平天国史研究所

南京曾是太平天国的首都——天京,目前也是全国收藏、保存、研究、传播和展示太平天国史的中心。南京是国家级历史文化名城、"六朝古都、十朝都会",太平天国建都是南京历史的重要组成部分。太平天国历史博物馆建馆以来,承担的最重要的工作和职责就是展示这段历史。1986年建馆30周年时,该馆即提出建设"全国收藏文物、史料最多的专业机构",并畅想成为全国太平天国史研究中心。1987年,国家文物局在昆明召开的全国文物工作会议上传达了中宣部领导关于在南京设立太平天国历史研究中心的意向,消息传来,该馆工作人员备受鼓舞。同时中宣部领导的意向也得到太

---

[*] 曹志君,南京市博物总馆研究馆员;陆嘉,南京市博物总馆馆员。

平天国史学家罗尔纲的赞同。1988年初，南京太平天国史学会成立筹备组，草拟了《建议成立南京太平天国历史研究所的报告》，于同年3月、5月两次召开学会常务理事会，参加会议的有朱启銮、茅家琦、沈嘉荣、郭存孝、方之光、陆仰渊、张绍赐、曹志君等太平天国史专家学者，会议一致肯定成立研究所的迫切需求，并讨论了五项措施和六项任务。① 4月，时任国家文物局博物馆处胡骏处长专程赴宁，建议"先在太平天国历史博物馆门前挂牌，由该馆具体筹办"。该馆据此起草了成立南京太平天国历史研究所的报告，报国家文物局和省委、市委宣传部。②

1991年1月，在纪念太平天国金田起义140周年之际，罗尔纲再次呼吁在南京建立太平天国史研究中心：

> 我认为在南京建立太平天国史研究中心是比较合适的，因为南京是太平天国的首都天京，是太平天国运动的中心，在国内外有很大影响，南京保存大量太平天国文献资料，有许多在国内外有影响的研究太平天国史的人才；南京有国内唯一的太平天国专馆——太平天国历史博物馆，江苏省和南京市的领导同志一贯关心和支持太平天国史的研究工作。③

时至今日，南京太平天国史研究中心的工作已拓展到太平天国及相关史料文物的保存、传播和展示。

## 二 关于太平天国起义140周年纪念活动

1991年1月11日，是太平天国金田起义140周年。

1990年9月10日，中共中央书记处原书记邓力群到太平天国历史博物馆考察，为该馆题写了"纪念太平天国一百四十周年"，由此开启了南京筹

---

① 《建议成立南京太平天国历史研究所的报告》，太平天国历史博物馆藏。
② 报告中提了研究所的六项任务，其后若干年内基本由太平天国史学会完成。《太平天国史研究》也正式出版，即为《太平天国及晚清社会研究》集刊前身。
③ 罗尔纲：《建议在南京建立太平天国史研究中心》，太平天国历史博物馆藏。

备"太平天国起义140周年"各项工作。9月,该馆与中国太平天国史研究会共同向中共中央宣传部报告。10月18日,中共南京市委宣传部上呈中共中央宣传部《关于纪念太平天国起义140周年的请示》,提出四条建议。第一,拟请中宣部就开展纪念太平天国起义140周年活动向全国各地发出通知。第二,拟由中国太平天国史研究会届时在北京举行太平天国史学术报告会,在南京举办太平天国史学术讲座,次年10月在广东茂名召开一次国际性的太平天国史学术讨论会。第三,拟请批准南京太平天国历史博物馆《太平天国历史陈列》赴京展览。第四,拟请邮电部发行太平天国起义140周年纪念邮票或邮资信封。同时,中国太平天国史研究会副会长、中央民族大学郭毅生教授,向时任中宣部部长王忍之同志报告,争取他对太平天国起义140周年纪念活动的支持。同年12月10日,中共中央宣传部向全国发出了《关于做好太平天国运动140周年宣传工作的通知》(中宣办道〔1990〕12号):

  纪念太平天国运动140周年,应该成为我们向人民、向青年进行近代历史和爱国主义传统教育的一项具体内容。各地和有关报刊应结合这个历史纪念日,系统介绍太平天国运动发展的史实和产生的影响;宣传太平天国运动英勇反抗封建专制的民主精神和反对外来侵略的民族大义;分析太平天国运动失败的教训及其历史局限性,进一步深化认识"没有共产党就没有新中国"、"只有社会主义才能救中国"这个为近现代中国历史发展反复证明的客观真理。

根据中宣部通知的要求,该馆搭建了工作专班,调集精兵强将开展各项筹备工作。首先,积极准备《太平天国历史陈列》进京展览。1991年1月5日,《太平天国历史陈列》在北京正阳门箭楼展出,时任全国人大常务委员会副委员长彭冲、中共中央宣传部副部长龚育之、国家文物局副局长马自树、南京市委副书记李英俊、中国历史学会会长戴逸、著名历史学家刘大年等出席开幕式,彭冲为展览剪彩。首都太平天国史学界、文博界200多人出席展览开幕式并观看展览。罗尔纲表示此举"至有意义,闻讯不胜雀跃"。① 其次，在南京筹备太平天国起义140周年的报告会和座谈会。1月9日上午，市委宣传部、市文化局和中国太平天国史研究会联合在市政府礼堂举办了"太平天国起义140周年报告会"，太平天国史专家学者茅家琦、沈嘉荣分别做了《洪秀全—孙中山—毛泽东代表了近百年中国的革命传统》《近代中国史的光辉篇章——纪念太平天国起义140周年》专题讲座。1月10日上午，由南京市委宣传部主办的"纪念太平天国起义140周年座谈会"在瞻园籁爽风清堂举行，时任中共江苏省委副书记孙家正为纪念太平天国起义140周年发表重要讲话，中国太平天国史研究会会长茅家琦做了《回顾历史、增加智慧》重点发言。再次，该馆与解放军南京政治学院联合摄制《太平天国在南京——遗址、遗迹、遗物》，于1月11日分上下两集在江苏电视台播出；与市文物管理委员会、市电视台联合拍摄《天京风云录》，在中央电视台、南京电视台播放。两部电视片公开放映后，引起社会各界对太平天国农民运动的广泛关注。1月11日，《南京日报》头版刊发了罗尔纲《纪念太平天国起义一百四十周年》专文。同年，罗尔纲毕生研究之大成《太平天国史》（四卷本）由中华书局出版，茅家琦主编《太平天国通史》也由南京大学出版社出版。《光明日报》学术版为太平天国起义140周年发表了专访。改革开放之后，纪念太平天国运动再次形成了一个新的高潮。

该馆抓住太平天国起义140周年的契机，向中宣部、国家计委及时报告太平天国起义140周年纪念活动的工作情况，国家计委下拨专项基金，对该馆基本陈列《太平天国历史陈列》进行改造。1993年5月，完成了展览改造，其大型景观"天京保卫战"（著名画家陈坚创作）对外开放。"天京保卫战"是南京地区博物馆系统第一家采用油画加塑形展示重大历史题材的半景画。通过这次改造提升，该馆基础设施和基本陈列再上一个新台阶。

太平天国起义140周年纪念活动，从中共中央宣传部下发通知，到各地重视，再到学术界、文博界等社会各界积极响应和努力支持，成为继1951

---

① 《太博通讯》（1991年），太平天国历史博物馆藏。

年太平天国起义百年纪念活动之后，规格最高、规模最大、影响最广的一次纪念活动。

## 三 建立罗尔纲史学馆

为了进一步推进太平天国史研究，赞颂和弘扬罗尔纲的非凡成就和治学精神，1995年10月，该馆与中国太平天国研究会共同倡议，设立"罗尔纲与太平天国史学术资助金"，并通过了资助金管理委员会章程。

罗尔纲是国内外公认的太平天国史研究的一代宗师，太平天国历史博物馆的创始人，历任南京市、江苏省和全国人大代表、全国政协委员等。罗尔纲在太平天国史研究领域辛勤耕耘70余载，堪称道德文章第一流。其学问和治学精神影响了新中国成立后的几代学人，是太平天国史学会公认的泰斗。罗尔纲身居高位，却始终心系太平天国历史博物馆，他在给该馆的信中说，"纲在南京工作十五年，南京是我的第二故乡。纲与馆有血肉不可分离的关系，馆中有何命纲工作之处，随时示知"。[①] 南京早就有筹建罗尔纲史学纪念馆的动议。1996年4月，南京大学教授茅家琦赴京面见罗老，罗老十分慎重地请茅家琦教授转告南京方面，准备百年之后将他本人收藏的资料和手稿捐献给太平天国历史博物馆。6月22日，罗尔纲给易家胜、曹志君写信，称"至于我在太平天国历史博物馆工作，我的资料保存于馆中，那是无须讨论的"。[②] 12月，该馆向市文物局上报关于筹建"罗尔纲史学纪念馆"的报告。次年5月，再次给时任江苏省委副书记顾浩呈报了关于筹建"罗尔纲史学纪念馆"的报告。顾浩同志做了批示，"建议很好，应抓紧实施"。[③] 1997年5月25日罗尔纲先生在北京逝世后，此项工作加快了推进速度。6月，该馆编制了《罗尔纲史学纪念馆规划及总构想》，规划有三：（1）把罗尔纲在南京的旧居（约150平方米）清空，完成房屋搬迁和维修；（2）

---

① 《姚鸣凤、罗尔纲与太平天国历史博物馆》，太平天国历史博物馆藏。
② 《罗尔纲致易家胜、曹志君信》，太平天国历史博物馆藏。
③ 《罗尔纲史学纪念馆规划及总构想》，太平天国历史博物馆藏。

把罗尔纲的图书、资料、手稿运回南京整理、编目,并争取出版一本纪念罗尔纲先生专刊;(3)在1998年1月29日,在罗尔纲诞辰及太平天国建都南京145周年之际正式开馆,同时举办第一届罗尔纲学术思想研讨会暨罗尔纲学术奖助金管理委员会成立大会。随后由市委宣传部主持,市文化局、市文物局及有关专家参加,召开了"罗尔纲史学纪念馆"规划论证会。经认真研究和反复磋商,并征询了罗尔纲家属意见,将该馆正式定名为"罗尔纲史学馆"。1998年6月,南京市计划委员会同意罗尔纲史学馆暨文物库房立项。同年7月,该馆成立了易家胜任组长的罗尔纲史学馆建设改造工程领导小组,着手史学馆的筹建工作。

1997年,该馆接受罗尔纲长女罗文起捐赠的第一批著作手稿、稿本抄本、太平天国文物拓片、文献档案等9类405件套。

1998年4月,该馆接受罗文起捐赠的第二批罗尔纲图书31件套。

1998年6月,该馆委托南京大学艺术学院吴为山教授,为罗尔纲创作一尊胸像。现在,该半身铜像陈列在罗尔纲史学馆内。

1999年3月,该馆接受罗文起捐赠的第三批罗尔纲收藏,包括俞大缜提供的曾氏关于李秀成劝曾国藩反清为帝口碑真迹、罗尔纲"千家诗钞"抄件等13件套。

1999年初,罗尔纲史学馆各项筹建工作基本就绪,该馆与江苏省政协等编印了《纪念罗尔纲教授文集》;请书法家胡小明先生选用著名书法家林散之书体,集成"罗尔纲史学馆"馆名;请南京农业大学楹联学家单人耘教授撰联:"哲人未萎,蕴含赡博考辨岂止太平天国,史料之鉴;治政常新,去伪存真阐扬关乎中华民族精神,后学之师。"筹备工作万事俱备,5月,中国社会科学院近代史研究所张海鹏所长具文邀请中共中央政治局委员、中国社会科学院院长李铁映,出席南京罗尔纲史学馆开馆仪式。[①]

1999年6月,罗尔纲史学馆全面竣工,并举办了《罗尔纲与太平天国》专题展览。6月28日,中共中央政治局委员、中国社科院院长李铁映出席罗尔纲史学馆开馆仪式,为罗尔纲铜像暨《罗尔纲与太平天国》展览揭幕

---

① 《张海鹏致李铁映信》,1999年5月31日,太平天国历史博物馆藏。

活动剪彩,并发表了《纪念罗尔纲 学习罗尔纲》的重要讲话,后由《光明日报》于1999年7月16日全文刊出。

> 南京太平天国历史博物馆以罗尔纲的名字命名新建的史学馆,表明了我们要把老一辈学者的研究事业,把他们的精神风范继承过来并发扬光大的决心和信心,这是一件值得称赞的事。

李铁映还为罗尔纲史学馆题词"太平天国史研究一代宗师"。罗尔纲史学馆开馆活动,在当天中央电视台《新闻联播》节目播出。

2013年,该馆接受罗文起捐赠的第四批,也是最后一批罗尔纲文稿、书信、藏书等及相关实物,包括20世纪30年代胡适馈赠罗尔纲皮袄等。至此,罗尔纲史学馆共收藏罗尔纲藏稿本及其手稿、信函、实物等共计五大类1811件套。

另,国家图书馆收藏有罗尔纲四卷本《太平天国史》手稿。中国历史研究院图书档案馆收藏有罗尔纲《太平天国史》、《李秀成自述原稿注》及其增补本、《寒宵读书录》、《深宵感怀录》、《清史稿校勘记三则》、《水浒传原本和著者研究》、《〈水浒传〉的著者及其成书年代》,关于罗贯中《三遂平妖传》对勘《水浒传》原本的问题等15部手稿,及《本证举例》未刊稿。广西图书馆藏有罗尔纲捐赠的图书15种;广西贵港市高级中学"罗尔纲纪念馆"藏有罗尔纲手稿、照片、藏书、著述及罗尔纲使用过的台灯、办公桌椅、文房用具等9大类289种918件套;贵港市图书馆藏有罗尔纲捐出的《困学丛书》稿酬购置的图书数百册;广东花都洪秀全纪念馆藏有罗尔纲收藏的《左文襄公手札》《李文忠公函稿》《曾文正公书札》《中兴将帅别传》《陶风楼藏名贤手札》等31种158册。

罗尔纲史学馆的筹建和开放,对太平天国历史博物馆成为全国太平天国史研究、收藏和展示中心具有里程碑式的意义。2000年,《太平天国历史陈列》获全国十大陈列精品奖,此系列重大活动在该馆65年建馆历史上书写了辉煌的一页。

至此,其总体格局,拥有《太平天国历史陈列》《明中山王徐达文物史料展》《清江宁布政使衙署文物史料展》《罗尔纲与太平天国》《刘敦桢与瞻园》《太平天国壁画艺术陈列》等基本陈列。

## 四　太平天国史料编纂工作

太平天国历史博物馆是我国唯一的太平天国史专题博物馆，史料搜集、整理、编纂工作在建馆前业已开始。

1950年12月，南京市成立了太平天国起义百年纪念筹备会，通过了几项决议。其中两项是1951年1月南京市人民政府在长江路天朝宫殿旧址举办"太平天国起义百年纪念展览会"，展览闭幕后，成立由陈山为主任委员，罗尔纲、胡小石、朱偰等为委员的太平天国起义百年纪念史料编纂委员会，着手编纂太平天国文献档案和清朝官方资料，同时筹建太平天国纪念馆。

1953年是太平天国建都天京百周年。3月，由罗尔纲主持，在堂子街院内举办了"太平天国史料展览会"，展览得到了中国科学院历史所三所、中央革命博物馆、北京历史博物馆、故宫博物院南京办事处以及江、浙、沪、皖、鲁、湘、两广等11个省、区、市文化、文物部门的大力支持和帮助，又征集到包括《忠王李秀成发金匮县田凭》《冀天义程发吴江县荡凭》等在内的十余件太平天国重要文献。同年，南京市太平天国起义百年纪念史料编纂委员会把《太平天国》资料续编目录在《历史教学》第3期上公布。后来，书稿寄到北京，经中国史学会征求各方面意见，"认为当前应先出版太平天国本身文献，反面资料可缓一步出版"。① 于是，太平天国史料工作的重点便转移到太平天国文献的整理上。其后，在苏州举办太平天国攻克苏州展览，在扬州举办太平天国历史展览等，又发现许多重要资料，丰富了资料汇编的内容和遴选的范围。随后，罗尔纲又亲自带领有关专业人员，到南京图书馆颐和路书库，对馆藏70万册古籍"按库、按架、按排的次序，除经部之外，所有清朝道光二十年鸦片战争后的史部、子部、集部、丛书、杂

---

① 曹志君：《太平天国史料的发掘与整理》，《江苏历史档案》1993年第1期。

志、报纸、函牍、档案等，都一册一册地、一页一页地去翻阅，凡看见有关太平天国的资料，就登记在簿子上，把它的库数、架数、排数、书名、著者、出版处、年代和册数等记录下来"，① 这就是罗老所称的"南图摸底"方法。到1960年，经过10年的不懈努力，太平天国资料汇编已达到1200万字之巨。太平天国资料汇编原计划作为"中国近代史资料丛刊"第二种《太平天国》的续编。至1960年，南京组织编纂的太平天国资料已由"续编"转为正编。而太平天国资料的出版却一波三折。由于太平天国资料"卷帙浩繁，出版费时耗力"，出版工作没有着落。于是决定从中抽取未刊的稀见重要资料180万字，编成《太平天国史料丛编简辑》六册，于1962年至1963年由中华书局出版。作为研究太平天国最基本的工具书，得到国内外研究太平天国史工作者的普遍赞许，后者还被译成日文发行。

1976年8月，罗尔纲全家因避震从北京搬到南京，中断了十年的太平天国史料整理工作得以恢复，1979年至1980年中华书局出版了《太平天国资料汇编》第一、第二册。此后因出版体制改革，暂时中止了《太平天国资料汇编》这类古籍项目的出版，太平天国资料的出版工作无疾而终。

1989年11月，谭跃出任太平天国历史博物馆馆长，紧抓筹办太平天国起义140周年纪念活动的机遇，立即全面启动太平天国资料的编纂工作。首先与江苏人民出版社商谈，重新启动1961年制订的出版太平天国文献四种出版计划，罗尔纲十分高兴并表示坚决支持。江苏人民出版社对此出版计划十分重视，表示愿意重点投资打造精品图书，但提出唯一要求是请罗尔纲出任该丛书主编。然而罗老在回信中坚辞不就，仅表示乐观其成，喜而为之序。多次沟通无果，后来只能"先斩后奏"，这是罗先生主持该馆资料编纂工作唯一担任主编的一套丛书。1991年6月15日，罗尔纲为《太平天国文书》的出版专门写了"付印题记"，表示该书出版"解决了读者多年的渴望，这么一件极可庆幸的大好事"。② 1991年10月，《太平天国文书》出版，次年4月《太平天国文物》出版，在广东茂名国际太平天国史研讨会

---

① 太平天国历史博物馆编《太平天国史料汇编》，凤凰出版社，2018，"序文"。
② 罗尔纲主编《太平天国文书》，江苏人民出版社，1991，"付印题记"。

上得到与会专家学者肯定,美国、英国、日本、韩国以及我国港澳台地区的专家及机构纷纷征订,两书均获华东地区优秀图书二等奖。江苏人民出版社为《太平天国文书》《太平天国文物》出版投入20余万元,因"学术性强、收藏价值高、装帧印刷精美",得到史学界和出版界的一致好评。[1] 有这两部书愉快而富有成效的合作,《太平天国艺术》被列入江苏人民出版社1992年度重点出版计划。1992年8月,谭跃给罗先生去信,汇报《太平天国艺术》的编纂情况。10月4日,罗尔纲回信,同意"《太平天国艺术》修订本目录":

> 我们现在印这部《太平天国艺术》是有极大的信心,一定十分完美。……去年出版的《太平天国文书》增加了我们的信心,鼓舞了我们。[2]

为了搜集太平天国艺术的素材和照片,该馆组织专业人员赴安庆、绩溪、金华、绍兴、苏州、金坛、宜兴等地拍摄太平天国壁画。特别值得一提的是南京堂子街太平天国壁画。1992年6月盛夏,该馆组织专业人员用反转片拍摄了一套堂子街太平天国壁画照片,一个月后,中国文物研究所的专家就开始对壁画进行揭取保护。《太平天国艺术》的出版为堂子街太平天国壁画保存了一套最全面、最真实、最精美的资料,并成为堂子街太平天国壁画的绝版照片,也为后来出版《太平天国壁画全集》奠定了基础。《太平天国艺术》1994年4月出版,获华东地区优秀图书一等奖。由此,在罗尔纲先生的关心和指导下,历时五年的太平天国文献四种出版工作圆满收官。

1992年,该馆在编纂太平天国文献四种的同时,已开始谋划太平天国史料汇编的出版工作。最终因诸多原因,未能遂愿,出版工作再次被搁置。

2013年7月,《太平天国史料汇编》(以下简称《史料汇编》)由时任

---

[1] 方之光、曹志君:《太平天国文献研究的又一硕果——读〈太平天国文书〉》,《南京社会科学》1992年第6期。

[2] 《罗尔纲致谭跃信》,1992年10月4日,太平天国历史博物馆藏。

中国史学会会长张海鹏、南京大学教授茅家琦鼎力推荐，被列入"十二五"国家重点图书出版规划增补项目，时隔20年，《史料汇编》编纂出版工作重新被提上议事日程。10月，该馆与凤凰出版社签订了合作意向书，编辑出版工作全面启动。2014年4月，南京市博物总馆成立，本着"人才打通、资源共享"的办馆理念，该馆组织全馆30余名专业人员，并另外聘了13位在太平天国史研究及古文献方面具有较高造诣的专家，全面投入1600余万字浩大而又繁重的编纂出版工程。时间紧、任务重、工作量大，然而《史料汇编》全体编辑人员秉承罗尔纲先生"严谨求真、决不苟且"的学风，认真完成《史料汇编》的点校工作。为了确保编辑质量，特邀太平天国史专家张铁宝研究员和南京大学崔之清教授共同担纲《史料汇编》的总校，他们为《史料汇编》编纂出版工作付出了艰辛的劳动。2017年初，《史料汇编》成功入选国家出版基金资助项目，编辑和点校工作夜以继日往前推进，40余位馆内外专家更是"青灯黄卷伴更长"，大家的共同目标就是为读者提供一部高质量的太平天国史料文献。

从《史料汇编》编纂肇始到第一次出版（1979年中华书局出版第一、第二册，旋即停止），用了28年时间，其后整整停滞了35年。从2013年《史料汇编》列入"十二五"国家重点图书出版规划项目，到2018年6月40本全部出齐，又整整用了5个年头。首先要感谢罗尔纲等老一辈史学家打下的坚实基础和付出的辛勤劳动；其次要感谢茅家琦、张海鹏、刁仁昌、方之光、崔之清等诸位大家的支持和指导，没有他们的力荐，这一项目不可能重启；还要感谢凤凰出版社的慧眼独具，感谢该馆历任领导和专家同人长期不懈的努力。我们这个团队仅仅是做了一些组织和顺势而为、添砖加片的工作。①

《太平天国史料汇编》40卷的出版，完成了罗尔纲等老一辈史学家的未竟之业，也完成了该馆几代人共同的夙愿。《史料汇编》出版后，该馆做了大量的宣传和推介工作，在2018年全国书展上与凤凰出版社共同召开了新书发布会，得到学术界和社会各界的一致好评和肯定。2019年9月，荣获中国出版协会"全国古籍出版社年度百佳图书"一等奖。2020年12月，荣

---

① 《太平天国史料汇编》，"后记"。

获江苏省政府第十六届哲学社会科学优秀成果一等奖。《史料汇编》编纂出版工作，历时七十载，该馆几代人为之付出了艰辛的劳动和不懈的努力，终于修成正果，这些成绩和荣誉来之不易。正如罗尔纲先生在序言中所言：《史料汇编》的出版"给太平天国史的研究打下了坚实的基础，预对太平天国史研究的提高，一定能够起大作用"。①

## 五 关于洪秀全及太平天国的评价问题

关于洪秀全及太平天国的评价问题，是一个关注度极高的热门话题，也是该馆在陈列展览、公众宣传及接待过程中，具有不同文化背景的观众提问的焦点。太平天国自1851年起义以来，对于它的评价就一直没有停止过。清政府称之为逆匪、寇，视其为洪水猛兽。20世纪初，孙中山一改清朝对太平天国的贬斥咒骂，称太平天国运动为革命。新中国成立后，洪秀全及太平天国评价经历了大起大落的过程。关于洪秀全及太平天国的评价，如何把它放到晚清社会乃至中国近代化的大历史格局中去思考，本文认为可以从以下两个维度来考量。

第一个维度，中外历史伟人的评价。

马克思在《纽约每日论坛报》社论中指出："中国的连绵不断的起义已延续了约十年之久，现在汇合成了一场惊心动魄的革命；不管引起这些起义的社会原因是什么……推动了这次大爆发的毫无疑问是英国的大炮，英国用大炮强迫中国输入名叫鸦片的麻醉剂。"②

孙中山称"洪秀全为反清第一英雄。洪以一介书生，贫无立锥，毫无势位……则登高一呼，万谷皆应，去集雾涌，裹粮竞从，一年之内，连举数省，破武昌、取金陵，雄踞十余年。太平天国一朝，为吾国民族大革命之辉煌史……发扬先烈，用昭信史"。③

---

① 《太平天国史料汇编》出版档案，太平天国历史博物馆藏。
② 《马克思恩格斯文集》第2卷，人民出版社，2009，第607页。
③ 中国社会科学院近代史研究所中华民国史研究室等编《孙中山全集》第1卷，中华书局，1981，第217~222页。

毛泽东在《论人民民主专政》一文中指出："自从一八四〇年鸦片战争失败那时起,先进的中国人,经过千辛万苦,向西方国家寻找真理。洪秀全、康有为、严复和孙中山,代表了在中国共产党出世以前向西方寻找真理的一派人物。"[①]

毛泽东同志起草的人民英雄纪念碑碑文为："由此上溯到一千八百四十年,从那时起,为了反对内外敌人,争取民族独立和人民自由幸福,在历次斗争中牺牲的人民英雄们永垂不朽!"且人民英雄纪念碑八幅大型浮雕中,第二幅浮雕即为"金田起义"。历史已经对太平天国运动做出了客观而公正的评价。

1991年中共中央宣传部向全国发出通知："太平天国运动及其后的辛亥革命,代表了中国共产党诞生以前,我国人民反抗帝国主义、封建主义,探索救国救民道路的奋斗历程。"

第二个维度,学术界的评价。

胡绳在《从鸦片战争到五四运动》一书中说:太平天国"极大地扰动了封建社会的旧秩序,促进了封建社会的崩溃。它向外国资本主义侵略者显示了中国广大劳动人民中蕴藏着的不可估计的强大的革命力量,起了阻止中国殖民地化的作用。……一切反动势力都不能阻止由太平天国大革命所启导出来的反帝反封建的斗争一代代继承下去"。[②]

罗尔纲《太平天国史·序论》载:"翻开一部太平天国历史,就可以看见到处都是人民群众创造出来的。""到太平天国己巳十九年……太平天国的纪元告终了,但是,中国人民群众依然是坚持着伟大的革命斗争。他们在太平天国开辟出的革命前进的路上,把历史赛跑的熊熊火炬移到一个新的接力的起点"。

1995年香港出版李泽厚、刘再复《告别革命》一书,再次掀起一股全面否定包括太平天国运动在内的近现代一切革命的"告别革命"思潮。首先就是对洪秀全及太平天国史的评价。

---

[①] 《毛泽东选集》第4卷,人民出版社,1991,第1469页。
[②] 胡绳:《从鸦片战争到五四运动》上册,上海人民出版社,1982,第337页。

章开沅在《从清史编纂看太平天国》一文中指出："是非能上历史台面的都是大是大非。就大是大非而言，问题非常清晰，即所谓'造反有理'。……太平天国从总体来说仍属'官逼民反'，实乃民族矛盾与社会矛盾交相激化的结果。民众奋起反抗清朝的暴虐统治，仅此一点即可肯定其为'是'。……太平天国是中国农民战争史上最为辉煌的篇章，其规模之大，延续之久，政纲、政策乃至多项制度之完备，与军事、政治、经济、文化各方面的建树，在世界各国农民战争史上也极为罕见。"①

戴逸在《太平天国拜上帝会不是邪教》一文中认为："农民运动破坏了许多旧事物、旧关系、旧传统，但不能把它视作社会的倒退。旧的不除，新的不生，太平天国以后中国社会上出现了许多新事物。三十年后的中国，出现了维新派和革命派，至20世纪之初，腐朽没落的清王朝在人民的努力下终于土崩瓦解，在中国土地上矗立起共和体制的中华民国，这就是历史的进步。"②

茅家琦在《实证功夫与思辨精神》一文中指出：太平天国"只能起到打击清王朝，削弱清朝皇帝的权力的作用。战争以后，人民觉醒、中央权力衰弱、督抚权力扩张，深刻地影响到晚清政局的发展"。"太平天国领袖提出《资政新篇》，这是中国第一次把学习西方的思想具体化为政治纲领的尝试，它展示了推动中国社会走上近代化的曙光。"③

尤其值得指出的是，当下全国都在开展"四史"宣传教育活动。为纪念太平天国起义170周年，中国历史研究院《史学理论研究》发表了崔之清、姜涛、华强等6位史学家的文章，代表了当下对洪秀全及太平天国运动评价的主流观点。"近三十年来，全盘否定洪秀全和太平天国、一味美化曾国藩及湘军的声音增多。这是大是大非问题，决不能等闲视之。"事实上，金田起义的根源在于吏治腐败、官逼民反，其正义性不容否定。中国道路是在"近代以来170多年中华民族发展历程的深刻总结中走出来的"。正如习

---

① 章开沅:《从清史编纂看太平天国》，太平天国历史博物馆编《太平天国历史博物馆建馆五十周年论文集》，江苏教育出版社，2006，第35页。
② 戴逸:《太平天国拜上帝会不是邪教》，《太平天国历史博物馆建馆五十周年论文集》，第19页。
③ 茅家琦:《历史与思想论集》，南京大学出版社，2016，第7页。

近平总书记在庆祝中国共产党成立100周年大会上指出:"为了拯救民族危亡,中国人民奋起反抗,仁人志士奔走呐喊,太平天国运动、戊戌变法、义和团运动、辛亥革命接连而起,各种救国方案轮番出台,但都以失败而告终。"作为晚清社会的重大历史事件,太平天国运动代表了农民阶级的探索与努力,深刻影响了中国近代的历史进程,并为后人留下了宝贵的历史经验。

当然,近代历史人物、历史事件的评价,终究是一个学术层面的问题。如何构建近代历史人物和事件的评价体系,我们不妨从是否顺应历史和时代发展趋势,是否"向西方寻找真理"、为救国救民"奋起反抗",是否"革故鼎新"、"让人民觉醒"入手,但绝不能以成败论英雄。我们还要不断研究和探索,得出更科学、更理性、更准确的结论。学无止境,对洪秀全及太平天国史研究亦是如此。

2021年是太平天国金田起义170周年,借用罗尔纲在"太平天国起义百年纪念碑碑文"中的一句话,"仆倒的终于是一切反革命势力,站起来的终于是伟大的中国人民",权作纪念。

# 综述及书评

# 晚清书院研究综述

杨 杰[*]

1901年,清朝颁布书院改制上谕,书院研究随着书院衰落而兴起。晚清是中西会通的关键时期,书院历经道咸年间的凋敝、同光时期的复兴与1901年改制而衰落,面相复杂,是理解近代中国政治、社会与学术变迁的重要视域。目前学界关于晚清书院研究的学术综述尚付阙如,但蒋建国的《20世纪的书院学研究》[①] 回顾了近百年书院研究脉络,王炳照《书院研究的回顾与瞻望》[②] 扩大了书院研究的视角,邓洪波、周月娥《八十三年来的中国书院研究》[③] 介绍了八九十年代晚清书院研究成果,对于理解晚清书院发展多有裨益。

本文所选取相关文献以清末书院改制为起点,实则始于1923年,止于2021年。笔者试图从四个方面进行讨论,尽力呈现学界主要研究成果,拓宽研究视野。疏漏与不当之处,尚祈专家学者指正。

## 一 晚清书院史料文献研究

《论语》载:"夏礼吾能言之,杞不足征也;殷礼吾能言之,宋不足征也。文献不足故也,足则吾能征之矣。"文献资料是历史研究的基础。晚清书院资料的整理多是附着于整体书院研究,学界已出版的有季啸风主编的

---

[*] 杨杰,南京大学历史学院硕士研究生。
[①] 蒋建国:《20世纪的书院学研究》,《湖南大学学报》2003年第4期。
[②] 王炳照:《书院研究的回顾与瞻望》,朱汉民、李弘祺主编《中国书院》第1辑,湖南教育出版社,1997。
[③] 邓洪波、周月娥:《八十三年来的中国书院研究》,《湖南大学学报》2007年第3期。

《中国书院词典》①，收录书院、人物、文献、制度及其他类词条 3000 个及 7000 余所书院名录。陈谷嘉、邓洪波主编的《中国书院史资料》② 以时间顺序编排史料，展现了书院的历史沿革，关于晚清书院内容主要收录在中册与下册。邓洪波等编著《中国书院文献研究》③ 收录文献 167 种，按行政区域排列，对书院志、课艺及其他文献都做了扼要介绍。邓洪波主编《中国书院文献丛刊》第 1 辑④、《中国书院文献丛刊》第 2 辑⑤收录了数百种书院文集、诗集、讲义、会语、语录等，还有反映书院制度的学规、学则、会规、规条、章程等，其中不乏关于晚清书院的稀见资料，是晚清书院研究的重要参考。吴钦根辑录的《〈申报〉所见晚清书院课题课案汇录》⑥ 完整收录了上海求志书院、宁波辨志文会（精舍）、上海格致书院等书院的课题及学生考课名次，末附以其他书院之散见内容。这些丰富的史料是晚清书院研究得以展开的基础。

## 二 整体史和区域史中的晚清书院研究

### 1. 书院史与制度研究

1923 年，胡适发表《书院的历史与精神》⑦《书院制度史略》⑧ 两篇讲演，对清末书院改制进行反思，开民国书院研究之先声。另有陈东原《书院史略》《清代书院学风之变迁》，也在整体史中以学术变迁为视角考察了晚清书院。盛朗西《中国书院制度》⑨ 是这个阶段的标志性成果，其中第五、六章介绍了清之书院和书院之废替。20 世纪 50 年代，台湾学者丁肇怡

---

① 季啸风主编《中国书院辞典》，浙江教育出版社，1996。
② 陈谷嘉、邓洪波主编《中国书院史资料》（全 3 册），浙江教育出版社，1998。
③ 邓洪波等编著《中国书院文献研究》，湖南大学出版社，2018。
④ 邓洪波主编《中国书院文献丛刊》第 1 辑（全 100 册），上海科学技术文献出版社，2018。
⑤ 邓洪波主编《中国书院文献丛刊》第 2 辑（全 100 册），上海科学技术文献出版社，2019。
⑥ 吴钦根辑录《〈申报〉所见晚清书院课题课案汇录》，凤凰出版社，2018。
⑦ 胡适：《书院的历史与精神》，《教育与人生》第 9 期，1923 年。
⑧ 胡适：《书院制度史略》，《东方杂志》第 21 卷第 3 期，1924 年。
⑨ 盛朗西：《中国书院制度》，中华书局，1934。

发表的《书院制度及其精神》① 延续了大陆研究传统。八九十年代,中国书院研究随着政治运动的结束走向复兴。陈元晖、尹德新、王炳照编著的《中国古代的书院制度》② 第五、六章考察了清代书院及其组织制度。章柳泉《中国书院史话——宋元明清书院的演变及其内容》③ 分析了清代书院的建置及其与汉学的关系。张正藩《中国书院制度考略》④ 扼要介绍了清代书院讲学和学术的关系,引起台湾书院研究的热潮。90 年代以后,重要的书院通史著作还有李国钧主编的《中国书院史》⑤、白新良的《中国古代书院发展史》⑥ 与邓洪波的《中国书院史》⑦。其中白著对清代书院的考察占到大半篇幅,资料翔实,新见迭出。

2. 区域性研究

柳诒徵《江苏书院志初稿》⑧ 一文从教学制度、祭祀风尚、学风变化与清末书院改学堂之史实等多个方面考察了江苏书院。刘伯骥《广东书院制度沿革》⑨ 一书不仅分析了广东书院历代沿革,还讨论了书院在社会上之地位,其中第十章"书院制度之没替"考察了广东的书院改制,是书院区域研究走向成熟的标志。张胜彦《清代台湾书院制度初探(上、下)》⑩ 与王镇华《台湾的书院建筑(上、中、下)》⑪ 在台湾本土史学兴起的背景下,考察了清代台湾书院,并将视角引向书院建筑。80 年代后区域书院史的代表作有胡昭曦《四川书院史》⑫、刘卫东与高尚刚《河南书院教育史》⑬,将区域史视角下的书院研究推向新的高度。进入 21 世纪后,叶其声

---

① 丁肇怡:《书院制度及其精神》,《民主评论》(香港)第 10 卷第 13 期,1959 年。
② 陈元晖、尹德新、王炳照编著《中国古代的书院制度》,上海教育出版社,1981。
③ 章柳泉:《中国书院史话——宋元明清书院的演变及其内容》,教育科学出版社,1981。
④ 张正藩:《中国书院制度考略》,江苏教育出版社,1985。
⑤ 李国钧主编《中国书院史》,湖南教育出版社,1994。
⑥ 白新良:《中国古代书院发展史》,天津大学出版社,1995。
⑦ 邓洪波:《中国书院史》,东方出版中心,2004。
⑧ 柳诒徵:《江苏书院志初稿》,《江苏国学图书馆年刊》第 4 期,1931 年。
⑨ 刘伯骥:《广东书院制度沿革》,商务印书馆,1939。
⑩ 张胜彦:《清代台湾书院制度初探(上、下)》,《食货月刊》(台北)第 3、4 期,1976 年。
⑪ 王镇华:《台湾的书院建筑(上、中、下)》,《建筑师》(台北)第 6、7、8 期,1978 年。
⑫ 胡昭曦:《四川书院史》,巴蜀书社,2000。
⑬ 刘卫东、高尚刚:《河南书院教育史》,中州古籍出版社,1991。

对福州地区书院①、窦现成对清代济南府书院②、张劲松对清代义宁州书院③、刘玉龙对武汉地区书院④、刘晓喆对清代陕西书院⑤分别进行了讨论，内容涉及晚清书院变革与改制。田涛以《越缦堂日记》为中心考察了李慈铭与晚清天津书院教育的关系，发现李慈铭主课北学海堂和问津、三取两书院十余年，培养了一批有功名之士，促成了天津治学风气的转移。⑥张晓婧在《清代安徽书院研究》⑦中做到了区域文化史、历史地理学、方志学和社会学的有机结合，为书院研究做出了新的探索，是近年区域书院研究的佳作。以上研究在行文中对晚清书院制度与改制都多有涉及。

## 三 教会书院与书院新式教育

### 1. 教会书院

20世纪90年代，邓洪波的《教会书院及其文化功效》⑧与黄新宪的《教会书院演变的阶段性特征》⑨将研究的目光投向教会书院。夏泉、孟育东《教会教育家那夏理与真光书院》⑩以个案考察了美国传教士那夏理女士在真光书院对新女性的培养及其医学教育。孔凡英在《试论通州近代教育的起源——潞河书院》⑪中分析了最初作为教会书院的潞河书院在通州近代教育起源中的作用。石阳《山东教会书院研究》⑫探讨了青州、潍坊和青岛

---

① 叶其声：《福州地区书院研究》，硕士学位论文，福建师范大学，2009。
② 窦现成：《清代济南府书院研究》，硕士学位论文，山东师范大学，2018。
③ 张劲松：《清代义宁州书院研究》，博士学位论文，华中师范大学，2019。
④ 刘玉龙：《武汉地区书院研究》，硕士学位论文，湖北省社会科学院，2019。
⑤ 刘晓喆：《清代陕西书院研究》，博士学位论文，西北大学，2008。
⑥ 田涛：《李慈铭与晚清的天津书院教育——基于〈越缦堂日记〉的考察》，《社会科学辑刊》2018年第2期。
⑦ 张晓婧：《清代安徽书院研究》，社会科学文献出版社，2019。
⑧ 邓洪波：《教会书院及其文化功效》，《贵州教育学院学报》1993年第3期。
⑨ 黄新宪：《教会书院演变的阶段性特征》，《湘潭大学学报》1996年第3期。
⑩ 夏泉、孟育东：《教会教育家那夏理与真光书院》，《暨南学报》2006年第3期。
⑪ 孔凡英：《试论通州近代教育的起源——潞河书院》，《首都师范大学学报》2007年A1期。
⑫ 石阳：《山东教会书院研究》，《河北师范大学学报》2010年第1期。

的六所教会书院对山东近代教育的推动。肖朗、傅政在《伦敦会与在华英国教会中等教育——以"英华书院"为中心的考察》① 中细致爬梳了英华书院作为教会学校，何以在"西学东渐"大背景下保留英国公学传统又适当调适以适应中国国情，最终形成极具特色的中等教育。宗尧、邓洪波《积极靠拢与灵活应对——晚清教会书院与中国社会关系探微》② 探讨了教会书院与晚清社会的张力。夏泉在《明清粤港澳基督教教会教育研究（1552~1911)》③ 一文中分析了教会书院在粤港澳地区的影响。黄丽君《近代福州教会学校与英语教学之研究》④ 以鹤龄英华书院、榕城格致书院、福州三一学校英语教学为中心，探讨了福州教会学校英语教育和西式人才培养。张丽君《晚清新教传教士英语教育的历史考察》⑤ 则以更广阔的视角考察了教会学校英语教育和传教士群体起的作用。李芳在《中西文化交汇下的教会书院》⑥ 中对晚清教会书院在中西文化交汇下的调适做了整体考察，认为文化交流与融合是主要的，冲突是次要的。谢春燕《湖北教会学校体育发展研究》⑦ 将研究视角不断下沉，探讨了传统体育和国外体育在教会学校的交流与地位升降。王秀梅《晚清传教士在华科学传播及其启示》⑧ 从书院与学校、医院、出版几个方面探讨了传教士在华科学传播的双向作用。王冰青在《教会书院与西学传播——以上海中西书院为中心的考察》⑨ 中探讨了林乐知"中西并重"的办学宗旨与中西书院在西方科技传入和文化交流中所起的积极作用。

---

① 肖朗、傅政：《伦敦会与在华英国教会中等教育——以"英华书院"为中心的考察》，《浙江大学学报》2010 年第 6 期。
② 宗尧、邓洪波：《积极靠拢与灵活应对——晚清教会书院与中国社会关系探微》，《南昌师范学院学报》2017 年第 4 期。
③ 夏泉：《明清粤港澳基督教教会教育研究（1552~1911)》，博士学位论文，暨南大学，2003。
④ 黄丽君：《近代福州教会学校与英语教学之研究》，硕士学位论文，福建师范大学，2008。
⑤ 张丽君：《晚清新教传教士英语教育的历史考察》，博士学位论文，华中师范大学，2016。
⑥ 李芳：《中西文化交汇下的教会书院》，硕士学位论文，湖南大学，2008。
⑦ 谢春燕：《湖北教会学校体育发展研究》，硕士学位论文，华中师范大学，2015。
⑧ 王秀梅：《晚清传教士在华科学传播及其启示》，硕士学位论文，华中师范大学，2018。
⑨ 王冰青：《教会书院与西学传播——以上海中西书院为中心的考察》，硕士学位论文，天津师范大学，2018。

2. 晚清书院个案研究

邓之诚的《清季书院述略》① 是目前所见关于晚清书院最早的专论性文章，勾勒了晚清著名书院运行样态。晚近的研究则到了 80 年代，王尔敏《上海格致书院志略》② 一书对光绪初年中西合办的格致书院及其在近代的科技传播进行了考察。郝秉键、李志军以格致书院为中心考察了近代知识分子的思想变迁。③ 刘明则以格致书院课艺为中心再将其西学实践研究推向纵深。④ 张鸿志考察了格致书院的早期发展（1872～1884）。⑤ 沈立平则全面分析了格致书院课艺中的科学研究。⑥ 有关格致书院更细节的研究还有李志军探讨了其实学教育，⑦ 熊月之考察了其在西学传播中的作用与新社会网络的构成。⑧

张惠民讨论了陕西味经、崇实书院在晚清的科技教育活动。⑨ 武彦翀则对清代山西平定冠山书院西学引进及其改制进行了考察。⑩ 吴飞主编的《南菁书院与近世学术》⑪ 收录了学界对南菁书院的代表性研究成果，从南菁学术、师儒、课生三个方面进行了探讨。李占萍的《晚清民国时期保定莲池书院学子从业实况研究》⑫ 对莲池书院学生在新式教育、参政议事、读书治学方面做了实证研究。魏红翎《成都尊经书院史》⑬ 钩沉史实，探讨了晚清

---

① 邓之诚：《清季书院述略》，《现代知识》第 2 卷第 2、3 期，1947 年。
② 王尔敏：《上海格致书院志略》，中文大学出版社，1980。
③ 郝秉键、李志军：《19 世纪晚期中国民间知识分子的思想——以上海格致书院为例》，中国人民大学出版社，2005。
④ 刘明：《〈格致书院课艺〉研究》，硕士学位论文，上海社会科学院，2015。
⑤ 张鸿志：《格致书院早期发展考略（1872～1884）》，硕士学位论文，上海社会科学院，2013。
⑥ 沈立平：《格致书院课艺》，硕士学位论文，上海交通大学，2009。
⑦ 李志军：《格致书院与实学教育》，《清史研究》1999 年第 3 期。
⑧ 熊月之：《格致书院与西学传播》，《史林》1993 年第 2 期；熊月之：《新群体、新网络与新话语体系的确立——以〈格致书院课艺〉为中心》，《学术月刊》2016 年第 7 期。
⑨ 张惠民：《清末陕西的味经、崇实书院及其科技教育活动》，《汉中师院学报》1991 年第 4 期。
⑩ 武彦翀：《清代山西平定冠山书院研究》，硕士学位论文，山西大学，2010。
⑪ 吴飞主编《南菁书院与近世学术》，三联书店，2019。
⑫ 李占萍：《晚清民国时期保定莲池书院学子从业实况研究》，清华大学出版社，2020。
⑬ 魏红翎：《成都尊经书院史》，巴蜀书社，2016。

四川学风的转变。周汉光《张之洞与广雅书院》①不仅考察了广雅书院的历史变迁,并推衍到张之洞一贯之教育思想。李赫亚《王闿运与晚清书院教育》②以书院学术、书院与中国教育近代化以及书院弟子与中国近代社会为三条基本线索,探讨了王闿运与晚清书院的交互关系。

## 四　晚清书院教育与改制

### 1. 晚清书院中的新式教育

丁平一《论湖南书院对西学的融合与吸收》③以湖南为中心考察了晚清湖南中西文化的交融。唐晓明则对科技教育发展始末做了更细致的讨论。④徐启彤和徐静玉分别考察了近代吴地书院和江苏书院的新学化趋向,但都只做了扼要的介绍,涉及南菁、龙门个别书院。⑤周振鹤的研究则更进一步,以上海为中心考察了西学与儒学教育的进退。⑥刘亚文《同治年间书院教育研究》⑦一文分析了晚清书院在咸丰年间的困窘与同光时期的复兴,但对复兴原因只做了最基础的探讨。蒋建国分析了晚清书院读报活动对社会风气和知识体系转变所起的作用。⑧陈婷在《晚清西方天文学在中国的传播与影响》⑨一文中分四个阶段探讨了天文学在晚清的传播及其由"皇家学问"向专业化、自主化转变的过程。刘和平在《嬗变中的两湖书院——以课程变革为中心》⑩一文中分析了晚清两湖书院的建立及三次课程改革,以期再现

---

① 周汉光:《张之洞与广雅书院》,广东人民出版社,2012。
② 李赫亚:《王闿运与晚清书院教育》,光明日报出版社,2007。
③ 丁平一:《论湖南书院对西学的融合与吸收》,《求索》1990年第3期。
④ 唐晓明:《晚清湖南书院科技教育发展始末》,《教育评论》2011年第2期。
⑤ 徐启彤:《近代吴地书院的新学化趋向》,《苏州大学学报》1996年第3期;徐静玉:《近代江苏书院的新学化倾向》,《南通师范学院学报》1999年第4期。
⑥ 周振鹤:《晚清上海书院西学与儒学教育的进退》,《华东师范大学学报》1999年第5期。
⑦ 刘亚文:《同治年间书院教育研究》,硕士学位论文,河北大学,2011。
⑧ 蒋建国:《晚清书院读报活动与时务新知的传播》,《学术月刊》2017年第4期。
⑨ 陈婷:《晚清西方天文学在中国的传播与影响》,博士学位论文,中国科学技术大学,2017。
⑩ 刘和平:《嬗变中的两湖书院——以课程变革为中心》,硕士学位论文,华中师范大学,2011。

晚清教育思想的变迁。穆畅在《晚清两湖书院变革与西学传播研究》[①] 中将研究视角下沉，关注两湖书院的西学与其引入后产生的影响。鲁小俊、Peng Ping 以《经心书院集》《经心书院续集》《黄州课士录》三部课艺总集为中心，回顾了当时考课的大致情形。[②] 戴红宇、靳阳春在《复古与趋新：略论晚清福州致用书院的教育特征》中认为致用书院延续了阮元诂经精舍和学海堂的教育精神，同时也受到了咸同年间经世思想复兴的影响。[③]

2. 书院变革与改制

书院的研究肇始于清末书院改制，而关于书院改制的专门研究则迟滞到20世纪八九十年代。夏俊霞《论晚清书院改革》[④] 探析了晚清的书院改革与改制，但仍将其放在"中体西用"的框架中去理解这一变迁。葛飞专门考察了晚清书院制度的兴废，指出传统的没落和西方文化的压力是主要原因。[⑤] 张淑芳以教育政策和几个典型书院为中心对晚清书院改革和改制做了基础性探讨。[⑥] 李成峰也从长时段观察了清末书院的变革，认为书院改制与教育转型是一种历史必然。[⑦] 刘平、章启辉探讨了船山书院从传统到现代的转变与王闿运个人的应对。[⑧] 张传燧、李卯考察了晚清书院改制与近代学制建立的本土基础，认为中国近代教育制度既是外国教育浸润影响的产物，更是中国传统教育自身顺应时势而合乎逻辑的发展结果。[⑨] 凌飞飞、陈浩分别

---

① 穆畅：《晚清两湖书院变革与西学传播研究》，硕士学位论文，暨南大学，2014。
② 鲁小俊、Peng Ping：《晚清古学书院的教学风貌——以武昌经心和黄州经古书院课艺为中心》，《孔学堂》2021 年第 1 期。
③ 戴红宇、靳阳春：《复古与趋新：略论晚清福州致用书院的教育特征》，《三明学院学报》2020 年第 1 期。
④ 夏俊霞：《论晚清书院改革》，《近代史研究》1993 年第 4 期。
⑤ 葛飞：《晚清书院制度的兴废》，《史学月刊》1994 年第 1 期。
⑥ 张淑芳：《晚清书院改制研究》，硕士学位论文，河北大学，2007。
⑦ 李成峰：《从传统书院到新式学堂：清末民初的教育转型》，硕士学位论文，鲁东大学，2016。
⑧ 刘平、章启辉：《王闿运改制船山书院探析》，《湖南大学学报》2007 年第 5 期。
⑨ 张传燧、李卯：《晚清书院改制与近代学制建立的本土基础》，《华东师范大学学报》2012 年第 3 期。

以石鼓书院、令德堂为中心探讨了晚清书院改制的曲折。① 曾带丽以张之洞及其创办书院和推行教育理念为中心，考察了中国传统教育向近代教育的转化。② 邓洪波在《晚清书院改制的新观察》一文中提出新的思考，认为书院改制并不一定是历史的必然，在某种程度上更是大背景下的无奈政治选择。③

以地域为中心是研究书院改制的另一视角。刘军在《浅论武汉地区书院的变革与消亡》中从社会史的视角，以经心书院和两湖书院为例，对武汉地区传统书院的变革与消亡做了全景式的扫描，试图再现其由新建、改建到书院改学堂的曲折的历史轨迹，并认为武汉地区的教育改革实际上在这一进程中扮演着领跑者和示范者的角色。④ 任欢欢考察了晚清直隶书院改制，认为政府在管理和经费等方面的干预，导致传统的书院教育难以培养学以致用的人才，书院改制势在必行。⑤ 杨毅丰以四川为例，勾勒出书院改制成学堂的过程中士人复杂的心理和纠葛。⑥ 谢丰在《晚清湖南书院改制研究》中认为书院、学堂的名实变化及传统的正名思想、传统教育的弊病、争夺有限的教育资源三者共同构成了书院改制的原因。⑦ 王磊考察了陕西书院改制，但只是简单勾勒了改制前后的书院与学堂变迁。⑧ 陈彤在《趋新与速效：晚清陕西书院改学堂研究》中，将陕西书院改制的研究推向纵深，爬梳了陕西传统"关学"与"西学"在变革中的交互影响。⑨ 杨菲、王世超分别考察了晚清贵州书院改制、广西书院改制。⑩ 刘丽文和王芳都对晚清山西书院改制进行了研究，前者从宏观角度勾勒改制过程，并介绍了改制后的学堂；

---

① 凌飞飞：《从石鼓书院看晚清书院改制》，《教育评论》2012年第4期；陈浩：《晚清令德堂的改革与改制研究》，硕士学位论文，山西大学，2016。
② 曾带丽：《张之洞与晚清书院的改革及改制》，硕士学位论文，湖南大学，2006。
③ 邓洪波：《晚清书院改制的新观察》，《湖南大学学报》2011年第6期。
④ 刘军：《浅论武汉地区书院的变革与消亡》，硕士学位论文，华中师范大学，2005。
⑤ 任欢欢：《晚清直隶书院改制研究》，《教育评论》2014年第8期。
⑥ 杨毅丰：《晚清书院改制学堂的嬗变：以四川为例》，《贵州文史丛刊》2016年第2期。
⑦ 谢丰：《晚清湖南书院改制研究》，硕士学位论文，湖南大学，2006。
⑧ 王磊：《晚清陕西书院改学堂研究——兼谈传统书院的现代价值与意义》，硕士学位论文，陕西师范大学，2012。
⑨ 陈彤：《趋新与速效：晚清陕西书院改学堂研究》，硕士学位论文，华东师范大学，2018。
⑩ 杨菲：《晚清贵州书院改制研究》，硕士学位论文，广西师范大学，2013；王世超：《清末广西书院改制研究》，硕士学位论文，广西师范大学，2016。

后者围绕山西戊戌和庚子两次书院改制本身展开，分析更为细致。① 王彦虎以龙门书院为个案，将其放在时代之大背景与上海特殊的地理位置，深入探讨了龙门书院改制的原因，并以此管窥近代书院改制和中国教育转型。② 专著方面还有刘少雪《书院改制与中国高等教育近代化》③、桑兵《晚清学堂学生与社会变迁》④，都是近年的佳作。

## 五 结语

书院的研究自民初就引起了学界的重视，经过一个世纪的沉淀，成果颇丰。既有书院史、书院制度层面的梳理，又有交叉领域的综合研究，包括史料整理、区域研究、新式教育与书院改制等。从长时段、整体史中的晚清书院，到个案研究，再到书院教育和书院改制转型，学界的研究视角不断下沉，精耕细作，将晚清书院研究不断推向深入。这些论著为晚清书院研究进一步展开奠定了基础，并提供了更多可能性。

同时，既有研究不可避免地存在一些不足。首先，从大的层面而言，有关晚清书院的独立成果偏少，大多研究仍然依附在长时段探讨中。晚清历经"三千年未有之大变局"，在整个历史长河中本就具有极其特殊的地位，而书院作为学术、社会之一大端，意义颇大，晚清书院亟须时段性研究。其次，视角上还有可以扩展的空间，本杰明·艾尔曼《从理学到朴学：中华帝国晚期思想与社会变化面面观》⑤ 梳理了清代学术和书院及科举间的关系，是这方面的佳作。再次，方法上与区域史、社会史、政治史、文化史、教育史等学科联系起来，才能使旧的史料焕发出新的活力。最后，晚清书院的研究多集中在几个著名书院，剩余百千计书院在研究中"失声"，区域书

---

① 刘丽文：《晚清山西书院改学堂研究》，硕士学位论文，陕西师范大学，2013；王芳：《晚清山西书院改制研究》，硕士学位论文，陕西师范大学，2017。
② 王彦虎：《书院改制与近代教育转型》，硕士学位论文，华东师范大学，2013。
③ 刘少雪：《书院改制与中国高等教育近代化》，上海交通大学出版社，2004。
④ 桑兵：《晚清学堂学生与社会变迁》，广西师范大学出版社，2007。
⑤ 〔美〕本杰明·艾尔曼：《从理学到朴学：中华帝国晚期思想与社会变化面面观》，赵刚译，江苏人民出版社，2018。

院的研究也只集中在安徽、陕西、山西、广东等省份，更多地区还未受到重视。

以光绪初年冯焌光在上海创办的求志书院为例，学界目前对其研究就不够深入，其确立的考课制度与分斋之法对后来的龙门书院、格致书院等光绪年间书院变革多有影响。不同于格致书院全面引介西学，求志书院试图调和中西。书院创设之初，不仅聘请江浙学术高峰俞樾作为经学、词章斋长延续古学，同时别有新意地开设了算学斋，试图纳西学于书院，是学术风气变化的先声。求志书院和科举的互动也长期被学界忽视，光绪十四年（1888）晚清政府推行顺天乡试算学科，试着将西学纳入科举，但很快陷入无人报考的尴尬境地。从求志书院视角看，就能很好地理解顺天算学科的困境。清政府虽为算学单独设科，但学生首先须获得生员身份，且乡试与会试不另出试卷与其他考生一体应考。参加算学科的士子很多有求志书院考课经历，分析求志书院课案，可清晰地发现算学获奖诸生皆不能在传统学问的课案中取得名次，故而被期待多年的算学科很快夭折。求志书院的课艺也长期被学界忽视，既有研究只是做了最基础的分类，尤其强调了其关于西学的内容。但是课艺中不仅有算学，还有大量和传统学问相关的经学、史学、舆地、掌故，学者并未能很好考察其在学术史上的位置，这也是晚清书院研究的通病。

# 变迁中的变革

## ——评《近代湖南乡村社会研究（1840~1949）》

曾 蓓[*]

《近代湖南乡村社会研究（1840~1949）》（中国社会科学出版社，2021），是王继平教授主持的国家社会科学基金项目的结项成果。王继平从事中国近现代史和区域历史文化研究多年，对湖南的历史文化研究颇深。在良好的学风、厚实的叙述积淀及大量的史料运用基础上，推出这一力作，洋洋百余万言，再现了近代以来湖南乡村社会的变迁历程。

一

综观此书，立论扎实，行文流畅，试一一析之。

### （一）视角新颖

在地理位置上，湖南处于内陆中部地区。但在宋代以前，湖南是中央政府眼中的南蛮之地，从政治、经济、文化上的地位来看，湖南都属"边陲"之地。湖南省份影响甚微，湖南籍名人寥若晨星。宋代以后到近代之前，随着经济重心的逐渐南移，凭借着"湖广熟，天下足"的经济地位，湖南的重要性逐渐上升；文化上，也出现了湖湘学派、茶陵诗派及明清之际王船山这样的大思想家。但其地理环境造成的"风气锢塞"，使得长期以来湖南以"蛮荒""保守""劲悍"闻名。直到近代以后，"湖南人才辈出，功业之

---

[*] 曾蓓，南京市博物总馆太平天国历史博物馆馆员。

盛，举世无出其右"。太平天国运动是一契机，它促使湖南人才辈出，湘军突起。此后，在近代的重要历史关头，湖南都拥有一席之地。洋务运动、戊戌变法、辛亥革命、新民主主义革命，这些重大历史事件的核心实干家中，都离不开湖南人的身影。

湖南在近代的独特地位，之前就有不少学者注意到，相关研究颇为丰富。从区域史研究角度看，湖南研究多为湖湘文化与近代湖南人之间的互动关系研究，认为湖湘文化孕育了湖南人，使其在近代取得了瞩目成就，而近代湘籍人才又不断丰富和发展湖湘文化，例如田澍的《曾国藩与湖湘文化》[1]、王继平的《蒋翊武与湖湘文化精神》[2]、邓晓影的《论毛泽东的创新思想与湖湘文化的渊源》[3] 等。由于湖南在近代突出的政治、军事地位，研究多从宏观历史的政治、军事叙事出发，例如熊英的《湘军与近代湖南社会》。[4] 如王继平所言，湖南的历史学者长期以来关注的是湘军、太平天国、维新运动、辛亥革命等政治、军事方面的研究，而极少关注湖南乡村社会。[5] 而该书与以往围绕湖南地区军事、政治为主的历史叙事不同，旨在跳出宏大的军事、政治史叙事模式的路径，转而利用历史社会学的方法，将湖南乡村社会的变迁作为研究对象，为湖南区域史研究增添了历史社会学的新层面。此为其一新。

从社会学角度来看，商品经济的发展促使传统农业社会受到冲击而发生改变，引起了学者的广泛关注，中国乡村社会的变迁一度成为热门话题，相关研究众多。例如费孝通的《江村经济》就是以江苏省吴江县开弦弓村为研究对象，从小型社区透视中国大社会。[6] 家族一直是农村家庭结构中的一种组织形式，庄孔韶选择对黄村的家族变迁进行研究，完成了《银翅：中

---

[1] 田澍：《曾国藩与湖湘文化》，湖南大学出版社，2004。
[2] 王继平：《蒋翊武与湖湘文化精神》，《船山学刊》2017年第3期。
[3] 邓晓影：《论毛泽东的创新思想与湖湘文化的渊源》，《湖南省社会主义学院学报》2017年第3期。
[4] 熊英：《湘军与近代湖南社会》，重庆出版社，2007。
[5] 王继平：《近代湖南乡村社会研究（1840~1949）》，第5页。
[6] 费孝通：《江村经济》，上海人民出版社，2006。

国的地方社会与文化变迁》一书。① 这些研究多以村落或者家族为切入点,从中观视角出发,以组织的形式进行研究,通过分析社会结构及农民生活的变化来反映中国农村的变迁规律。而王继平的这部著作则是以整个湖南省的乡村社会为研究对象,从一省的宏观层面,观察乡村社会变迁历程。此为其二新。

## (二)史料丰富

在史料的征引上,档案、地方志史料丰富,实为该著的一大特色。作者所在的湘潭大学,长期从事区域史研究。正如作者所言,"在地方高校工作,地方史料也比较容易猎集"。② 作者充分利用了使用地方志资料的便利条件,在书中大量使用。如第二章第一节叙述晚清湖南乡村经济的嬗变时,作者就征引《湘潭县志》《湘乡县志》《攸县县志》《衡阳县志》《浏阳县志》《巴陵县志》《长沙县志》《善化县志》《零陵县志》《宁远县志》《平江县志》《岳州府志》等大量地方志材料,为读者一窥晚清时期湖南乡村社会自然经济解体过程提供了丰富的地方性线索。书中表格数量颇多,清晰客观,加以扎实的文字论述,阐述有力。作为一部整体系统的社会史研究著作,史料翔实,面面俱到。丰富的史料征引,也为后来学者的研究提供了诸多细微的切入点,例如清代乡村社会控制的重要力量——塘汛、具有湘军底色的湘绅倡导建立的昭忠祠、民国时期政府为进行精神总动员开展的国民月会等。

## (三)弥补薄弱

除档案史料及地方志外,作者还借鉴了前人的研究成果。但正如作者在序言中提到的,以往乡村社会研究成果颇丰,却大都集中在对北方地区(华北、西北、东北)的研究,南方省份则鲜有涉及。晚近出现的以周秋光、杨鹏程等为代表的湖南社会史研究学者,取得了一定的成效。但总体看,整体系统的研究成果尚缺乏。因此,王继平的这部力作弥补了我国南方

---

① 庄孔韶:《银翅:中国的地方社会与文化变迁》,三联书店,1992。
② 王继平:《近代湖南乡村社会研究(1840~1949)》,第638页。

省份乡村社会变迁研究的薄弱和不足，为研究整个中国的近代乡村社会提供了不同的样本，弥足珍贵。

### （四）逻辑清晰

这本著作研究时间跨度大，历经晚清、民国和新民主主义革命时期，难度颇高。为区分晚清、民国、新民主主义革命时期各阶段湖南乡村社会的不同特征，作者并未采用取巧的教条式总结来概述，而是在有限的篇幅内，运用深厚的研究功底，从容爬梳庞杂的史料，撷取有度；且未陷入史料的机械列举，而是深度分析论述，帮助读者对其在不同时代的变迁产生明晰的认知。

## 二

从内容上看，全书按照不同主题区块共分为九大章节，划分规整，结构严密，展现了在由传统向现代不断变迁的过程中，为适应变迁而不断变革的湖南乡村社会。

第一章近代湖南乡村区位与乡村聚落。在这一章中，作者呈现了这样一个湖南：自然环境上，地形多变、气候温和、自然资源丰富；人文环境上，人民坚韧耐劳。作者将乡村聚落分为丘陵聚落、山区聚落、湖区聚落、集镇聚落四种形态，并点出无论是哪种村落形态，祠堂都是必不可少的存在。接着，作者又简略着墨，概述了湖南乡村的土地利用状况、农业产业结构及产量、乡村政权组织、自然灾害。通过第一章，读者得以明晰近代湖南乡村的大体情况。

第二章近代湖南乡村经济。作者将湖南乡村经济的变迁分为两个时期。一是自然经济缓慢解体、商品经济发展水平不高的晚清时期。作者并不简单罗列数据来体现湖南的土地兼并、封建剥削，而是重点指出了湘军这一在近代湖南崛起的群体所产生的加剧作用。二是民国时期，虽受战乱影响，但随着工业化的发展和交通运输能力的提高，湖南乡村商品化经济得到充分发展，自然经济解体速度加快。值得注意的是，在这一时期，作者较为详细地介绍了早期中国共产党在偏远的革命根据地进行的经济建设工作,其崭新的形态加剧了湖南不同地区乡村间经济发展的不平衡状况。总体来说,整个湖南乡村经济仍然具有明显的农业社会特征。

第三章近代湖南乡村的人口、家庭、宗教与信仰。作者通过数据分析,指出晚清的若干年份湖南人口统计数据并不十分准确;并得出在太平天国时期,湖南人口滋生较江南地区正常,民国时期则缓慢增长的结论。随着乡村社会事业的发展,宗族的社会功能逐渐被取代。传统宗教信仰由于受到太平天国运动和其他农民运动的打击而式微,外来宗教缓慢发展。

第四章近代湖南乡村社会分层与社会流动。晚清时期湖南乡村社会分层基本仍属于农业社会的典型框架结构,主要按照土地所有情况区分阶层。在社会流动方面,体现出整体向下、由传统性向现代性过渡的特征。这种向下的流动,构成了社会动荡不安、革命运动迭起的基础。民国时期出现了新的社会分层:战争、商品经济发展、宗族的瓦解共同导致游民的增加,乡绅阶层瓦解,乡村教育催生了新的知识阶层。社会流动更为频繁,这些不稳定的游民摆脱了之前农业社会的阶层框架,或流入工厂、矿厂,或流入军队,或流入知识阶层,流动性上具有现代的发展特征。在这一章中,作者花费了诸多笔墨介绍了近代湖南的乡绅阶层。晚清时期的湖南乡绅有两大特点:一是在构成上,通过军功和捐输方式进阶的湘军占比较大;二是在权力上拥有其他身份难以比拟的强势定位,造成绅权大于官权,官绅间既争权又合作的局面。有湘军底色的湖南乡绅,在乡村公共事业上占据主导;在价值观念上,塑造了乡村社会既保守又自强爱国的精神。19世纪末湘绅发生分化,创办实业,兴办新式教育,参与政治变动。民国以后,湘绅逐渐没落。

第五章近代湖南乡村社会治理。晚清湖南的乡村治理呈现官府主导、湘绅力为的二元结构。直到清末,通过乡村自治的模式,湖南乡村开启了乡村治理的现代进程。民国前期,混乱动荡的政治局面下,湖南乡村自治艰难推行,收效甚微。1928年南京国民政府成立后,十分重视对乡村政权体系的建设,并致力于复兴农村。由于政权一直处于紧张的战争状态中,并没有达到预想的效果。但乡镇体制的调整,促使"皇权不下县"的局面彻底改变，国家权力机构向乡村延伸，乡村被纳入现代国家的权力结构体系。

第六章乡村革命根据地的治理与建设。土地革命时期，中共领导的工农红军也在湖南偏僻的革命根据地开展乡村治理和乡村建设。中共政权建设在乡村的尝试，把乡村社会纳入苏维埃国家政权体系，打破了"绅权"支配乡村政治生活的格局，农民及手工业者等在传统社会没有地位的社会阶级或阶层，开始参与乡村的管理。尤其是中共在这一时期在乡村进行广泛的社会动员，改变了小农社会一盘散沙似的局面，取得了显著成效。同时中共注重乡村社会改革和乡村建设，使得乡村面貌发生了深刻变化。

第七章近代湖南乡村社会组织与社会动员。以血缘关系为主的社会组织在晚清时期仍然是湖南乡村社会的主流，其分化和瓦解是缓慢的，与其相应的社会动员方式仍然以行政、垂直为主。晚清发达的秘密社会组织，极大地影响了乡村社会秩序。太平天国运动后，湖南重建地方社会，恢复宗族和保甲等地方社会组织，团练势力得以崛起。清末开始出现具有自治性质的民间社会组织。民国时期，由于自然经济的解体，以血缘关系为基础的社会组织随之改变。国民政府通过基层政治性党团组织的建设加强对乡村的控制，并引导建立乡村经济组织——农会和合作社。乡村教育和新生活运动，则是这一时期主要的社会动员方式。正如作者所言，近代湖南乡村社会组织活跃，政治类社会组织获得发展，尤其是20年代中期农会的发展，是湖南乡村社会动员规模最大的，对此后湖南乡村社会产生了深刻影响。

第八章近代湖南乡村社会冲突及社会控制。这一章结构有所转变，不再沿袭前文以时间为逻辑线索的展开方式。在前几章的基础之上，作者从总括性的角度，进一步深层次地分析商品经济发展导致的湖南乡村社会矛盾的转变和激化，并陈述与之对应的在乡村社会控制方式上的变革，对前文论述进行了梳理、补充和强化。

第九章近代湖南乡村社会生活变迁。该章内容上更贴近传统社会史的研究，作者笔锋一转将论述重点放在湖南乡村生产方式、生活及社会风俗的变迁，丰富了在传统与现代的对抗与交融中不断变迁的湖南乡村社会形象。

## 三

虽然作者旨在跳脱政治、军事为主的叙事框架,把研究重点放在社会史层面,但在实际考察乡村社会变迁的过程中,作者的研究仍是围绕政治史展开。在整体的篇章布局上,具有较强政治属性色彩的区块占比较高,如第五章近代湖南乡村社会治理、第六章乡村革命根据地的治理与建设以及第八章近代湖南乡村社会冲突及社会控制等。即使在其他主要讲述湖南乡村社会的经济、人口、家庭、宗教与信仰以及社会分层和社会流动的章节中,作者依然在政治、军事史的框架中展开,重点研究政治环境及军事力量变化带来的乡村阶级、阶层间的矛盾变化。在章节划分上,作者仍是按照晚清、民国、新民主主义革命时期等时间线索划分,未跳脱政治史的分期。

作者的研究以宏观层面(湖南省区域)和中观层面(家族)为主,微观层面较少涉及。增加微观个例,或可更增添生动性和可读性。这部著作对湖南乡村社会在时间纵向上的变迁研究已经十分全面深入,而湖南乡村社会和其他区域的横向比较研究也可做进一步补充。

综合来看,王继平教授的这部《近代湖南乡村社会研究(1840~1949)》,向读者呈现了清晰的湖南乡村社会变迁的历史脉络,值得所有对湖南区域史、社会史等相关研究有兴趣的读者细细品读。

# 秩序的再造

## ——评《重建、纪念与叙事：太平天国战争后的南京地区》

### 俞泽玮[*]

一

作为19世纪最为惨烈战事之一的太平天国运动，对晚近以来的中国历史产生了至巨影响。"太史"研究，也已走过了百余年之历程。早在1854年，与太平天国运动几乎同时，湘军部属便已编修十二卷《贼情汇纂》，可谓最早的系统研究。咸丰十年（1860），太平军东征，建立苏福省，但也对江南秩序造成了难以恢复之冲击。同光年间，江南各地方志对此"庚申之变"的追述可谓连篇累牍，这些文字若以研究者的眼光视之，自当为重要参照。民国建立以后，一方面，纯正的学术研究逐渐起步并取得一定成绩，出现了萧一山、简又文、郭廷以和罗尔纲等代表性学者；另一方面，得益于口岸与都会城市日益繁盛的商业文化，太平天国演义亦在社会中产生广泛影响。[①] 此外，由于当时政坛活跃人物对曾国藩等湘军将领、洪秀全等太平天国领袖颇有了解，因此太平天国的史事也成为他们重要的思想资源，其中尤以毛泽东对太平天国的态度最为重要，这也推动了1949年后"太史"研究的迅速升温。

新中国成立后，"太史"研究先后经历了"过热"与"过冷"两个阶段。这一研究局面的形成，固然受到学术发展内在理路的影响，同时也与不

---

[*] 俞泽玮，南京大学历史学院硕士研究生。
[①] 李玉：《20世纪30年代上海的太平天国"神剧"营销——以〈申报〉所刊〈红羊豪侠传〉广告为中心的考察》，《历史教学》（下半月刊）2016年第3期。

同时期的政治气候以及社会背景息息相关。关于此点，学界前贤已做了精当的脉络梳理，笔者不加赘述。[1]

近年来，在渐趋冷清的研究氛围中，仍有一些学者坚守"太史"阵地，并产生了一批杰出的成果。海外学者方面，以约翰·霍普金斯大学梅尔清（Tobie Myer-Fong）教授最为引人注目，她抛弃了传统的王朝与起义者叙事，从日常生活入手，揭示了传统叙事中被遮蔽的一面；[2] 裴士锋（Stephen R. Platt）则将太平天国置入全球史脉络中，讨论国际因素与太平天国运动本身的互动，同样颇具新意。[3] 国内学者方面，刘晨讨论了萧朝贵等长期被学者忽略的太平军早期领袖以及太平天国治下的江南民变，在政治史与社会史领域为"太史"研究开辟了新路。[4] 在上述研究之外，魏星的《重建、纪念与叙事：太平天国战争后的南京地区》，同样是近年来"太史"领域颇具分量的一部新作，下文便对该书略做评介。[5]

<h2 style="text-align:center">二</h2>

魏星在该书绪论中指出："本书主要从社会史的角度出发，考察太平天国运动之后的南京城市管理、社会及思想变迁，并涉及官方与民众对逝者的褒奖和纪念形式，以及战争的领导者、记录者和亲历者们对于战争的叙事和反思。"[6] 这也恰恰是该书标题所反映的主旨。然而社会史包罗万象，其内部流派、进路亦多有不同。笔者以为，与其他研究相比，采取"中层研究"的进路与取径可谓该书之一大特色。传统"太史"书写多从宏观入手，考

---

[1] 姜涛：《太平天国史研究的若干问题》，中国社会科学院近代史研究所政治史研究室编《晚清政治史研究的检讨：问题与前瞻》，社会科学文献出版社，2014，第195~225页。
[2] 〔美〕梅尔清：《躁动的亡魂：太平天国战争的暴力、失序与死亡》，萧琪、蔡松颖译，卫城，2020。
[3] 〔美〕裴士锋：《天国之秋》，黄中宪译，社会科学文献出版社，2014。
[4] 刘晨：《萧朝贵与太平天国早期史》，社会科学文献出版社，2019；刘晨：《太平天国社会史》，中国社会科学出版社，2019。
[5] 魏星：《重建、纪念与叙事：太平天国战争后的南京地区》，南京大学出版社，2020。
[6] 魏星：《重建、纪念与叙事：太平天国战争后的南京地区》，第3页。

察运动发展全局态势，重要的政治、军事领袖人物，以及清廷与太平天国的政略、策略与军略。晚近的研究则受"文化转向"之影响，倾向于考察具体人物的处境遭遇、生活变化乃至心灵史。此外，也有研究采取"讨巧"的方式，避开太平天国史事本身，考察这一运动的形象在其后各类文本叙述中的流变。而魏星在此著中却不畏艰难，回归太平天国运动本身，将叙述焦点对准了运动的核心地区——南京（或称江宁、天京、金陵。为免分歧，下文均以南京指称）。然而问题也随之而来，南京虽为太平天国重镇，但也是受战事影响最大的区域，这并不一定导致材料稀缺，却使各类时人记载十分零碎庞杂，为学术研究带来极大挑战。然而从该著中作者对于材料的搜罗、利用、组织来看，可谓比较好地克服了上述困难。

此外，该书在地域和时段方面把握住了太平天国最重要的一面，并未陷入传统"太史"研究只观照政治史与上层斗争的窠臼，这是由作者独特的问题意识所决定的。揆诸全书，作者的关怀可以落在"秩序的再造"这一层面。然而，若仅限于此，那也不过是城市史研究中的一个常见议题而已。该著的特殊性在于，作者不仅把握住了城市"硬件"——行政衙署、城市建筑、赋役制度的恢复与重建，更注意到城市"软件"——方志、方略、忠烈传的新纂与修订；此外，她还通过讨论昭忠祠的修建，将战后士绅对"硬件"之修复与"软件"之形塑结合起来讨论，使得论述更富立体感。魏星这一处理史料与提出问题的手法无疑是老道的，一方面避免了老调重弹，同时用一个明确主题串起多重线索，避免了史学写作中常见之多重关怀下文章枝蔓芜杂的行文弊端，颇值得学习。

此外，著者对话的对象也并非局限于"太史"研究，还观照到城市史研究中的重要议题。90年代以来的近现代城市史研究，往往试图展现出城市中"公共领域"的勃兴与"市民社会"的兴盛。在个别研究中，论者甚至试图展现帝制晚期中国城市中独立于官权以外的集体声音，其视角固然新颖，其结论却多有可议之处。而在魏星的这本书中，我们看到太平天国战后南京的"秩序之再造"，可谓几乎完全由官权所主导。当然，不应该简单从字面意思将其理解为官方的机构与人员主导一切，而是马俊亚等学者所提出的一种"行政权力笼罩一切"之氛围。在这一氛围下，士绅主导的地方善后局、所之设置，均要倚仗官权；面对战事中大量的死难者，其亲人亦要向官府争相索求名分；至于各邑"忠烈"的搜辑，更是自觉靠拢官权的表征。此外，学界对近代城市史的研究，通常关注其"建设"的一面；至于其"重建"的另一面，学者常常关注和平条件下城市空间的协商（negotiation）与传统资源的回收（recycle），[①] 对于战后城市的直接重建，着墨反倒不多。因此，在上述两种层面上，该书都做出了一定的贡献，当然也堪称"太史"研究领域内的一部重要作品。

## 三

绪论以外，本书共分为五章，以下对各章内容略做介绍。

第一章名为"晚清以来至太平天国时期的南京"。作者首先略述了鸦片战争时期的"城下之盟"，认为清廷及其时的两江当局并未从这一战事的失利中吸取教训。咸丰后，当拜上帝会自广西起事时，江南群臣更是以"祸奚能及我"的态度视之；直至咸丰三年，当太平军自武昌顺江而下时，江督陆建瀛方才前往督战。然而一方面，前往皖、赣之清军战力羸弱——防守兵力"皆畸零凑集，兵将不习，分数不明。既到防，木羲舟江岸，并不度地为营自固。绿营兵于浚濠筑垒亦非所谙，偶或登岸操演，饰虚艺以炫众，见者皆目笑之。闻贼将至，胆寒气索"；[②] 另一方面，守城士绅、兵员同样矛盾重重。太平军便在这一背景下攻陷江宁省城，改名天京，占领达十余年之久。随后作者讨论了太平天国统治时期的天京，她从社会经济秩序的重构、传统文化的变迁、城市格局的改变三个层面展开讨论，认为太平天国政权实行的军事化、宗教化城市管理的政策，在一定程度上维系了统治，却背离了社会发展的原有轨道，导致民怨重重。此外，文化层面上清朝在南京的

---

[①] 上述两类取向以费丝言与董玥的研究最具有代表性。Si-yen Fei, *Negotiating Urban Space: Urbanization and Late Ming Nanjing*, Harvard University Asia Center, 2010；董玥：《民国北京城——历史与怀旧》，三联书店，2014。

[②] 魏星：《重建、纪念与叙事：太平天国战争后的南京地区》，第27页。

开科取士也不免流于形式,"几成洪家天下",① 其本质上并未有所突破。最后,作者也感叹道,"事实证明,太平天国在天京地区的社会管理是失败与松散的"。②

第二章名为"战后的城市重建与管理",该书的主干部分就此次第展开。作为城市"硬件"的重建,作者先后讨论了地方机构的恢复、金陵善后总局的成立、文化秩序的重构以及近代工业的发端。魏星统计了太平天国及战后的历任江宁布政使,并简述了江宁省城各衙署的恢复、重建。随后,她以金陵善后总局为中心,讨论了太平天国战后的善后局、所之成效与变迁,认为地方官绅均给予了金陵善后局极大支持,该局也在稳定战后社会秩序、城市建设、招募流亡人员、社会救济等诸多方面发挥了一定作用。然而,作者也并未完全陷入史料的既有叙事中,她认为由于战后南京损毁严重、地方制度缺位、社会生产受限等因素,金陵善后局并未取得预期的成效,城市面貌的恢复也缓慢发展,但金陵善后局的部分下属机构逐渐演变为近代城市管理机构,因此仍推动了南京城市的现代化进程。此外,科举与文教事业的恢复,则使江南的文化活力得以重新释放,而诸如金陵机器局等新式工业的开办,则直接推动了洋务运动的开展。

在讨论了城市本身的重建工作后,作者在第三章由实入虚,讨论战后对死者的纪念与旌恤。需要指出的是,作者在讨论上述议题时,也并未完全"务虚",而是"虚实相间",她对这一时期朝廷旌恤制度变化的讨论就体现出这一特点。何为旌恤制度?作者认为是旌表与赏恤制度的合称:"旌表与赏恤制度作为中国古代社会指定的由上而下的道德表彰制度,具有严谨的规范。"③ 据清代典制,上述制度授权均为朝廷各部所有,因此奏议程序烦琐。而自嘉道后,各地战事不断,旌恤原有之规程便受到挑战。到了同治初年,江南地区已十分衰颓,死难者众多。因此搜访逝者,授予旌恤,成为战后恢复名教的重要先决条件。在此情形下,加

---

① 魏星:《重建、纪念与叙事:太平天国战争后的南京地区》,第43页。
② 魏星:《重建、纪念与叙事:太平天国战争后的南京地区》,第48页。
③ 魏星:《重建、纪念与叙事:太平天国战争后的南京地区》,第103页。

以朝廷财政日绌，便放宽了原有的制度规定。在新制度下，不仅朝廷的旌恤职权下放至地方，以节省繁杂的手续，同时也推动了地方督抚大员及士绅名流权势的增长。表彰忠义之"虚"的一面，与旌恤补贴之"实"的一面，在作者笔下巧妙地结合在了一起。此外，作者在此章中还讨论了昭忠祠的设立及各类府、县、乡土志的编修，力图展现战后纪念死者的方方面面。

作者在该书第四章中进一步转换视角，讨论太平天国史事的重塑与书写，其中颇值得一提的是作者考察角度的多元。众所周知，依托于方志、文集等，传统地方史的书写大都站在朝廷的立场上，因此新意不多。由于19世纪60年代以后随即进入"同光中兴"时期，地方士绅自觉站在清廷的立场上，书写咸同年间的这段历史，这一点不足为奇。然而，魏星并没有照搬这类叙事，在该章中，她分三个部分，分别讨论了王朝"胜利"书写模式的建构、地方官绅的见解，以及普通民众对这一史事的日常观察，可谓富有新意。王朝记忆书写方面，主要通过编纂方略、绘制战图与功臣像、恢复乡约教化等手段，加以塑造。官绅方面，作者揭示出其时存在的三类反思：长期以来兵丁战斗力的下降与兵民不和，太平军战力之强大以及大小官员的轻敌，朝廷内部的积习。最后，作者着重讨论了亲历者的书写与记录。在这里，作者广泛运用报刊、文集、史料汇编，为读者复原出战乱背景下普通民众的颠沛流离之惨状。这些材料中所反映出的态度，当然有对太平军的批判，同时也有亲历者所见的清军纪律之败坏，今日读来，仍然触目惊心。

行文至此，作者已然对该书标题中的"重建"、"纪念"与"叙事"均进行了探讨，故事似乎也该结束了，然而，她在上述中观层面讨论之外，于本书的最后一章笔锋一转，为读者梳理了一宗微观个案，同样颇具意蕴。这宗个案的主人公便是清代中后期南京的丝织业世家——江宁高氏的家族代表高德泰。高氏家族于咸丰三年江宁城破时举家自杀，仅剩幼子高德泰等数人脱逃。作者一方面通过讨论战后丝织业的衰败，展现其生计艰辛，另一方面着重讨论了高德泰为家族奔走恳请恤奖的经过。首先，高以遗孤的身份开展家族纪念，同时他还推己及人，搜辑本邑忠烈人等，汇集成册。作者认为这"实乃战后南京地区个人记叙之翘楚"。[①] 通过编纂《忠烈备考》，高为我们考察战事中的死难者、朝廷战后恤典制度的变迁，提供了第一手的记录。而该章也通过考察个案，将前四章中的不同主题融会贯通，为我们揭示出"小历史"与"大历史"之间的微妙联系。

## 四

该书的特色与各章简要内容，已在上文略微做了介绍，此外仍需点出两大额外贡献。一是对于普通士子争取"褒扬"的一面加以关注。揆诸战后江南各地方志，关于死难者褒扬的记载往往占据极大篇幅，然而这些记载都是自上而下的，方志虽为地方性材料，但对于这些记载也并非原创，而多为照搬。正因为此，该书中为读者所展现出的高德泰之事例才如此具有新意。换言之，其新意倒并不一定体现在个案的运用与考察，而是通过个案，为我们展现出"褒扬"体制自下而上争取与运作的一面，丰富我们的历史认识。此外，该书的另一大额外贡献同样与"褒奖"相关。关于晚清"内清外重"局面的形成，前辈学者已做了不少探讨，其中固然有一定争议，但基本格局如此，似可信之。魏星通过讨论清廷与地方对太平天国战事死难者的褒奖，认为在这一过程中地方的声音逐渐超过了朝廷，"在'褒扬'旌表的程序中，原属于礼部、吏部、户部等中央各部职责为新兴的地方局所代替"。[②] 因此可以说，作者通过具体的史实考证，进一步加深了我们对晚清"内清外重"这一格局的理解。

最后，在接续该书讨论议题的基础上，笔者对"太史"研究今后可能的发展取向提出几点看法，以供读者批评指正。

一方面，需要对材料做进一步深化与处理。过往的"太史"研究，常常流于对史料的片面解读。该书已在这一层面上有了极大突破，但仍不可避免地存在些许问题。如书中各章对于材料的处理，虽然在数量上足够丰富，

---

① 魏星：《重建、纪念与叙事：太平天国战争后的南京地区》，第203页。
② 魏星：《重建、纪念与叙事：太平天国战争后的南京地区》，第221页。

但对其分析似可进一步深化。然而,"让史料发出声音"并非简单搜罗堆叠,而是需要史家进行更为精细的处理与"再结构化"的尝试。换言之,在太平天国史研究底蕴深厚的情况下,或许只有加深对材料的理解,突破"线性时间",才能在此基础上提出更有意义的问题与见解。在学术研究日益精细化的背景下,乃是学者共同努力的方向。

另一方面,"太史"研究需要借鉴全球史的思想资源,以在更大的范围中去理解这段历史。数十年来,欧美诸多史学理论为读者所熟知,该书对"日常生活史""新文化史"等史学方法论也多有借鉴。然而,或许由于中国史与世界史的学科建制区隔,学者们往往重视海外理论的新动向,却不太注重海外史学是如何展开具体问题讨论的。具体到该书所聚焦的南京地区,作者虽选取了高德泰这一个案,并从不同维度对其个人材料展开分析,但若读者稍加留意,或可发现其叙述方式仍然是以"王朝"作为核心。因此问题在于,这是不是历史叙事的全部呢?个人史的叙述中往往还涵括对于身体的剥夺、感官的异常、偏离道德规范和社会期望、失去家庭成员以及在破碎的景观中不断移动……面对这些零碎材料的记载,国内学者往往不加注意,若投之以更多关注,或许也可提升对于"日常生活史"分析之深度,进而与全球史学趋势展开对话,否则,"日常生活"的历史书写也难免成为"王朝叙事"的注脚。

总而言之,作者通过广泛搜罗材料,已在此书中为我们呈现出太平天国战后南京重建、纪念与叙事的多重面相,为新时期的"太史"研究提供了典范性资料。如何进一步挖掘材料以继续推进这一领域之研究,仍有待学者的思考与探索。

# 稿　约

《太平天国及晚清社会研究》系民政部批准成立的全国性一级学会——中国太平天国史研究会主办的学术专刊。本刊主要刊载关于太平天国及晚清时期（1840~1911）相关史实与理论的研究文章，宗旨在于保持严谨扎实的学术风格，以客观、理性的研究理念拓展太平天国及晚清史研究的广度与深度。

本刊不收取版面费或者其他任何费用。欢迎视角新颖、见解独到的代表学科前沿水平的学术稿件，论从史出、逻辑严密、注释规范。体例格式参照社会科学文献出版社集刊注释体例，文末附作者信息（姓名、单位、联系电话、研究领域）。字数以7000~12000字为宜。

本刊严格实行双向匿名审稿及编辑部三审制度。稿件一经采用，相关编辑会通过电话或邮件与作者确认发表事宜。作者自投稿之日三个月内未接到本刊备用通知者，请自行处理。

根据著作权法规定，凡向本刊投稿者皆被认定遵守上述约定。

本刊信箱：tsyjtg@126.com

联系电话：13675111347；025-52202345

中国太平天国史研究会
《太平天国及晚清社会研究》编辑部

## 图书在版编目(CIP)数据

太平天国及晚清社会研究.2021年.第2辑:总第7辑/朱庆葆主编.--北京:社会科学文献出版社,2022.12

ISBN 978-7-5228-1142-0

Ⅰ.①太⋯ Ⅱ.①朱⋯ Ⅲ.①太平天国革命-研究 Ⅳ.①K254.07

中国版本图书馆CIP数据核字(2022)第226547号

## 太平天国及晚清社会研究 2021年第2辑(总第7辑)

主　　编 / 朱庆葆

出 版 人 / 王利民
责任编辑 / 陈肖寒
文稿编辑 / 徐　花
责任印制 / 王京美

出　　版 / 社会科学文献出版社·历史学分社(010)59367256
　　　　　 地址:北京市北三环中路甲29号院华龙大厦　邮编:100029
　　　　　 网址:www.ssap.com.cn

发　　行 / 社会科学文献出版社(010)59367028
印　　装 / 唐山玺诚印务有限公司

规　　格 / 开本:787mm×1092mm　1/16
　　　　　 印张:15.75　字数:246千字

版　　次 / 2022年12月第1版　2022年12月第1次印刷
书　　号 / ISBN 978-7-5228-1142-0
定　　价 / 128.00元

读者服务电话:4008918866

▲ 版权所有 翻印必究